U0045164

用生命博取自由（上）

周繼能——編著

謹以本書獻給
爭取自由之路上的所有罹難者！
以及曾經的奮鬥者！

本書代序　關於南中國知青偷渡潮的思考

阿陀

中國上山下鄉運動中獨一無二的南中國知青偷渡潮，既是一段不可以迴避的痛史，也是一項可歌可泣的壯舉，更蘊含了推動中國社會進步的歷史契因。

1、反映了中國知青運動中被掩埋的最浩大最沉重最悲慘的一段痛史

當年南中國知青共有多少人捲入這次偷渡潮？又有多少人罹難死於非命？筆者只是一個身居海外的業餘研究者，慚愧自己沒有能力調查出確實的數字，只能提供隨機調查的結果。

迄今為止，詢查過的廣州三十多位不同學校或同校不同班級的廣州老三屆知青中，幾乎是百分之百的班級都有人捲入偷渡，每個班少則幾人，多則十幾人。以此類推，全廣州一百多間中學（含中專、技校），歷盡千辛萬險，屢試屢敗，屢敗屢試，百折不撓，前赴後繼冒死「投奔自由」的知青——老三屆知青和前後不同屆的知青，該有幾千幾萬人？試問全國上山下鄉運動中任何地方，可曾發生過如此長期，如此規模，如此激烈的抵制和反抗？

成千上萬的知青「投奔怒海」，其中的準確死亡數字永遠不可能統計出來，但這個數字一定是非常驚人的，是可以推斷出來的。前述筆者僅隨機調查廣州培英中學29個班中的12個班，確認死亡八人。該校老三屆主要分配地點靠近邊防的地區，偷渡者多使用較為安全的農艇，無需泅水，尚且如此，可以想像，其他大多數學校偷渡者的命運有多兇險。下面是一位

知青對偷渡罹難者駭人聽聞慘狀的回憶：

> 「1974年8月，第五次偷渡終於成功。游水五個鐘頭之後，我們三人在東平洲島上岸，到警署再解過香港——我們好幸運，三個月之後，當年11月香港實行「抵壘政策」，（內地非法入境者若偷渡進香港後，成功抵達市區，便可成為香港合法居民居留香港；若非法入境者在邊境禁區被執法人員截獲，則會被遣返內地）。香港警察將我們一共十七、八個偷渡客送上船，從東平洲島到香港島要走三四個鐘頭，中途所見，成世都記得，如果之前見過，我一定不敢偷渡。
>
> ——當時成海都是死屍，船走一段就見幾件，好多好多，不是一下子好多，是這邊幾件，那邊幾件，在「水抱」（注：粵語指救生圈）圓圈中間，剩得個上半身，頭部耷拉在「水抱」上，下半身已經被鯊魚吃了，周圍海水『紅噗噗』的。我們那條船的船員說撈一件看是怎樣死的，撈上來，膝蓋以下已經斷了，還吊著皮……同船還有幾個女的，說原來和她們一起有男的已被鯊魚吃了，有的是咬斷腳後流血死的。」（鄔×芝口述）

試問全國上山下鄉運動中，任何地方可曾發生過有比這一幕更慘烈的天地慟鬼神泣的悲劇？

歷史已經翻過這一頁，但知青運動中被掩埋的最大最沉重的一段痛史，難道不應給我們某種教訓和啟示？明白這一點，一代人的青春和生命才不會白白付出。

2、代表了十年浩劫中人民爭取人權的壯舉

在關於知青上山下鄉的討論中，有一種觀點，認為當時大多數人還是自願選擇這條道路的。這真是荒唐滑稽得可笑！如果羊群別無選擇被趕進羊圈，驅入屠宰場，你能說他們是「自願」的嗎？1968年的老三屆人畢

業分配，沒有任何個人選擇、抗拒的餘地，「根正苗紅」的小部分學生被照顧留城、參軍，從沒聽說有誰會「革命」地表示主動放棄，這本身就是對上山下鄉光榮的一種諷刺。不公正地被安排下鄉的大部分學生，之所以對命運沉默順從，絕大多數人其實是逼於無奈，多年來灌輸教育下的理想主義在逆境下確實起了一定的精神支撐作用，當時也喊出一些豪言壯語，但這不能代表下鄉知青的真實思想。所謂「消滅三大差別」，其中和每個人最有切身利害關係的是「城鄉差別」，涉世未深的學生不一定明白，在當時制度下，沒有了城市戶口對自己將來一生的嚴重後果，但父母是一定心知肚明的。不管口號喊得多麼冠冕堂皇，無論毛本人的理想藍圖多麼宏大，上山下鄉運動從實際操作的第一步開始——剝奪這些城市人的城市戶籍，特別是其中一半還是未滿十八歲的男女青少年，就已經是專制制度下對人權的粗暴踐踏。從這個角度重新審視南中國知青偷渡潮——被驅離城市又在農村無法紮根生存的社會邊緣人，用最激烈的方式反抗上山下鄉運動，奮起冒死追求個人生存的基本權利，這正是文革浩劫中人民奮起爭取人權的偉大壯舉，對中國歷史向前發展起到了積極的正面推動作用。

3、體現了中國歷史的正確進步方向

給這段歷史定位，把千千萬萬知青付出青春和生命代價的抗爭看作僅止於個人幸福意義上的可以理解的追求，是遠遠不夠的，因為這一批當年叛離「共同富裕」的「社會主義康莊大道」，選擇走個人發展的「資本主義邪路」的青少年，正是最勇敢的歷史先行者。

南方的知青群體，相較起全國其它地方知青，有鄰近港澳的特殊地理條件，因而形成了此起彼伏的偷渡大潮。無獨有偶，十多年後，震驚世界的波瀾壯闊中國改革開放大潮也是在同一地區卷起。

這不只是一種偶然的歷史巧合，兩者之間更有一種內在的聯繫：

偷渡，是人民對一種社會制度的義無反顧的否定和揚棄。是對西方民主自由制度的出自本能的認同和追求。

開放，是執政黨對自身制度的檢討和部分否定，是對西方社會制度的

部分認同和學習吸收。

七十年代時期的「老三屆」知青偷渡潮，只是前後持續三十多年的百萬廣東人民大偷渡歷史中的一個片段。正是人民前赴後繼用生命抗爭，才最終迫使統治集團內的有識之士作出讓步，順應時代潮流，打開國門，使文革浩劫中被折騰得奄奄一息、一窮二白、民不聊生的國家重新煥發生機。

逃港知青從來不是英雄，他們只是社會底層的「卑賤者」，他們的行為哪怕再勇敢，多數人的動機也只是追求個人幸福。他們和劉文學、向秀麗、焦裕祿、雷鋒、郭鳳蓮、歐陽海、金訓華、李雙雙、江水英……這些和知青同時代被體制宣傳樹立起來的不食人間煙火的「英雄典型」有天壤之別。

逃港知青從來不是英雄，他們只是一些平平凡凡的老百姓，他們哪怕觀念再超前，也遠遠達不到林昭、遇羅克、楊曦光、顧准……等思想者的深度和高度，何況他們中多數人的動機也只是追求個人幸福。

但他們前赴後繼「撲網」、「蹈海」、「著屐」、「火龍」……不惜冒失去生命的危險追求個人自由的堅強意志，正是我們這個長期被主義奴化、漸行萎頓的民族最缺少的精神資源。他們自己或許不會意識到，當他們不願屈從苟生，力圖把握自己命運之時，他們已經成為歷史的先行者。他們衝開重重深鎖的國門或許只是想改變自己，結果改革開放的歷史大潮由這縫隙而起，洶湧澎湃，勢不可擋，中國因此而改變。

據說當年蛇口開發區最早開始破土動工時，在沙灘上曾挖出不少白骨。一座舉世矚目的現代化新城，就是這樣聳立在無數偷渡者的白骨之上。

今天，南海之濱除了「開荒牛」和「珠海漁女」的城徽，是不是還應該為那些無足輕重的小人物，為眾多的偷渡者群體，安置另一座塑像？

——他們也是歷史的締造者，誰也沒有權利將他們遺忘！

（本文是阿陀《南中國知青逃港潮——廣州培英中學老三屆調查》一文的一部分，用作本書作序言，全文見本書第二部分）

越界罹難者紀念碑祭文

（《知青碑》）

2014年5月1日立碑

投奔怒海，已數十年，逝者無語，我輩代言。
一言堂主，兩句爛言：再受教育，下鄉種田。
三思逃避，高壓空前，四方鄰里，多無倖免。
大哥發配，羅浮山腳，小妹充軍，五指山邊。
黃金歲月，六七八年，何堪糟蹋，長埋瘦田。
重九觀雁，避寒南遷，何不仿效，另覓新篇。
青春年華，不過十年，百般思量，鋌而走險。
晝伏夜出，翻山越嶺，千辛萬苦，夜抵海邊。
風雲無常，變幻萬千，颱風驟降，電閃浪嘯。
百般無奈，十足信念，九死不悔，逃出生天。
憶我同伴，厄運死纏，音容宛在，已伴海眠。
八方野鶴，繞碑哀叫，七抔黃土，吉澳山巔。
六旬老者，仰天呼喚：故友亡魂，你在哪邊？
當年起錨，五親掛念，杳無音訊，悲痛年年。
今日立碑，四方祭奠，難友不回，哀思綿綿。
三炷清香，默默吊唁：港澳福地，已非從前。
叛國投敵，污名已去，非法探親，謊話新編。
還我自由，卑微心願，你我清白，冷對褒貶。
越界蒙難，上蒼猶憐，碑記史實，世人懷緬。
兩杯敬酒，問地問天：避秦亡靈，何太虧欠？
越山越水，越界少年，越海夢化，一縷輕煙。

撰文：陳克治

2014年五月一日立碑情景

2014年五月一日立碑時宣讀祭文

目錄

逃離

逃離

用生命博取自由
一個女知青的偷渡史

袁家倫

【作者介紹】袁家倫，廣州市第二中學66屆高一級學生，1968年「上山下鄉」到東莞縣，歷經五次行動於1974年10月偷渡抵達香港。

學生時代的袁家倫

行路難

行路難

金樽清酒斗十千，玉盤珍羞直萬錢。
停杯投箸不能食，拔劍四顧心茫然。
欲渡黃河冰塞川，將登太行雪滿山。
閑來垂釣碧溪上，忽複乘舟夢日邊。
行路難！行路難！多岐路，今安在？
長風破浪會有時，直掛雲帆濟滄海。

在東莞當知青的時候，我最愛李白這首詩。我覺得心如同感，更甚的是在面前根本沒有出路可讓我挑的。如果我是一隻小鳥，一條魚，哪怕是隻小老鼠，我喜歡哪裏就可以飛哪裏，游到哪裏，鑽去哪裏。為什麼我是一個人卻不能選擇我的職業，我的住所，就是回家探親還要央求生產隊裏開個證明？為什麼我還要小心管住自己的嘴，說錯了還會大禍臨頭？我從小是一流的學霸，怎會是求學無門？對自由的嚮往，對自由的渴望一天天在我的心中膨脹，直到一發不可收拾。我希望著：長風破浪會有時，直掛雲帆濟滄海，總會有改變命運的一天。

這時聽到有的同學偷渡去了香港的消息，有的從香港再去了美國，雖然大家的機遇不同，可總比任人擺佈強多了。可是我能這樣做嗎？有這個念頭真連自己也感到喫驚。說得好聽偷渡是非法探親，嚴厲說的是叛國投敵，是要入獄的罪。我從小到大都是乖乖女一名，從來遵從律法不會偷越雷池半步。同時我在香港舉目無親，就算到了如何生存也是個問題。那時候沒有電視，我更守規矩也從來沒有偷聽過香港電臺，我根本想像不到香港的樣子，也許會像這裡報紙上所說的，是富人的天堂，窮人的地獄。可是沒有比現在過得像坐牢一樣更糟糕的了，招工，念書，結婚……條條都是絕路，生不如死，要是不趁著年輕為了自由去闖一下，怎樣對得起自己一生？下這個決心實在不容易，不要說旅途艱險，翻山涉水，要面對勇猛的邊防軍和兇狠狼狗，還要游過那濤濤的大海和避過那兇惡的鯊魚，要自由就得用生命去換取。就算到了香港也會跟家裏人生離死別，再無相見的一天。（那時候根本沒有改革開放這回事，也不知道後來可以回廣州）

決心雖然難下還需下，我對自己說，無論如何下了決心就一定要走到底，不管結局如何也不後悔，不自由毋寧死！

失敗的第一次

開始我的想法很天真，以為游泳技術好就可以游到香港，我相約同學亞慧一起練習，以我們勤奮好學的個性進步飛快。我們從沒有什麼速度跟浮在水裏的兩個冬瓜一樣，練習到後來居然可以橫渡珠江，從廣州游到石門一個來回，雖然速度和姿勢不標準，可是我們練到了耐力，這不過是督卒（偷渡）入門罷了，困難的事多著呢。

我們要準備大概六天的糧食，因為從出發點到水邊要走好幾天，除非有偽造的邊防證或有人送你到海邊。當然能有高熱量朱古力最好，可是照我們當年的經濟條件我們衹能用炒米粉和了黃糖作米團，容易攜帶。我們要準備藥品，當然防禦毒蛇的蛇咬丸是少不了的。救生圈也是少不了的，可是我們衹能買塑膠枕頭代替。當然各施各法，對於我來說，沒有打氣泵衹好自己吹氣，而且塑膠枕頭輕，較方便。雨衣和水瓶，利刀是少不了的，更重要的是指南針，當時是買不到的，我們衹好自己製造。我們把剃刀片剪成菱形，一邊放在磁鐵上摩擦上了磁，中間留個小孔用圖釘固定在圓形的鉛筆刨裏，便大功告成了。這些都不是困難的，最困難的是如何「入局」，這必須要有人幫忙。

一般偷渡到香港的除了坐船的都會走東線到深圳大小梅林山下水游到香港，這條水路很長，要游五、六個小時，也許會遇到鯊魚。西線在福田左右下水，游三、四小時到香港勒馬洲附近上岸，定要避過邊防軍的兇猛的狼狗。走中線不用游泳，只需要越過鐵絲網，可是這裡是防守最嚴密的，狼狗最多，但是也可以隨時改變路線去走東線或西線。偷渡者從出發地點到邊界都不可能走山間的小路，因為都有民兵把守。偷渡者祇能在晚上走，白天躲藏起來。路是自己開闢出來的，逢山過山，逢水過水，披荊斬棘，由於引路祇靠指南針，經常會出差錯，出發了就不知前路有沒有死亡陷阱，祇有祈求上天的眷顧。

我當時在東莞縣茶山公社當知青，這裡離邊防有七十多公里，可是是不能從這裡出發的，因為這裡是平原，沒有讓人躲藏的地方，祇要是外地人沒有攜帶證明的話都可以被捉。在東莞可以使用普通有蓋印的證明，最靠近邊防的寶安縣就要用有照片的邊防證，有的人買了別人的邊防證將自己的照片換了上去，就可以通過關卡乘車到國防公路邊藏起來，等待晚上衝過邊境。對於當時的我不單沒錢也不認識可以買到邊防證的朋友。我父母的態度是不聞不問，他們心裡是支持我的，可是在經濟上我得不到一絲的援助，可能當時我父母的工資除了養活我們一家以外還要資助姨母一家。姨父帶領飛機從香港起義回國卻被污衊是特務入獄十年，我父母看見姨母一人不能養活四個兒女，所以必須幫忙。當時家中經濟拮据，我也怕萬一連累到父親，連僅有的工資也沒有了。我媽是個超級誠實的人，她叫我什麼都別告訴她，不然一經審問準會全盤托出。我覺得什麼都得靠自己，我得聯絡能幫忙我的朋友，那些下放到東莞的山區和寶安縣的知青。我開始去認識卒友，混在那個圈子裡學習那些旁門左道，知道有些人非我族類，但確實十分無奈。

這一次我們決定走西線從公明出發，多虧了同學的哥哥渤哥願意幫忙，他是寶安縣公明公社的知青，這些都祇是凴義氣，凴友情，他什麼好處都得不到，要是被人發現了，這可是一條引渡的大罪。直到今天，我也十分感謝那些幫助過我的朋友，這是真正的朋友啊！在我們出發前渤哥就把我們的偷渡用品事先運到了他們的住所藏起來，讓我們可以空身像探親的知青一樣在白天到他們那裡，這就安全得多了，就算給民兵搜身，也沒有罪證。

這次我的同路人是越秀，是比我大兩年的師姐。她是個知識豐富、意志堅強做事果斷的人，我們大家都有點像男孩子的脾氣，不愛打扮，一諾千金，辦事不會婆婆媽媽。她先坐火車到了茶山，我們兩人同騎一輛自行車去長安。我學會了用雙氧水洗掉了證明的墨水留下了鋼印，給自己開張到東莞長安公社北柵探親的證明，一路上也沒有碰到查證明的，也許曬黑了的我們戴著客家的涼帽，也沒有戴眼鏡，看起也像個村姑吧。到了長安公社那裡也有個知青朋友阿青幫助我們繞過北柵的哨崗讓我們繼續向寶安縣公明出發。渤哥接了我們，他騎單車在前面走，我們也騎一輛車在後面跟著，他停了下來向我示意路邊的草叢，我們把車子扔了，鑽進草叢裏面去。我們的用品就已經被他預先放在草叢裏，我們耐心地等著，希望在晚上我們就可以出發了。可是天公不作美，被幾個撿柴火的小孩子發現了，他們馬上回村子報告了民兵，我們還沒有出發就這樣落網了。

民兵把我們囚禁在一間破房子裡，我難過得不得了，要想逃出去也十分困難，馬上我要面對監獄，我的教師工作一定也會被剝奪，也許更會連累我的父母讓他們丟掉工作。為了保住我每個月六塊錢的人工，我得用早已準備的計劃去報流檔，這就是我冒充用一個朋友的名字（她已經成功到達香港），讓民兵把我送到東莞收容所，在這裡通常會關上一個星期到一個月，就會押送回原地，也許我能找到機會逃走。冒充別人的名字難度十分高，要通得過收容所管教的審訊，他們會問你很多很具體的問題。我本來就是乖乖女一名，撒謊也會臉紅，為了實現這個計劃，在出發前我讀了很多心理學的書，撒謊時看著別人的眼睛，手也不要動來動去，我很順利通過了很多盤問。第二天民兵把我送到東莞收容所，因為我報稱地址是東莞厚街公社，而越秀被送到樟木頭收容所再轉到她下鄉插隊的地方臺山縣。

這是東莞收容所，說的這不是監獄，其實是最殘酷的監獄。因為囚禁這些犯人都不是長期性的，這裡的環境非常惡劣，人就像牲畜一樣關起來。在不到三十平方米的小房間裡用木板分成兩層，上層沒有人高，用小木梯爬上去。進門右面是個水泥造的水池，放滿水，在角落就是洗澡的地方，洗澡的時候是用木杓子盛了水向身上澆。過一點就放了兩個木桶，一個盛滿了草灰，這就是大小便的厠所，大便完了就用草灰蓋住。根本沒有什麼抽風設備，一人方便，大家就得捂上鼻子，更沒有什麼隱私可言。幸虧我身材高大，沒有人敢擠我睡在馬桶邊。那時候我進去人多為患，幾乎三十個人就擠在一起，躺下來連翻身的地方也沒有，一夜寒風起，不要說有毛毯連張被子也沒有，只有與旁人摟在一起互相取暖，那密密麻麻的蝨子直叫人噁心。吃飯的時候管教把飯送到門口，門是幾條圓木柱子，飯是盛在小扁圓的瓦盤子裡面，那麼取飯要有技巧，因為瓦盤子直徑比柱子之間的空隙大，拿不進牢房，一定要用手把飯捂住，把飯盤豎直，從兩柱子中間把飯盤拿進來，這肯定有些飯會掉到地上，有時也會把飯全倒在地上，但是誰都會用手把地下的飯撿起來往嘴裡塞。吃飯都沒筷子，大家都用手抓，我用我的髮夾來吃飯，也比用手好。飯是沒有什麼菜，鹹菜或者是小得可憐的鹹魚乾，飯裡還有沙。我還沒有上路就被抓了上收容所，還沒挨餓，這些飯實在難嚥下，我分給那餓得要命的難友，想不到以後我竟然會為一口飯打架。

這麼多人擠在一起，跟本不能走動，也沒有放風的機會。有些囚禁了多個月的，等到解局那天幾乎都走不動，只能扶著別人拖著腳走。有些時候犯人需要勞動，被押著去抬大石頭，到山裡去鋤火界（防火帶）。不過做這些免費的勞工是男孩子居多，但總比困在牢中好，可見陽光也可以走動。

一天夜裡，隔壁男監倉傳出沉重的呼吸聲，幾聲淒厲惶恐大叫救命：有人昏迷不醒！可是來了個男管教看了一眼就消失了，就讓他們繼續喊叫。那沉重的呼吸聲咕的一聲停止了。整個男監倉沸騰起來，有人在敲打著木柱子門：救命！死人了！喊個不停。什麼人？女監倉有人問。「是茶山廈朗的陳志遠。」我一聽不由得毛骨悚然，心裡沉重得很，他是我們生產隊的知青，我弟弟的好朋友。第二天管教們出現了，他們把男倉的人叫出門在太陽下擺成隊在暴曬，據說是消毒，在監倉裡噴消毒水，把死者抬出去便是。聽說他發高燒幾天了，也不知道得了什麼病，反正沒看過醫生。大概在收容所死個人是平常不過的事，也沒有人會追究。

一個星期以後，是輪到我的解局，我跟東莞厚街的知青一起被送到公社辦事處，等生產隊派人來領人。想不到我冒認的陳秀雲在大隊那麼有名，他們一聽說陳秀雲被捉回來，就肯定我是假冒的，因為隊裏的人早已收到秀雲在香港寄來的照片，隊裏隨便派個人來一看，我這假冒的人肯定是跑不了的。公社馬上派了個高大威猛的民兵背上長槍，把我押送回東莞收容所。我們要坐一個小時多的公共汽車從厚街到莞城，到了莞城車站下車，再要走路到東莞收容所。我請求上洗手間，這民兵喝令我要速去速回，他氣勢洶洶地在門口持槍守著。我進了洗手間馬上戴上我的近視眼鏡，換上一件的確涼，這是當年流行的不會起皺的衣服（這衣服是準備到香港時穿的），把盤在頭上的辮子放了下來。進入洗手間前我是個骯髒的囚犯，這時出來時是個文質彬彬的姑娘。我想這樣只有兩個可能，他認出我來，把我揪住不放的話，我會大聲喊非禮，絕不會承認我是剛剛進去的囚犯。他認不出我來，我便逃之夭夭。我面帶微笑輕松地走出洗手間，瞇著眼瞄一下那民兵，他傻呼呼地認不出我，我一轉身向厠所旁邊的小巷走去，離開了民兵的視線外我拼死狂奔，向石龍鎮跑去。幸好那時候資訊不發達，即使那民兵上報走掉了疑犯，隔一天才會傳到東莞各公社去捉人，真奇怪，又沒有我的名字，又沒有我的真實姓名，怎樣捉人？兩小時後我已經在石龍找到朋友借了錢買了火車票回廣州。

九月份開學，我又回大隊當老師。說真的，要不是在農村裡被監視和賺不到生活費，我還是挺喜歡當老師的。從這以後每個暑假就是我的督卒旅程時間，我一直到第五次才到香港，說是倒霉，確是幸運！我沒有丟掉了小命，還能作一番奮鬥。

每年五月一日，香港知青組織拜祭偷渡死難者的活動，圖為2018年5月1日的拜祭情景

袁家倫（左）自美返港，參加2018年的拜祭活動

生死一線間

當放暑假時，籌劃的第二次行動又開始了。這次我的同路人是個非常漂亮的美女叫卿卿。別人都說她像電影《冰山上的來客》的女主角古蘭丹

姆。她充滿著浪漫主義的思潮，崇拜卡門，很有與當時不一般的性格，到香港去是想看看這個神秘的世界。真的，當時我們連香港是怎樣的都不知道，沒有電視也沒有偷偷的收聽香港電台。這裡的報紙形容香港是富人的天堂，窮人的地獄。可是對於我們來說，根本沒有什麼貧窮富裕的概念，在我們生活的這個國度中，大家生活都差不多，能吃飽飯加點小菜已經是天堂。其實我們都很簡單，像隻籠中的小鳥渴望自由的天空。

這次得到了東莞塘廈知青小毛的仗義相助，我們下了火車後遠遠地跟著他走進了小路，然後躲在樹叢草堆裡，到了晚上我們開始上路。前輩教過不能走山路，那裡駐守著民兵，我們只能逢山過山，逢水過水，靠的只是指南針。我倆都是絕食眼，我唸著「黑石、白路、反光水」去辨別在黑暗中的環境。兩人間你給我打氣，我給你壯膽，用電工刀開路，穿過荊棘與叢林，可真算是披荊斬棘。我們滑下山溝又爬上山坡，到處都是黑壓壓的群山，走一個晚上，腳早打泡了。白天我們躲在草叢裡睡覺，蚊子螞蟻都不算一回事，最要命的是我們有次前面是個大水塘，要是繞過去那實在太花時間了，我們決定游過去。幸好大家都是女孩子，把衣服脫清光，把氣枕吹大，把衣服捆在上面游了過去。當我們沾沾自喜以為聰明絕頂，可是一摸發現每人身上都沾著一兩條螞蝗在拼命吸血，我馬上把這鬼東西拔出來，那就是一個血洞。亞卿身手敏捷是個好搭檔，可是她根本想像不出我們走的是多麼艱辛的路！浪漫的她倒是跟我一起欣賞山上的美景，她有著詩人的情懷，那日出的壯麗，落霞的燦爛，群山的起伏，瑰麗的大自然無法叫人不讚美。有次在山澗泉水洗澡，那天然的山石像一個洗澡的大浴缸，還有不怕人的小魚圍著我團團轉，美得不可勝收，此情此景我一輩子難忘。現在要說去露營，跟本不會引起我的興趣，一切美景都跟那時無法可比。

第二天天快亮的時候，我們急忙找個地方藏身。那是一個半山腰上，我們找個草叢密的地方，在地上鋪張塑膠布，準備休息，但還要在旁繞一圈看看，就算有人經過也不容易發現。正在這時我突然發現我的腳丫子被什麼東西狠狠一叮，一條蛇迅速地溜走。糟糕！我被蛇咬了。我馬上遵照書上說過的方法，用毛巾在膝蓋下紮緊，再用手把毒血擠出來，跟著我馬上吃了顆蛇咬丸。這種藥是我每次行動都會帶上的，但不是對付每一種蛇毒都有效，同時我根本不知道也看不清是哪一種蛇。這只能盡人事靠天命。很快我就見到傷口發黑，而且黑紫色慢慢的向上擴大，我感到全身沒有氣力，和有麻痺的感覺，就像剛剛上了麻醉藥。這時在荒山野嶺四處沒人，萬一有個三長兩短也是求救無門。我對卿卿說，你是救不了我的，你走吧，繼續上路吧，說不定白天有人上山打柴又或者有民兵會發現我的。卿卿說她是不會走的，要陪著我。我在昏睡之間感到天亮了，太陽的暖意，在靜靜的群山中的草叢裡，一個人是多麼渺小。我要離開世界的話實在很遺憾，實在太年輕了，人生還沒開始，連談戀愛都是空白的，睡意越來越濃，在迷糊中感到被一片綠色纏繞著，整個人就像融化在大地之中。不知睡了多久，聽見卿卿在嚶嚶地哭著，我醒過來了，問卿卿到底發生什麼事了？原來卿卿怕我永遠不會醒過來，我真感激亞卿一直在守護我不離不棄。我的腳腫起來那一團紫黑色差不多到膝蓋，那蛇毒正在蔓延。我喝了些水再吃一顆蛇咬丸，休息了一天一夜，我好像有點氣力了，那紫黑色也沒有繼續上升，在膝蓋下停止住了。天黑了，我們馬上要出發了，不走不行，我們的水喝光了。

在一路上我們要經常找水，把水壺充滿，什麼水都要喝，當然是山水清涼好喝，但是多半在山溝裡才找得到。口渴了，當我們經過農田村莊時，我們連水田裡的水也喝，不管有沒有農藥。好不容易下了山，在漆黑的夜裡，前面有一片亮光。有水！有個水塘，我們高興極了，裝了兩瓶再洗洗臉，擦擦身，好不痛快。正想喝水，我突然想到不知這水裡有沒有螞蝗？以前以為螞蝗只在田裡有，誰知水塘也有，要是不小心吞下條螞蝗可真糟糕。愛乾淨的我們開了手電筒照照水裡，看清楚沒有什麼髒東西才重新裝水。我們一邊喝水一邊吃著我們的乾糧——用炒過的米磨成粉加紅糖的米團。我正慶幸我的死裡逃生，不知什麼時候我的背脊發涼，已經被一隊民兵包圍了，他們的槍正指著我們的脊樑。原來是我亮手電筒時暴露了行蹤，他們是巡邏守水庫的，天哪！我又失敗被擒了。

我被他們送到深圳收容所然後轉到東莞收容所，這一次我同樣報了一個已經去到了香港的知青的名字。當我被送到石排公社辦事處的時候，公社的幹部正在打電話去給生產隊讓他們去領回這些偷渡失敗的知青，讓我們在大堂等候，上洗手間是自由可去的，民兵只是看守著大堂的門口。我繼續使用在洗手間逃脫這一招，洗手間有個窗戶，外面就是出了公社辦事處的範圍。我爬出窗戶掉在外面的草地上，幸好沒有被人發覺，我拼命地跑，但不知去石龍的方向，一邊跑一邊把盤在頭上的辮子放下來，戴上眼鏡，把樣子收拾得不那麼狼狽。正在這個時候，有個年輕的男子騎自行車經過，我向他問路，我說我要到石龍看病，可是可能迷路了，我的腳扭傷了，不太能走。這個小青年見義勇為說，他是要去石龍附近，可以送我一程。實在是感恩，我遇到貴人了！我坐上了自行車跟他說說笑笑很快到了石龍，幸虧我的東莞話也學得不錯，跟本地農民交談沒有問題。到了石龍，我謝謝這小青年，還誇他是個活雷鋒。我把我縫在衣領上的五塊錢人民幣取出來，幸虧沒有給收容所的管教搜出來。我買了火車票回廣州，當暑假完了，馬上又回到小學教書去了。

絕處逢生

籌劃第三次出走真是困難重重，我的好朋友大多數已經成功到達了香港，已經找不到能願意幫助我的人了，只有找那些有合作關係的搭檔。一個女孩子有什麼方法呢？一般男的不願跟女的一起走，因為女人體力比男人差，怕被女人拖累，他們說也沒有這麼偉大替別人帶老婆。我只好努力增強自己的籌碼去成為跟別人合作的條件。我學習了把公章描畫在紫銅上，用腐蝕的方法做出了銅印章，這是我生平第一件最有用的藝術作品。那可以用來製作假證明以買車票，和應付民兵的檢查。我首先送我的弟弟，和同宗小叔勃仔上路。這需要談判，我準備入局的證明和自行車，花光了所有的錢去買一輛自行車，那是沒有車牌的老鼠貨，還要偷一個車牌貼上去。實在沒辦法，我親自出馬，在一個繁忙的市集偷個車牌，我心跳個不停，充滿了罪惡感，掙紮了好久才動手。另一方面把乾糧和氣枕先帶回出發地點，而且幫忙接車送人到山邊。我弟弟要帶和保護一個女孩子小芬，我跟小芬姐夫達成協議，我弟弟和小芬在出發前的幾天才見面認識，讓他們成為搭檔。另外一組，我把證明給勃仔和越秀，他們也是出發前才大家認識，這次也多虧了朋友小毛無條件的幫忙。很幸運他們這兩組人合作得很好，都從東線游過大海順利地到了香港，我才鬆了口氣去安心籌備自己的行動。

第三次是三人行，走的是西線。我的搭檔是大哥明和報紙仔，用我的證明買車票到塘廈，再由他們的朋友送我們。這次的行動有點怪異，這次跟男生一起去對我來說比較困難，因為他們步子大走得快，在黑夜裡我經常跟不上。要知道我們要背多重的背囊：有雨衣，氣枕，六天的乾糧，水壺，繩子，電工刀，藥品，用來墊地的塑膠布。在女生就是氣力不濟，在不方便的日子裏就更加糟糕。同時我們挑出發的時間一般絕不會是月圓之夜，有月亮容易被人發現。在那月黑風高的夜晚，我走得趔趔趄趄的。大哥明拖著我走，報紙仔幫我背乾糧，可是不知什麼時候，報紙仔失蹤了。我們找了很久都找不到他，我們只有繼續上路。那最要命的是我丟了乾糧，大哥明很慷慨地將他那份分給我，可是實在是不夠，還不知要走多少天。因為經常由於指南針失靈了而不辨西東，還要找北斗星來辨別方向，或者看看樹幹那一面是生滿青苔的是南面。大哥明說我們必須留著糧食在下水之前吃，不然下了水就沒有力氣。我們開始絕食了，第一兩天我覺得餓得發慌，胃十分難受，可是第三天就沒有感覺，我拼命喝水，這樣一來更沒力氣，有點頭昏眼花冒虛汗。我真十分後悔，是絕對不能讓別人幫忙背乾糧的，我一直都是這麼獨立，什麼要依賴別人？我警惕自己以後不要再犯錯。我想，要是糧食不夠，不能支持下去，必須讓大哥明先走，我得投降，不然準會餓死在山上。

第四天我們爬上了最高的山頭，我們看到香港了！只隔一道海，又光又亮，朝著燈光走，絕對不會迷失方向，可是我快要餓昏了。正在這時，我看見前面草叢有個黑影一動一動的，我們藏起來仔細看，這不像是民兵，是見鬼了？有朋友會問我在這時會不會怕鬼？我說從來不怕，只怕遇見人！就是穿過墳地，不小心踩到了骷髏骨頭，我會默默道歉一聲。人不犯鬼，鬼不犯人，我又沒有做過虧心事，為什麼要怕鬼？可是要遇到人，多半是軍人或者是民兵，那麼更倒霉會被擒，更要受牢獄之災。看看這個黑影有點熟悉，我輕輕叫聲報紙仔，果然是他。我們真是喜出望外，真是天助我也！哪有失散了三天在這荒野山頭我們還能重遇的，幸虧他沒有丟掉那多餘的乾糧，我們美美的飽餐一頓。睡覺直到天黑，我們開始下山，我真感謝上天的保祐，想不到居然能絕處逢生，還以為這次定能成功，誰知還是空歡喜一場。

下山我們走了很久，繞過村莊，看到了國防公路，我們看見四面無人一衝而過到了海邊。糟糕！這時間是退潮時間，不能游泳，腳底是爛泥而且在一大片防潮簕，那是長著像玫瑰莖上有刺的小樹，那些刺會勾住衣服和褲子，所以我們向前走一步都十分慢。這時大概已是半夜了，要是繼續向前走在天亮還不能到香港的話，潮水一漲，我們就會被人發現束手就擒，如何是好？我和大哥明爭論起來，他主張退回國防公路後面躲起來，等明天晚上有足夠的時間再下水。我主張繼續向前去賭一下命運，因為回頭被捕的機會跟向前走被捕是相等，為何不搏一搏？但報紙仔同意大哥明的意見，無可奈何我服從大家意見，我們就退回國防公路。誰知一靠近國防公路我們就被邊防軍包圍了，還有可怕的大狼狗。大家分別被五花大綁捆了起來，天一亮，軍人就把我們兩人一組串起來，這晚上被抓的人數眾多，大家就像被捆的一串螃蟹，送到深圳收容所。

照慣例從深圳收容所我又被送到樟木頭收容所，經過這幾天的爬山涉水挨餓，我的體力已盡，腳趾頭都變得瘀黑，後來腳指甲都掉了，滿腳是水泡，眼睛得了結膜炎紅紅的，走起路來一拐一拐的。我也沒有報別人的名字，弟弟去了香港，我也不用擔心丟了教席，做回了自己，報了自己的真名。上兩次用了假名字，我不敢多跟別人交談，怕穿崩，露出馬腳，被人拆穿。這次我可沒有這種負擔。其實收容所是個大學校，大家都會交流經驗，我也遇到有些朋友，才知道大家是同道中人，可能以後有合作機會，因為我們一般不會向沒有偷渡意識的人講這些事，大家都要保密。在這裡可以看到被狼狗咬得傷痕累累的，在海上漂流幾天幾夜的，樣子變成像黑啡色乾柴似的，還有摔傷斷骨的，不過這些人都沒有治療的機會。我比較喜歡接近客家村姑，為了學習客家話，學會之後在邊界給民兵查問時可以對答如流，讓他們以為我是本地人，不會的話容易被要求查看證明，後來我甚至連客家山歌都會唱。

這天可能我樣子太殘，又有紅眼病，別人都趕出去勞動，我和另一個女孩子被留在監倉裏，她叫亞華，也患了紅眼症。我們大家就聊起來，她父親是個畫家，我們從畫畫聊到古詩，一起嘗試背誦能記得起的詩句，從李清照到李白……想不到這次最大的收穫居然是認識人生一知音知己，我們交換了住址，出了獄我就到她家學畫畫，大家成為好友。幾十年後她居溫哥華，我在西雅圖，大家還可以談詩論畫。

2018年五月一日香港知青拜祭越海亡魂，左二為袁家倫

東山再起

送回到生產隊後，開除教席已經是意料中事，很快就要開批鬥大會，受一輪的謾罵侮辱看來是逃不掉的。那天治保主任通知下午開鬥爭大會，特意留了前排座位給我。開會時先是鬥地富反壞右，民兵讓這些人戴上高高的白色紙帽子，跪下來，民兵就按著他們的頭大聲喊口號批鬥。我看到我坐的這一排都是「投港賣國壞份子」，我看不好，很快就會輪到我上場。我偷偷溜出去跑到公社衛生院看醫生，說肚子很痛又泄又吐，醫生給我開了半天的假單，等我回去生產隊，批鬥大會已經完成了。治保主任找到我，責問我為什麼逃避鬥爭大會？我可憐兮兮地說我突然肚子痛看醫生去了，要是你早說要我上臺挨鬥的話，我痛死也不敢走掉。他又好笑又好氣，結果不了了之，讓我寫檢討算了。

這時政府對知青的政策有所改變，可以申請回城了，當然要有充足理由且經重重審批。我妹妹是姑母的繼女，要照顧繼母，我以疾病的理由申請回到了廣州，我期待著一份工作或者上大學，可是希望就像肥皂泡一樣破滅。我妹妹好不容易得到個工作機會當泥水工幫建築工人運送水泥，可是在三樓過窄小的天橋板時摔了下來，斷掉了鎖骨，又被醫院打針感染綠膿桿菌，腰背膿腫久久不癒。看到她的情境真令人痛心，面對還是看不到希望的生活，我決定東山再起，與命運搏鬥。

這次行動入局順利，大哥明的一個住在東莞塘廈的農民朋友偉強跟我們一塊上路。帶我們的用品進去完全沒有問題，我只是負責買到塘廈的車票就可以了，而且我們在第一晚偉強還能帶路，他熟悉當地環境。爬山涉水對於一個農村長大的強壯青年完全沒有難度，一路上他也很照顧我。在第五天初夜我們已經過了國防公路下了海，這天是漲潮，我們游了三四個小時左右在英界上了岸。在我們前面有幾間魚寮，有光線從裡面透出來，魚寮後面就有條公路。大家都很高興，我們終於到了！大哥明說我們不用再走了，他父母是香港居民，只要打個電話，家裏就馬上會來接我們。於是他就走上前去敲門，可是說時遲那時快，大門一開，二話不說，幾個壯漢拿著大棍子向我們劈頭劈腦追打過來，大哥明和偉強拔腳拼命地跑，我閃在後面躲在田地裏，希望他們離開以後找個機會逃脫。可是很快這些人鬧嚷嚷地轉回來，我聽見有人氣憤地說讓偷渡犯跑掉了，又有人說還有一個女的，相信她跑不遠。他們就沿著附近搜索。我被他們找出來了，他們一見我也是用棍子亂打，把怒氣發在我身上，我馬上不敢動，他們以為我暈了才停止下來。我被他們押著走，當我看到有條深溝突然跳下去，可是跑不動，原來是爛泥溝，我的腿被泥土困住了。我聽到有人惡狠狠地作開槍狀說：「還敢跑！打死你！」我情緒失控了，大喊大叫起來：「開槍呀！打死我吧！我不想回去了！」他們捉我起來，用鎖鏈將我鎖在他們的床邊，我邊哭邊罵，把嗓子都哭啞了，像瘋了似的。我幻想著，大哥明和偉強會回來救我，這些只能是個夢罷了，好容易得到自由，他們還會自投羅網嗎？我有點氣怒覺得他們不講義氣，不過記起了這首詩：「生命誠可貴，愛情價更高，若為自由故，兩者皆可拋」，我終於放下釋懷了。

後來聽說捉我這些人是香港漁民，能自由出入大陸香港兩地，要是他們幫忙把偷渡客送回大陸，他們會得到獎賞。天還沒亮，他們就沿著田中的小路把我押送到邊防軍的軍營。我努力觀察四周，從這裡過對岸完全不用涉水。幾個軍人嘻嘻哈哈地把我關進水泥造的狼狗屋裡去。我彎著腰坐在黑漆漆的狗洞裡，氣味實在難聞，蚊子圍繞著亂飛。我乾脆躺了下來，折騰了一整夜，連掙紮的氣力都沒有了。我記得小學時唸過一首詩：「我渴望著自由，但我深知道，人的軀體怎能從狗洞裡爬出？我寧願跟這活棺材一起燒掉，讓我在烈火中得到永生！」我仔細想想，把自己當個人，有自由有尊嚴，那肯定不能活下去，像這個烈士。可是忍得所有的屈辱，就是不要把自己當一個人，也許當自己是個畜牲，這就是求生，就能活著！我不知被關了多久，也沒有飯吃，軍人叫我爬出來戴上了手銬把我送到深圳收容所去。

這一次挫敗的感覺使我好像墮入了深淵，一次又一次的失敗，使我心情久久不能平復，勇氣？我還有勇氣嗎？我在問自己，我的朋友幾乎都到了香港，我幾乎連一個能商量的人都沒有。為了鎮定自己，我居然唱起歌來，忘記了身在收容所。誰在唱歌？坐牢都這麼開心！一個女管教兇狠地罵著衝進牢房，給我啪啪兩耳光，再加幾棍子。我呆呆地看著她，本來這女管教有一張精緻的臉，經常發怒發狠目露兇光把這張臉弄得像女巫似的，值得嗎？她打我就像打在一塊木頭一樣，麻木不仁不聲不響的，終於她氣沖沖地走了。我見過多少管教，就算有漂亮的輪廓，面貌都變得猙獰。

這次我被送回廣州黃華看守所，因為我的戶口已經轉到廣州。看守所裡的不是清一色的偷渡客，那些妓女，小偷，流浪者都關在一起準備送回原地。我由於心情不好，幾乎吃不下飯，有點呆。馬上就有隻手從我的盤子抓飯來吃，我可不是好欺負的！什麼優雅斯文，師道尊嚴通通拋在一邊，打架！我生平第一次狠狠地打架！為了活著求生，我變得有點不認識自己。出獄回家以後我純粹是個無業遊民，幸虧有亞華這個好朋友，每天一起畫國畫，唸唸唐詩，她也失敗了好幾次，大家互相鼓勵。她的家人也很喜歡我，我慢慢地地重新振作起來，我這人實在是倔強得很，下了決心不達目標死不休，我再次籌劃第五次行動。

終到彼岸

當我與亞茵商量，大家不謀而合。亞茵是個美女，嬌美的身段卻藏有一顆堅毅的決心，她也是失敗多次，而且有次行動晚上從山上摔下來，跌斷了鎖骨，我佩服她的堅強和勇氣，決定大家合作攜手並肩再為自由生存而戰。當然操練自己的身體也是非常重要，除了不斷練習游泳，來回游過石龍的東江河，我在廣州還每天都到越秀山來回登上百步梯來練習腿力，這上面有孫中山紀念碑，寫著「革命尚未成功，同志仍須努力」，對我來說也是個鼓勵。來這裡鍛鍊的幾乎都是同道中人，每天一大清早，多少青年人在這裡來回蹬百步梯，作苦苦的鍛鍊。

我們這次是四人同行，除了我和亞茵以外還有兩個年輕的姑娘要跟我們一起走，她們都是第一次上路，其中一人是塘廈的村姑，她願意幫忙我們入局，也想請我們帶路，她們相信我們挺有經驗。亞茵身手敏捷，是開路先鋒，她拿著電工刀劈荊斬棘，比男子還強。這兩個女仔小心眼，怕我們拋開她們，故意走在我倆中間，我只有當後衛和參謀。也許走了多次，我好像有點熟悉了山頭，很快接近了邊界。雖然這次天氣十分不好，整天下雨，這幾天的行程我們行在雨中，睡在雨中，身上的皮膚都打摺了。但這次如有神助，也好像有第六感覺。有次我們下山時，石頭好像很滑，一蹬腳，石頭很鬆向下掉。我說大家都不要走了，原地睡覺，等天亮決定怎麼樣做。剛剛天亮，我們發現竟然身處斷崖之上，要是繼續走，定會滑下山崖死定了。趁著天矇矇亮，民兵沒有這麼快上山，我們可以看到路，可以走得快。又有一次，前面就是最高山，一上去就可以看到香港，可是我這時覺得突然心發慌，牙齒打顫，覺得上山有危險，我說暫時不要上去，就在山腰上宿營。果然第二天我們就看見民兵帶了狗在山上搜索，還看到有些人被逮了。說起迷信，我們這些卒友都會有求神拜佛、燒香問卦的，我也能背誦觀音菩薩救苦救難經，在危急關頭默唸，不管有效沒有，總比求救無門好，心中有個依傍，增強了自信心和毅力。

當我們到了國防公路前面的小山崗，躲起來仔細看，大海平靜無波，我甚至認得出對岸上次被人抓住送返的魚寮，香港就在那燈火燦爛處。我選擇下水的地方離那些魚寮比較遠，也許較安全。我對另外跟著我們的女孩子說，我們要分手而行，因為四個人的目標太大了，容易被人發現。前面就是香港，絕對不會迷路了。她們千謝萬謝說到了香港請喝茶，後來我們都到了香港，她們的諾言都沒有實現，幾十年都沒有見過面。我們下海之前是大片蠔田，也是退了水。通過蠔田我們的雙腿都被劃得血淋淋的，可是我們當時卻沒有痛的感覺，過了蠔田就開始游泳。在西線的海很平靜，不是那麼浪急風高，有時游泳，有時能在水中走。我們很少用上氣枕，只用來歇息。這裡是鹹淡水交界吧，蝦子完全不怕人，在水中有的居然鑽到衣服裡來了，用手一摸捉一隻放在嘴裡，挺好吃的。我們花了大約六個小時上了岸，穿過農田和魚塘，我們踏上了香港的馬路。我們終於到了！我當時卻沒有歡喜若狂的感覺，因為是到了另一個世界，舉目無親，不知什麼遭遇在等著我，又是另外的一個冒險開始，當時只是一片迷迷惘惘，不知何去何從。

我們在公路上走著，還不知道該怎麼辦？一輛香港警察車就停在面前。我腳一軟，跌倒了，我還沒站起，一抬頭就看見個黑皮鞋擦得晶亮的，穿著燙得筆直的警察制服，那風紀扣上的清潔帶笑容的臉，這警察先生有禮貌地請我們上車。我簡直呆住了，這是從來沒有過的待遇。我的印象中大陸警察是面如土色、衣不稱身、兇神惡煞、大聲吆喝。現在眼前出現的這位警察先生簡直是個男神！這第一眼的清潔、禮貌的印象，到現在還歷歷在目。警察把我們送到勒馬州差館，再送去元朗差館。我對女警的印象卻不太好。一個女警先搜身搜出了電工刀，喃喃地說，女孩子怎麼要帶刀？又搜出我的藏在衣領上的五塊錢人民幣，她看也不看就扔到垃圾桶裡去了，我請她還給我，她很不耐煩說：「香港不用人民幣」！誰不知道？但她根本不知道那時候五塊錢人民幣對我家來說是個不小的數目。她給些衣服讓我們換了，我們還美美地洗個澡，她要我們拿著個牌子拍張「人蛇照」，那是一張囚犯照，熊貓眼，亂草似的頭髮，疲憊黑黃的臉，慘不忍睹。後來就把我和亞茵關在監牢裡，我倆一個房間，有床，有被子，有廁所。我們的早餐是牛奶麵包，午餐和晚餐都是白米飯，有魚有肉。我們從來沒有嚐過如此美味，可是飯太少了，我們狼吞虎嚥吃了還覺不夠飽，實在太好吃了，簡直是享受，就算遲些放監我都覺得無所謂。曾經呆過狗洞的，經歷過生不如死的生活，今後遇到的一切，都是美好的，我都會感恩。

可是過了一天，我倆同時發高燒，大家的腳底和小腿都在過蠔田時被蠔殼劃得體無全膚，有的甚至割開到肉，傷口感染了。現在我們才感到十分疼痛，原來我們在極度緊張中連疼痛也感覺不到，女警馬上帶我們去醫院看病和打破傷風針。一個女警告訴我們說，你們實在太幸運了，一個星期後香港政府就不會再收留大陸難民了，要是被警察逮住了就要馬上送回大陸去（指香港1974年11月實施的「抵壘政策」，在邊境地區抓獲的非法入境者即時遣返）你們出去就該買六合彩。真的我真的很幸運，老天對我不薄，過了幾天我們退燒了，亞茵的親戚來了，我弟弟也來接我出去，終於到了這個花花世界，從此我真的改變了命運。

本來寫到這裡該是完結了，還有一點好笑的，一個月後我回到香港人民入境事務處去領身分證。這女警對照現在的我和那張人蛇照片，實在沒有半點相同。到了香港我的朋友給錢的給錢，給衣服的給衣服，教我打扮化妝，千叮萬囑叫我不要說自己從大陸來，以免受人歧視。半個月以後，我以香港中五畢業的身分在尖沙咀妙麗洋行找到第一份工，見工時說我的畢業證書讓一場大火燒了，要的話我回校再申請拿來，他們給我看一張英文報紙，我煞有介事地看了半天，幸虧沒有考我，這是我這一生最後說的一個謊，公司就馬上雇用我了。我的工作是每天找小學約見校長，讓他允許學生訂購公司出品的學生皮鞋。這天出現在女警面前是位穿迷你裙、著鬆糕鞋戴眼鏡斯文自信漂亮的年輕小姐。這女警用懷疑鄙視的眼光對我說，看看你是什麼樣子？我仔細看看自己也沒有什麼差錯，也沒什麼不對勁的，略施脂粉，一個出入洋行文員的正常打扮。她接著又問，你做什麼工？我覺得她的眼光像在審問我是不是做雞？我神氣地回答說在尖沙咀洋行當文員，我永遠忘不掉她那尖酸的語調和眼神。她一臉驚訝，又問：「有人介紹的嗎？」「沒有，我看報紙找的。」我回了她一個堅定不用懷疑的眼神。我一出門，幾個乞丐纏著我要錢，我開心地笑了，雖然我身上的錢還沒有他們向別人討錢的箱子裡多，我居然像個有能力的施予者了，我的尊嚴，我的自信全回來了！

我終於能像隻出籠小鳥，去過自己選擇的生活，用生命博取自由，今生無憾！

1995年，袁家倫與同行卒友阿茵，回到當年「督卒」（偷渡）上岸的地方懷舊。

五月祭文　　袁家伦

明月照海灘，雨灑吉奧山。
出師身未捷，魂伴大鵬灣。
昔日同上路，君卻未能還。
相逢唯夢裡，淚雨濕衣衫。
清香一縷縷，酒灑綠波間。
願為自由故，捨命不悔嘆。

袁家倫為拜祭活動撰寫的祭文

越過後海灣

黃東漢

【作者簡介】作者黃東漢是廣州十四中（66屆）高三畢業生，1968年11月下鄉寶安縣南頭公社，1970年1月「著屐」（使用小船偷渡）到港。近年來致力知青偷渡史的挖掘、搜集工作，撰寫了記述知青偷渡的《起錨》系列，並熱心參與組織偷渡知青的各種活動。

（一）「家庭出身」

先說我的「家庭成份」吧，我父親就是我國參加1936年德國柏林奧運會的球星黃美順，父親「解放前」一直在香港踢球，空餘時間就在廣州幫親戚賣鹹魚，按照共產黨的階級分析法，我父親是100%的「工人階級」。記得1965年中一個晚上，父親對全家人說，工廠「四清工作隊」已通過了他的工人成份，今後我們三姐弟可正式填報工人成份了。（我父是廠裡「四清」時八批中第六批被評為工人成分的）

那個時代的過來人，應該清楚「家庭成分」對於一個人來說有多重要的。

我爺爺卻是資本家，「解放前」在廣州開了一間「黃中璜製藥廠」，說是工廠，按今天的眼光來看不過是個小手工藥坊而已，全家人一齊做，另外請幾個外人，比今天一間小飯館還不如。我父親與大多數的球員一樣，不愛讀書，文化程度不高，因而沒有參與家族生意管埋，加上畢竟是小盤生意，而我爺爺有十名子女，家中容不下這麼多人吃飯，我父親又是長子，所以不用比賽時也只好到親戚處打工。我父親的兄弟姐妹很多後來都被評為資本家、右派，加上我外公也是工商業地主，故此我父母兩邊兩大家族加起來「階級敵人」一大堆，「狗崽子」一大群，沒有一個黨團員。唯獨是我們姐弟三人沾了父親的光，「狗崽子」的子女卻是「紅五類」子弟，奇怪不奇怪？（編者注：「狗崽子」是文革中對家庭出身「地、富、反、壞、右、資」的人的蔑稱，此處系借用。）

由於我的學習成績很好，所以高一、高二時擔任班裡學習委員，然而一上高三，無緣無故的就給撤掉了，連民兵班長也給撤了，當時我曾努力爭取入團，自然也杳無音訊，以我當時的表現，令我百思不得其解。文革前一周數學考試前，班主任把我拉到一邊去問我數學考試有沒有把握？如果有的話他想把將要放進我的檔案的評語給我看，核實一下。我說數學是我的強項沒問題，他就把已寫好的評語拿給我，我一看當時驚呆了，現今記得大概意思是說我長期站在資產階級立場上，長期隱瞞剝削階級家庭成份。如果真的是這樣，那就是今生已在政治上判了我死刑，一剎那我突然明白了我職務被全撤了的原因。我連忙把我所知的情況告訴他，請他核實一下。之後，班主任又把我叫了去，給我一份新的評語，內容全變了。他對我說，剛才打電話到我父親廠裡問過了，我父親是工人成份。我的冤情大白了，但一切都太遲了，原來這一年來班裡一直把我當作隱瞞家庭成份的衰人看，難怪我當年入不了團。當年如果成績好，成份好加上又是團員的話，進大學的機會就很大。幸虧最後關頭給我改正了，讓我日後能登上南下的「11.8」列車。（注：11.8列車所指，見後面敘述）

1968年10月底，復課鬧革命結束了，學生離校分配開始了。分配方案一公佈，我校有150人分配到寶安縣南頭公社，我班有5個名額，其中有我一個。寶安縣是邊防前線，到那裡去的一定要「忠誠可靠」，然而在那瘋狂的年代裡，拿什麼作標準呢？只能拿階級鬥爭的法寶——家庭成份來衡量了。「狗崽子」們只能到海南島或其它偏遠地區去，或者自己投親靠友，想到邊境去——沒門。

知道分配方案後，我回家找到地圖一看，南頭原來跟香港只隔一個海峽，我把地圖拿給同學許紅心看，都覺得那地方離香港這麼近，說不定對我們來說是個好地方。文革打碎了我的大學夢，又沒得留城，這下我心裡忽然一動，我想將來我們所去的地方可能比他們好得多。不用學校做思想工作，很快我就辦妥了戶口遷移，提前了三天把戶口交回學校，是全校第一名。

（二）下鄉寶安縣南頭公社

1968年11月8日上午8時半左右，我登上了廣州廣九火車站南行開往深圳的火車。與當年所有送別知青的場面一樣，火車站到處是紅旗、標語，高音喇叭不斷播放毛語錄和口號，我們所乘坐的列車，載滿全都是到寶安插隊的學生。很多人或許還記得，那些到其它的地方去的，與家人分手時哭聲震天，充滿悲哀。可我們這趟「11.8」列車與眾不同，彌漫著的卻是緊張、焦慮與不安，因為這是一列開往邊境的列車。這列火車的乘客，後來80%的男生，20%的女生都到了香港，所以在某種意義上來說，這是一列通往香港的「特快列車」，所有的乘客和家屬都巴不得火車早點開行。

這趟「特快」列車開行前約15分鐘，幾個工宣隊員拿著一份名單上車來找人，找到鄰班一個男生不由分說便把他拉下車，據說他有親人在香港，其他車廂也有此種情形發生，這事令到所有乘客都緊張起來，大家都是廣州人，誰家沒有親戚在香港？大家都害怕下一個被拉下去的會是自己，直到火車徐徐開行，工宣不會上來拉人了，才放下心來。（編者注：「工宣」指「毛澤東思想工人宣傳隊」，當時由最高當局派駐各大、中、小學）

寶安縣由於毗鄰香港新界，因此是當年大多數逃亡者逃港的必經之路，事實上當年很多逃亡者要經歷很多艱難困苦，才能進入寶安縣這個邊境區，所以我們這些下鄉寶安縣的知青，日後在逃港大潮中成了天之驕子。下鄉不久，我們這批人就通過與當地農民的交往中，明白了到了這個地方，逃港才是硬道理。初來乍到，很多人就開始打探寶安縣的山川形勢，何處有軍警民兵檢查哨站，何處是邊境國防公路，更重要的是哪裡才是香港的新界。這些重要的資訊我們日後通過回廣州探親，傳遞給了那些想逃港的人，特別是當我們這些寶安知青拿到了寶安縣邊防身份証以後，慢慢的自然就成了逃港大潮的核心。

其它地方的知青，紛紛通過同學，朋友的關係與我們這些寶安知青沾上關係，他們通過尋親訪友的關係進入寶安縣找到我們，從而縮短行程增加成功的機會，所以日後下放寶安縣的知青很多不是一個人逃，而是一個人協助很多人逃。這個事實令當局很難堪，他們當初以為通過這批經過文革洗禮的知青可以「毛化」寶安縣，卻想不到後果竟然是如此這般。1974年當局曾經想靖邊，把下放寶安縣的知青全部送走，但當時逃港大潮已形成，下放寶安縣的知青自然也死抱這塊福地不肯走，想盡各式各樣方法留下來，並且加快逃亡的速度，這些都是後話。

火車午後到了深圳，一下了火車，這趟列車的乘客便按所分配的公社，登上了前來迎接他們的大卡車。當裝載我們到南頭公社的大卡車在深南國防公路上疾馳時，我們看到了後海灣，一車人口裡唱著革命歌曲，眼睛卻全都向左看。那天剛好遇著大退潮，後海灣不少地方近岸的海底都露了出來，有些地方更只剩下中間一條窄窄的水道。初看到此景，真的令人心如鹿撞，心猿意馬神思冥冥，後來的事實証明後海灣某些地方退潮時人是可以走過去的。車上每個人此時都乘此良機留心觀察海邊地形，海面闊窄，真是各懷「鬼胎」，各自盤算。

我校150人中有幾十人分配到新圍大隊，即今天西麗湖水庫一帶，大多數分配到大沖大隊，即今日白石洲一帶，我和二十多人則被分到南山大隊，即今日的南山區。知青們大都三幾個人下放一個生產隊，只有我一個人單獨下放一個生產隊——南山專業隊。事後証明我是我校150人，甚至是整趟「11.8」列車最幸運的一個人。我的生產隊有農田，果園，海裡還有蠔田。因為只有我一個人下放一個隊，所以我也要跟社員（人民公社社員）一起出海作業，而工作的地方就是蛇口海面，很多時在蛇口海上工作時，與中間線只有咫尺之遙。多年後我問當時的幹部當年為什麼在這麼多人中選到我，他說因我體型高大，高中畢業文化程度高，加上成份「好」，所以選中我，我是這批下放知青中離香港最近的人。

我離香港最近但也最辛苦，當年由於養蠔技術落後，養蠔比種田辛苦，純農業隊有「農忙」也有「農閒」，純養蠔則沒有忙閑之分了。而我隊有幾百畝良田，南山上有大果園，海裡有幾千井蠔（一立方丈為一井），樣樣俱全，那就意味著全年無休。幸虧當時年輕力壯，不論多艱苦都挺得住。

南山大隊顧名思義就是因南山而得名，南山是後海灣大陸這邊沿著海邊最西邊與珠江口交界的一個約二百米高的小山。經過前人多年辛勤的開發，山下有幾千畝良田，山上有一萬多棵大荔枝樹和幾千棵桃樹，海裡有幾萬井蠔和其他豐富的海產，也算是一處人間仙境、世外桃源。我所到達的陳屋村，由於環境優美，村民本來豐衣足食，「解放前」竟可聚居有二千多人。「解放後」由於國政窳敗，運動不斷，引起當地人民大量外逃。我們下放時村裡人口只剩下一半，很多家庭都是整家外逃，致使村內空房處處，我們知青來到主要是補充當地勞動力嚴重不足。由於空房多，我一個人分到一間十五行瓦的大屋，一個人住那麼大的房子，還真有點害怕。

我們初來時，當地人對我們也毫不忌諱，經常對我們說，你們有福了，外地人逃亡要千辛萬苦才能到達這裡，還要賭命下海夜泅，而這裡的人要走的話很容易。他們還常說，我看你們在這裡也不會留太久，不久你們就會跑過去了，以前下放來的知青，很多都已逃過去了。

剛來的時候我幹活很賣力，不管白天黑夜，田裡海裡，也不管天冷天熱，我都跟社員們一塊勞動，而且還主動搶幹重活、累活。我近1.8米的大個子，幹起重活比當地的男青年也差不了多少。1969年初生產隊第一次給我評工分時，評了6.5分，當時一個男勞力幹一天拿10分。也就是將我評了婦女的工分，不過我志不在此，當然就毫不計較。當時我隊每個勞動日分一塊錢，這個水準在國內算不錯的了，每天6.5分等於約6角五分，這個收入剛好夠我一人吃飯。年底分配時我幹了三個月，扣除了口糧和油糖後，收入剛好為零，還好能夠養活自己，不用超支，比起很多地方的知青來說，能養活自己已很不錯了。

同學許紅心情況和我差不多，他也是一個人住一間大房子，他住的地方離我處大約一公里，因為不太遠，所以我們經常會聚在一起聊天，交換情報。1969年五月中一天，我出海剛歸來，中午到他家去，他對我說昨天從香港方面飄來一個氣球，散了很多「反動傳單」，全大隊的民兵都要到處去撿傳單，他也撿到一些，其中一張畫了一個戴眼鏡的知青倚著鋤頭在嘆息，看後心裡很難受。過了幾天，下放大沖大隊的我班前團支書沈同學過來探望我們幾個男生，她對我們說，昨天晚上她一個人在海邊站崗時，她的頂頭上司、大隊的民兵營長帶領一群人下海乘船逃亡，遇到了她，那民兵營長邀她放下槍跟他們一起走，因為事出突然她沒有心理準備，經短暫考慮後她決定不走，她過來主要對我們說這件事。大家聽後都有些替她婉惜，錯過了一個如此大好的機會，她自己也有些後悔。沈同學後來1974年抽調回穗，做「工農兵大學生」，1989年全家移民美國。

（三）等待與謀劃

1969年7月，插隊大半年後我第一次回廣州探親，我先到公社開了證明，跟著坐汽車到虎門鎮，然後在虎門鎮坐船回廣州。當我到了虎門鎮並在碼頭買了船票，即將到林則徐銷鴉片的地方憑弔時，在街上我被捕了。兩個持槍民兵看到我這個知青模樣的陌生人，以為我是來偷渡的，他倆用槍押著我走了幾條街，進入他們的總部。當他們看到我的身份證明時都驚呆了，他們萬萬想不到被他們抓住的人竟是來自比他們前沿得多的地區。我此時也老實不客氣的揶揄他們幾句，我說我如果要逃，我們那裡比你們這邊容易得多。由此可見當年當局抓逃亡是很嚴厲的，在鄰近寶安縣的地方已是到處設防，嚴查路人，草木皆兵的了。

一回到家，父母看到我曬黑了的臉龐，傷痕累累的雙腿（那是下海灘幹活時給蠔殼割傷的）都很痛心，但一聽到我說我開工的地方離香港那麼近，將來又有機會坐船而不用游泳時，都對我說有機會你就走吧！那地方無論多好你也只是農民。母親在我臨走時悄悄塞給我一張他從親戚處換來的5元港幣，叫我帶上作個準備。在廣州的那段日子我四處跑，主要為當地農民購買物品和幫南山大隊的知青們傳遞家庭訊息。當我去到下鄉赤灣生產隊的一名女生家裡時，她母親聽到我說她那不會游泳的女兒如要逃亡將要面對茫茫大海，不禁悲從中來。當她聽了我的情況介紹後，不斷的哀求我要我將來帶她的女兒一塊走，我當時只能盡量安慰她，由此也可見當時人心的向背。那位女生後來始終沒能跨過大海，改革開放後回廣州結婚，此是後話。

這次回家姐姐拿出她幾年的積蓄近二百元，傾全家之力為我買了一輛鳳凰牌自行車——有錢還不夠，還要到處湊工業品票啊。事實上這輛自行車除了方便我在農村的工作和生活外，對我後來乘船「起錨」起了很大的作用。當地人逃亡多用公家的船，事後家屬要賠錢，我們這些知青因為沒有家庭在那裡，沒有抵押，因而當地人很少串連知青一起用船逃亡。我花了近二百元人民幣買了一輛當年稀缺的上海產自行車放在那裡，就等於擺了一筆錢在那裡，結果是很快就有當地人來串連我了。

這是當年姐姐買給我的自行車，也是我當知青的唯一照片，拍於1969年夏廣州。

當年我們下鄉到邊境一帶的知青，雖然生活條件比其它地區好一些，其它方面都是差不多，田間勞動一樣苦累，在海上工作更比陸上辛苦，加上同樣的看不到前途，看不到轉機，整天修理地球。如果早點讓我們看到可以回城，可以升學，我們中或者就有很多人不會投奔怒海，不會「投敵叛國」了。由於我們身處邊界，在精神苦悶時也可眺望一下對岸，遐想一下。每當風雨過後，香港漂過來的垃圾在這邊也是寶，香港對我們這些知青的誘惑實在是太大了。白天在蛇口工作時，我常常呆望對岸，心中常想對面究竟是個怎麼樣的地方？為什麼那麼多人要跑過去？我估計如果白天風平浪靜的話，以我當時我身體條件和技術，三個小時就能游過去，但逃亡是要在夜間，我想最多六小時可以登上對岸。

1969年的國慶節，一號那天我剛被評為「學毛著積極分子」（「毛著」即「毛主席著作」），在全大隊社員大會上作了近一小時的「講用」。第二天在我的串連下，南山大隊十幾個知青湊錢買了一條狗，拿到赤灣生產隊林氏兄弟屋裡劏了，這已是近一年來南山知青的第二次了。十幾個知青分工合作，忙活了一整天，晚上就在林氏兄弟的屋裡大杯酒大塊肉的吃喝，酒足肉飽後大家圍在一起聊天。這時我仿效鄧拓的《燕山夜話》形式寫了一篇短文，文章題目就叫《南山夜話》，多年過去了，我依稀記得其中幾句是「追憶往事，回首前塵，感懷身世，不知前途之安在」。這篇短文當晚在到會的知青中傳閱，大家都說好得很，說中了大家的傷心處。那晚夜深了，不知是誰帶頭唱起了《松花江上》，大家跟著一起唱。我們離家的那天是11月8日，所以我們那一帶的知青唱起這首歌時，都喜歡用11.8來代替9.18。夜深了，寂靜的鄉村飄揚著來自知青屋的歌聲：「哪年，哪月，才能重回我那可愛的故鄉，什麼時候，才能重見我那衰老的爹娘？」參加那晚劏狗聚會的十幾個知青，幾年後又全在香港聚齊了。

由於當地人逃亡大多用船，所以最基本的要求是能駕馭好一條木船。因為我是那一列火車中唯一的一個能出海有機會學習搖船的人，所以我特別珍惜這難得的機會。每當有搖櫓的機會，不管當時如何累，我都搶著去搖，搖得多自然也就學會了。11月中一天在蛇口海面開工時，同船的民兵隊長對我說：「你搖櫓，我跟你划反槳，如果你的櫓能鬥贏我的槳，把這一船蠔按指定路線划到岸邊，你就合格了。」這是一次難得的考試，我馬上與他展開激鬥，由於一櫓等於三槳，結果我贏了。在一旁觀戰的船老大卻給我澆了一頭冷水，他說我贏了也只有三成功夫，真正的考驗是在夜間兼有風浪的情況下進行。他的話令我不敢自滿，我更加努力，但不管我後來搖櫓如何好，逃亡的那個晚上他們也只要我作個槳手。

雖然在11月8日那列火車乘客中我是下放得最前沿，最接近香港，但我不是最先跑過去的那位。我校頭三甲都是下放大沖大隊的男知青，1969年年中下放半年多一點，他們就在晚上徒手游過了後海灣。第四名是下放與我同一大隊的一個姓宋的女生，那女生不知用了什麼甜言蜜語迷倒當地一個男青年，晚間用船逃亡時把她一併帶走。那女生我後來在港見過兩次，自然是什麼承諾都作廢，她後來嫁給一個製衣廠的太子爺，做了闊太，而帶她過來的人只能自嘆上當。我1970年1月「起錨」成功，在我校150人中只能排第五，如果以整列「11.8」列車來算的話，前十都不入。

當地偷渡風很盛，青年人長成一批跑一批，他們由於熟悉地形環境，所以逃亡鮮有失手的。因為當地船多，所以當地人逃亡時多數結成團夥，夜間偷船逃走。偷船逃亡事後都要賠錢，但因人數眾多，每家每戶事後一分攤，也可負擔，用船總比徒手游過後海灣快捷及安全。我們剛下鄉時，當地人用船逃亡時很少與知青串連一起的，原因是知青沒有家庭在那裡，要賠錢的話不知如何追討，但時間一長，大家混熟了也就無所謂了。我與許紅心都是乘船走的，事後都賠了錢。當年下放南山大隊逃走了的十幾個廣州知青中，據我所知起碼有五至六個人是和當地人坐船走的，我班四個男生就有三個坐船走的。

在我下鄉的那段時間，經常聽到昨晚××隊的××與××走了這樣的消息。1969年12月初，我隔壁與我相識年多的三兄弟一個晚上坐船逃跑了，家中只剩下兩老和一個年幼的妹妹，原本一個熱鬧的家庭馬上變得冷冷清清，看到此景真的令人心酸。自隔壁三兄弟走後，生產隊人手日益短缺，剩下來的青年更加人心浮動，人人想走，這時我的機會來了。由於我平時和生產隊所有人相處都很好，加上我用近二百塊錢買來的自行車這時發揮了難以言喻的作用，1969年12月底，同隊的一個小青年暗地裡找我串連來了。

這個小青年平日跟我很熟，我與他在同一條機船上一齊工作，平日裡我就經常用言語來暗地裡挑動和試探他。記得1969年12月底的一個夜晚，他找到我就單刀直入對我說，想不想跟他們在這幾天走？我說願意，他就簡單向我講了逃走的方法和時間，就是在1970年元旦過後，在5號、7號或9號夜晚在蛇口海邊找機會偷船走。我當時很爽快的答應他，後來才知道他們是組織了一個很大規模的逃亡，他們只是把我當作一隻棋子。為安全計，有多少人參加，哪些人參加都不讓我知道，只有這個小青年和我單線聯繫。這次原本有一個大規模的逃亡計劃，結果只有我們幾個逃了出來，如果當時我們逃不了，按當時的刑律我們幾個是要判刑坐牢的。

我除了知道時間地點，其他什麼都不知，如果坐了牢就有些冤了。當我決定要走時我便去通知另外一個同學阿楊，我把時間地點告訴他，希望他到時能和我一起走。我對他說我不通知許紅心了，我直接告訴他原因，就因為你的家庭成份是職員，你「投敵叛國」了對家庭衝擊不會太大，而許紅心的父親是黨員，是基層幹部，在那「投敵叛國」會株連的年代，我不敢連累他。幾年後當許紅心也過來後，他父親果然受到株連，被削職為民，幸好沒被批鬥。幾年後在港聽到我為什麼當時不叫他走的解釋，他接納了，幾十年來我們一直都是好朋友。

（四）一舉成功，到達彼岸

1970年1月上旬，是採蠔和熬製蠔油的日子，我們生產隊有兩條機動大木船每兩天一次輪番往深圳福永海面採蠔，然後運返蛇口沙灘打開蠔殼取肉。當地人出海勞作一天後，晚上將船停泊在蛇口海灘，大都回家休息，只留下一、二個人看守船隻。當年因為我是學毛著積極分子，工作積極，加上家庭成份好，所以當我提出我一個人無家可歸不如留下來看船，隊長不加思索就答允了，這也是他們為何串連我的另一個原因。

5號和7號都沒有機會，9號那一天，有心人按捺不住了，人為的製造了一起打架事件，有人藉故打了與我一同看船的老人，那老人收工之後一賭氣回了家，隊長也拿他沒有辦法，結果那晚就只剩下我一個人看船了。那年月在邊防前線的海灘上只留下一個知青看船，那無疑為有心人製造了一個大好機會，與我串通好的小青年收工時與我打了個眼色，表示行動就在今夜了。那個黃昏我早早吃過飯，然後到沙灘上等我同學楊君，結果是望穿秋水也不見他來。幾年後在香港我問他那晚為什麼不來？他說當時我走得太快了，他思想上還未準備好。天黑了我爬回機船上等，一會兒只見與我約好的小青年與另外兩個人一溜煙似的跑上船來，那兩人一個是我隊的，一個是別隊的，他們一上船就拉起船錨開船，我以為直接向對面開。他們這時才對我說要先開回村去接人，還有幾十人要下船，我這時才知道自己參與了一次特大的逃亡。如果早知道這樣，我未必會參與，但此時已箭在弦上不得不發了。

我們的機船拖著一條裝滿蠔的小舢舨開回村去接人，也就是從南山的南面開到北面，行程約一小時。由於是逃亡，大家心情都很緊張，船一開動就馬上撞倒了別隊架在海邊的一張大漁網，所以很快就給人發覺。船開動就一人掌舵，一人開機，我與那同我串通好的小青年則在小舢舨上把蠔扔到海裡去，以便留出空間來載人。船一個小時後到了村前的海中，停好了機船，他們三人下了小舢舨乘著夜色悄悄划回岸邊，留下我一人看守機船。在送他們上岸到等他們回來的這大約三個小時，是我一生人中感到最恐懼、驚慌、最無助又最漫長的三個小時。船停在海中，海上突然吹起了大北風，村前的海面巨浪滔滔，機船在巨浪中劇烈搖晃，我雖然在知青中也算出過海見過風浪，一個人在漆黑一片的海上也不知該怎麼辦。在滔天的巨浪衝擊中我突然聽到了馬達聲，只見一艘巡邏艇開著探照燈在搜捕我們。那巡邏艇離我最近的時候，我連他們說話聲都聽得到。在那時候我連忙將母親給我的5元港幣拋進大海，給龍王爺作買路錢，作好被捕的打算。說也奇怪，那巡邏艇即使離我很近，卻始終沒有發現我的船，由於海上風浪實在太大，那巡邏艇搜索了一會頂不住這麼大的浪也就開走了。那巡邏艇走了，我緊張的心情也未能放鬆，如果稍後被捕，我這個「積極分子」肯定還是會作為這個大規模逃亡的組織者而被判刑的。巡邏艇走了一會，海水開始退潮了，這是它不得不走的原因。就在我的機船快要擱淺時，他們三人乘坐原來的舢舨回來了。四個人合力把機船撐到深水區，才開動馬達向蛇口海面開去。

在機船上我聽他們說，原來他們三人還未上岸，大隊的民兵已知道今晚會有大規模的逃亡，早已在村裡佈下天羅地網。三人潛回家裡，發覺村內到處都是民兵，正在搜捕他們，他們只好分開躲起來。好在那晚月黑風高，伸手不見五指，民兵搜捕很久都抓他們不到。他們三人抓到一個機會重聚一起溜到海邊，爬上藏在紅樹林裡的小舢舨，趁潮水還未退盡時逃離村莊重回大船。

半夜裡我們的機船通過赤灣海面時，大家的心緊張到極點，事緣大家都知道赤灣有東西兩個炮臺，駐有一個連的解放軍，對面伶仃島有一個海關，夜間不少外逃的木船都在這裡被截獲，何況我們的是機船。可能我給海龍王的買路錢起了作用，船過赤灣時風浪特別大，滔天的大浪掩蓋了機船的馬達聲，謝天謝地我們沒有遇到攔截，當船過了赤灣時，大家才鬆了一口氣。

船一過了赤灣，向左一轉，就進入了蛇口海面，我們在離對岸很遠的地方就下了錨，四人馬上下了小船，技術最好的人搖櫓，其餘三人划槳，我與那個與我串通好的小青年共划一枝槳，小舢舨飛也似的向對岸衝去。說也奇怪，海面這時突然風平浪靜，可能是南山擋住了北風，又或者是龍王爺收了我的錢，突然平息了北風。就在我們的小舢舨離開了大船十幾分鐘後，一艘巡邏艇開著探照燈駛了過來，很快就發現了我們棄置的機船。那巡邏艇在附近的海面不停的梭巡，搜捕我們，但這時我們估計已過了中位線。我們一邊用力划，一邊不停的向後望，恐怕他發現了會追過來，幸虧那巡邏艇只在大機船附近打轉，沒有發現我們。在黑夜中我們划了大約40分鐘就靠了香港的海岸，如果游泳這段距離恐怕要8—10小時。這時回頭一看，那巡邏艇還在海上不停的搜捕我們，當我們的腳踏上自由的土地時，一顆緊繃的心才放了下來。

此時的我，心情相當矛盾，踏足香港的海灘時，我感到平安了，也自由了，但當我回望對岸時，我又覺得我是自我流放了。對岸是生我育我的祖國，那裡有我的父母，親人，同學，朋友，今晚我們的出走是完全的「投敵叛國」，想到今後可能一輩子都回不來了，不禁悲從中來，我的眼裡流下了難過的淚水。但人總是要往前走的，不管人生地疏，有路沒路，我們四個人懷著無限的悵惘，在黑夜中向岸邊的一間小屋走去。

天亮了，很快我的表舅父花了一百元港幣把我接走了，他帶我到入境事務處辦好了手續。來港第三天，我就在他有股份的印刷製版公司開工，開工的第一天我就見證了資本主義社會醜惡的一面，我表舅父的公司當時不缺人，為了安置我，就在我開工的時候，以一點小過失把一個學徒開除了。從此我就成了那間小型印刷製版公司年紀最大（23歲），學歷最高（高中），人工最低的學徒，展開了漫長的「洋插隊」。

我一成功抵港，便馬上寫信回家報喜，很快收到母親的回信，他們都很高興我能平安抵港，叫我在港努力工作，為自己爭取美好的未來。從字裡行間我隱隱約約的感到家裡發生了一些事情，他們不肯告訴我。直到1979年我歸來時才知道，在那講株連的時代，我一抵港，我家馬上被抄，父親馬上被工廠抓起來關了一個多月。改革開放後，為了報答父母深恩，為了補償我出走對他們的株連，我不管當時彩電多麼貴，照樣出手，我是街道裡讓父母最先看到彩電的人。

（五）同學許紅心的「起錨」故事

我下鄉的地方經常有人不聲不響的就過了對面，因為那裡地處邊陲，每一個人都有可能逃亡，尤其是我去到這麼前沿的位置，我的出走是意料之中，只差早晚而已。但我的出走對南山大隊的知青影響還是有的，因為我是大隊知青的老大哥、主心骨，我一走他們便沒了頭，尤其是許紅心，我走了他就變得更加寂寞。

與我五同（同街坊，同小學，同初中，同高中，同插隊）的許紅心

許紅心下放的生產隊是個農業隊，年成好的時候每個勞動日也值一元左右，由於他家庭成份好，又是高中畢業生，很快就當上了生產隊的會計，生產隊要派人去開各種會議總會優先選派他。然而知青的生涯是艱苦的，由於看不到前途，不願當一輩子農民，加上我的成功刺激了他，他終於也狠下心來，加入到逃亡者的大軍裡，下定決心，要到對面來找我。

1971年夏天，許紅心終於「起錨」了，他先與兩個下放在附近生產隊的十四中知青在廣州聯絡好，大家約定在某個晚上一齊下海。到了約定的日子，許紅心吃過晚飯後，悄悄的乘著夜色溜出了村。由他住的地方到後海灣還有幾公里，由於他已在這裡生活了二、三年，這幾公里路程對他來說沒什麼難度。他一會兒走大路，一會兒走小路，有時還抄捷徑走田間，很快他就來到海邊。在約定的時間和地點裡，那兩個人沒有出現，不知出了什麼事，許紅心在沙灘上焦急地等了很久。正常情況下那些歷盡艱辛遠道而來的逃亡者有機會到達海邊，一定會毫不猶豫的撲向大海。許紅心的水性不怎麼好，這時一個人在黑暗中面對茫茫大海，他膽怯了，他怕一個人下水會淹死在海中，思慮了很久覺得以後還有機會乘船，便打退堂鼓回家去。退回去的時候他犯了個大錯誤，他以為來時向著海邊走所以要躲躲藏藏，現在退回去是背著海邊走不用躲藏，所以在回程時全程走人路，在公路上遇到兩個民兵。民兵搜查他的身體時發現了一個球膽，這時他百口莫辯，就這樣第二天他被押送到深圳收容所。

在深圳關押了十天後，許紅心被放回村裡，由於他家庭成份好，加上平日表現不錯，逃亡在這裡又是平常事，隊裡沒有給他開「歡迎會」，他還是繼續幹他的會計，他「起錨」的事不久就不了了之。因他已逃過一次，村裡的幹部知道他遲早都會走，往日很多會議都要他去，現在不用他去開會了，只能天天跟社員一齊下出勞動。轉眼過了一年，1972年由於乘坐「11.8」列車成功「起錨」的人越來越多，當局發覺了問題的嚴重性，應該一開始就不該送知青到寶安縣來，不該有「11.8」列車。為了糾正這個錯誤決策堵截逃亡潮，當局便用各種籍口動員那些已下放寶安縣還未逃亡的知青轉到海南島去。很多地方都把知青集中起來辦學習班，那次行動全寶安縣只動員了五名知青到海南島，大部份未逃亡的知青都用各式各樣的方法來抗拒。他們都明白到他們所處的地方與香港僅一海之隔，別處地方的人要千辛萬苦才能到達這裡，如果一旦離開這裡遷到海南島，那是很愚蠢的事。許紅心考慮到自己已「起錨」失敗過一次，絕對不能到國營農場去。為了不再被動員離開，能永遠留下來方便以後「起錨」，他想了很多方法，最後決定選擇在那兒結婚。

那時在邊防地區，由於男青年很多都逃過去了，而當地生活水準又比內陸高，姑娘們都不願外嫁，因而形成當地適婚女青年特多，陰盛陽衰。很多廣州知青一來到就被當地姑娘相中了，要想在當地找個農村姑娘結婚不是一件難事，更何況許紅心是一個高中畢業生。許紅心一下放到那兒，就被一個農村姑娘看上了。在他「起錨」失敗回到村裡那段失落的日子裡，那姑娘對他送上無微不至的關懷，日子久了兩人產生了愛意，當他需要以結婚作為留下來的手段時，雙方一拍即合。

1972年中許紅心回廣州告訴家人自己的決定，當年共產黨員的父親親自到碼頭去接他。他父親知道他「起錨」失敗過一次，這次借結婚為由得以留下為以後的「起錨」作打算，他父親對他的所作所為沒有絲毫的怪責，一直默許兒子這樣幹。父親一直為兒子的婚事東奔西走，到處張羅。結婚終歸是人生一大事，雖然那時可以簡單些，但再簡單也多少要些錢，許紅心那時全家湊錢也不夠，為此便寫了一信求助於我。我一收到信馬上給他寄去二百元港幣，盡管那時我的月薪只有三、四百元。

婚後許紅心很快作了父親，轉眼到了1974年，這時他老婆又懷上第二胎，農村殘酷的現實令到許紅心不得不考慮再次「起錨」。他有感於自己游泳能力不強，故此採取了比較安全的方法——偷船，寧願事後賠錢。1974年中一個沒有月光的夏夜，許紅心和隊裡六個農村青年偷了鄰隊的一條小木船，七個人趁著黑暗穿過了小海溝裡的紅樹林，進入了後海灣，然後向對岸划去。

這一次許紅心成功了，幾天後我在香港見到了他。由於他們偷了鄰隊的船，故此他在農村的家馬上被抄了，所有值錢的東西都被搬走，在以後一段很長時間裡，他都要每月寄錢回來還債。至於他父親那裡，在階級鬥爭中被株連了，副廠長和工會主席的職務馬上被撤，降為一個普通工人，幸虧「成份好」，沒被關押批鬥。改革開放後許紅心重回廣州，對於被株連一事，他父親一點怨言都沒有，後來還想方設法協助把兒媳及孫兒申請到香港，讓許紅心一家團聚。

香港知青和偷渡倖存者每年拜祭越界罹難者，圖中為黃東漢

（六）一點感喟

苛政猛於虎也，人民總是會用他們的雙腳來表達人心的向背的。我下鄉的南山大隊在我走後不斷的有人逃亡，小規模的逃亡不知凡幾，其中最大規模的一次發生在1975年中。那一年政策越來越左，生活越來越艱難，留下來的人全都人心思港，就連黨員、幹部、基幹民兵都想跑。一個晚上我隊社員用一條機船裝載了五十多人成功逃港，很多家庭全家跑光了，好幾個鐵杆分子都走了。我隊一下子少了那麼多人，幾乎把整個生產隊的勞動力都淘空了。

如果一般的社員和知青逃亡大家都能理解，那麼黨員、幹部，尤其是第一、二把手的逃亡就更能說明問題，就更能說明統治者的政策不得人心，人民不信任。那些大隊主要幹部平日就是當地的土皇帝，日子本來就過得比別人好，連他們都跑，這就說明人民對階級鬥爭是多麼的恐懼。1979年初，南山大隊的正副隊長、書記、民兵幹部，各個生產隊的正副隊長，總之是全大隊的所有幹部一共50多人，一起乘坐我隊的機船到香港，趕在香港政府取消「抵壘政策」之前去領身份証。由於他們是當地最大的官，是土皇帝，這批人公然白天開船走無人敢阻攔。這批人這時的走說明他們也害怕會反覆，他們拿到了身份證後除了小部分不回來，大部分都回來繼續當幹部。多年後我曾問其中一位，他說他們這樣做是買個保險，誰知道即將來臨的改革開放會搞得怎樣，如果更差的話他們還可以跑過去。這些人剛開始的時候每三個月要乘船到香港為身份證續期，走的時候又不能把身份證帶回去。這樣的情況持續了一段時期，直到大陸的政策越來越放寬，他們後來也可從關口出入了。現在這批土皇帝可好了，他們成了「雙重國籍，利益均沾」的人。一方面他們可享受香港社會的各種福利，另一方面在大陸又可享高薪厚職、社保甚至分紅，他們又是原住民，建有大量房屋出租，現在他們出入奔馳、寶馬，過起了香港富豪般的生活，羨煞了不少先前的逃港者。

轉眼我來港已幾十年了，這幾十年中我始終在香港的草根階層裡打滾，經過多年努力，我總算在香港站穩了腳跟。不久前有大陸朋友問我一個問題，就是我們這些逃港人士今天的生活怎樣？怎樣看待今天的中國。我的回答是逃港幾十年後我們已完全融入了香港這個社會，現在問我們生活如何這個問題，也就是要將香港與國內主要大城市來比。據我所知香港在國際大都市中排名第七，而廣州，深圳，上海，北京要落後很多。另外我們多呼吸了幾十年自由的空氣，人的思想活躍了很多，眼界也開闊了很多，我們可以自由的出入，我們知道很多國內人不知的事，起碼我們知道「茉莉花」是怎樣種出來的（編者注：此處暗指2011年席捲世界的民主浪潮事件，即茉莉花事件，在中國大陸此類消息是嚴加封鎖的）。這幾年人民幣不斷升值，我國內的同學很多都拿二千多元退休金，他們都很自豪的說，現在是三十年河西了，他們比我們好了。讓他們自我陶醉吧，我覺得論有錢還是香港人有錢一些，君不見很多香港人在大陸擁有房地產，很多都是空置的。至於如何看待今天的中國？我覺得它比以前是進步了很多，但現今社會矛盾重重，貧富懸殊，官員貪贓枉法，加上通貨膨脹，現今的中國正處於火山噴發的邊緣，我們都不希望它會噴發，希望它能繼續深化改革，尤其政治體制的改革。

若問到我對當年逃港一事的看法，我認為當然不是投敵叛國，亦非非法探親。投敵？——我們只是投奔自由，叛國？——我們沒有背叛祖國，我們只是背叛了惡政暴政；非法？——那時每個人都不知道自己在做什麼，遑論對與錯，合法與非法；探親？——在歷次政治運動中很多港澳關係都被逼斬斷了，有什麼親戚要冒死而探？歐洲近代有位詩人說過：生命誠可貴，愛情價更高，若為自由故，兩者皆可拋。我們當年的逃亡，就跟當年東歐人民逃往西方一樣，都是投奔自由。為了自由，我們同道中人不怕山路崎嶇，不怕大海波濤洶湧，前赴後繼，幾次三番直到成功為止。今天改革開放已過了三十年，我們逃亡的一輩也垂垂老矣，我們可以驕傲的對我們的子孫說，當年當全國絕大多數人對他們的皇上山呼萬歲時，我們已經用我們的雙腿說「不」了。

2011年7月3日於香港

【編輯後記】黃東漢與其他三人此次偷渡，是將機船開到中、英界線而留在中方海域，四個人轉到小艇划過對岸去。我問黃東漢，當時為何不直接將機船開往香港，豈不更保險快捷？黃東漢回答：船是全村人的命根，將機船開走等於斷絕全村人的生計。特別同行的三位還是當地人，有家人留在老家，不能這樣做。即使開走的是小艇，幾家人還是照規矩賠款，黃東漢雖不是當地人，也從當初些微的收入中省出幾百元來作了賠償。（當然，那部引以為傲的「鳳凰」單車早就被沒收了）

幾十年後，黃東漢退休了，人生之路大半已過，他很感念當初的抉擇。他有一天召集在港當年的兩位同行者「飲茶」（省港澳地區即系聚會），說：當年得各位合作逃出生天，改變了人生，但是累及各位家庭受罰，今天我每人致送兩萬元略表謝意！大家哈哈大笑，老天爺好像也受到感染，當日晴空萬里。

2016年(平成28年)9月20日(火)

過去の痛み 忘れない

文革50年の中国 第2部 歳月を経て

密航者の証言収集

1966年5月16日から10年続いた文化大革命を、中国共産党は81年の「歴史決議」で全面否定した。現在の習近平指導部は今年5月16日に公的行事は行わず、翌17日付の党機関紙・人民日報が「過ちを繰り返すべきではない」と論評した。習指導部は文革を通じて格差拡大などの社会不満が語られることを警戒しているとみられる。主要メディアが注目する中、改革派雑誌「炎黄春秋」は文革を取り上げていたが、7月、当局によって事実上の停刊に追い込まれた。

文化大革命の50周年の評価

黄东汉先生1.pdf

残した家族へ償い

文革50年の中国 第2部 歳月を経て

繁栄に貢献 誇り

深圳市

香港と隣接する中国広東省の都市。改革開放政策に伴い1979年3月に設置された。人口30万人余りの農村地帯だったが、80年に経済特区に指定されてから、まず香港企業の生産基地として発展し、その後は金融、ハイテク、物流などさまざまな分野で発展を遂げている。現在は人口1000万人を超えている。深圳市の統計によると、2014年の域内総生産（GDP）は1兆6000億元（24兆円）で、都市別で上海、北京、広州に次ぐ4位。

黃東漢接受日本《每日新聞》採訪

淚灑香江
我的幾次偷渡經歷

佘傑明

我（圖右）在香港與當年成功「督卒」的知青見面

（一）我為什麼會偷渡

我叫佘傑明，1951年生，文革前就讀廣州第三中學初一，我上有兄姐，下有妹。1949年之前，父母從事工商業，都是小產業，有數間理髮店、照相鋪等。父親歷經「三反」、「五反」運動，發覺勢色不對，得鼎者所作所為乖張荒謬，於是趕在1952年封關前去了香港。父親這一去，竟躲過了此後幾十年的厄運，被親友稱為最有遠見的一人。兄、姐後來也先後申請去了香港，留下我母親及我兄妹倆在廣州。

1956年「生產資料所有制的社會主義改造」，母親手下的產業統統被「改造」了去，叫做「公私合營」，母親當了個「公私合營」的「資方代表」，雖然還當了「經理」之類，然而已經沒有了話事權。承蒙恩典，每月有定息領取，但那是對方說了算的一個數目，我至今仍保留著那些定息領取證。

1957年，母親因在報紙上見到章伯鈞的一句話，說「公私合營」就是「和平沒收」，引起同感，與人說起，被人告發，於是被批作「章羅聯盟分子」，劃為右派分子。自此運交華蓋，時不時被批鬥，1971年更是以「右派分子」和「反動資本家」之身，被掃地出門，以「疏散」的名義，驅趕到雲浮縣。孤身一婦人，無親無故，我都不知母親是怎樣活過來的，一家人就這樣天各一方。母親1979年獲「改正」，還當上了什麼工商聯委員，過了幾天被人前人後尊稱「大姐」的日子。

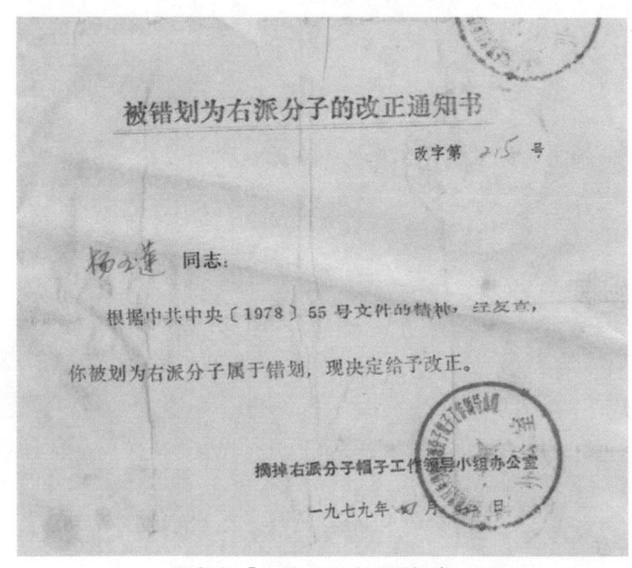
被错划为右派分子的改正通知书

改字第 215 号

楊□蓮 同志：

根据中共中央〔1978〕55号文件的精神，经复查，你被划为右派分子属于错划，现决定给予改正。

摘掉右派分子帽子工作领导小组办公室

一九七九年 □月 □日

母親的「右派分子改正通知書」

像我這種「出身」的人，肯定是邊緣人物，我也自小飽嘗炎涼。1968年11月，隨大潮「上山下鄉」，到了中山縣民眾公社。

當時官方宣傳「知識青年接受貧下中農再教育」，經過鍛煉，成為「共產主義事業接班人」，這些都是屁話，明眼人一看就明知「搵笨」。那些父母當紅的，又或者雖經「打倒」後又獲得「解放」的，其子女就留城了，像我們這樣出身涉「資」的，一個不留，去了農村，就自生自滅了。那些年農民過的是什麼日子？突然來了一批城市知青，不是與農民爭奪口糧、資源嗎？我們與當地農民能「和諧」得了嗎？近年來我上網，網上對上山下鄉運動的評論也瞭解一些，有人說這是「二十世紀的人道災難」的，我認為這種說法並不過分。

偷渡潮洶湧澎湃，知青成了「督卒」的主力軍，我當然也坐不住了。我有父、兄、姐在香港，萌發偷渡的念頭是最正常不過的事。

（二）五次偷渡的經歷

我下鄉在中山民眾公社，此處離珠江出海口不遠，周邊不時傳出有人偷渡去了港澳的消息，裡面有當地人，也有下鄉知青。下鄉不久，我就有了偷渡香港的心思，這裡偷渡，有兩個方向，一是向南到澳門，二是乘船過珠江口對面去香港。下面我講述我的五次偷渡經過（偷渡行話，五次就叫「五板」）

第一次偷渡

1972年4月，我實施第一次偷渡，是準備坐艇去，偷渡行話叫「著屐」（屐，粵音「劇」，即屐，木屐，小木船形似木屐）。我與中山當地人阿福一同去，阿福「出身不好」，備受歧視。我們偷到了一條小艇，一天晚上，帶備了乾糧就出海。準備划過珠江口，向香港進發。

水路偷渡，一般會選農曆月底，特別是每月二十五日至下月初這些日子，因為此時月光少甚至無，不易被發現。當然，掌握潮汐水流也非常緊要，何時下水要十分考究，要事前做足功課。

結果，真不好彩，艇仔過了大小劏，到了垃圾尾，被經過的運輸船發現，船號至今我仍記得，是粵江800，那時的運輸船都有反偷渡任務，船上甚至還有槍。結果我們的船被逼停，押上粵江800，一直拉到廣州，被水上公安轉交座落廣州沙河的省收容站，關押了一個月。然後「解局」，「解局」又是偷渡行話，意即遣送，送回了中山。中山的收容站稱「金鐘收容站」，在金鐘關押了兩個月後，又送回公社農科所，亦是關押一個多兩個月，在收容審查期間天天強制勞動，喂豬、挖土、種菜、種樹……

需要說的是，勞作固然辛苦，最難捱的還是饑餓，每餐幾粒瘦米，如何挺得住千斤重擔，轆轆饑腸，如何熬過那漫漫長夜？直到如今，每念及此，仍是恐怖的記憶。

第二次偷渡

1973年，我第二次去偷渡，這次是與阿波、阿恒一起去。我們在牛爬石「埋堆」——堆即是山，上山叫做「埋堆」。結果，進山不久，就一頭撞見一個割芒草的阿婆，彼此沒有答話，誰知是不是她告發了我們呢。入夜，稍事休息，準備分「老乾」（分乾糧），誰知阿恒迷信，帶來元寶衣紙香，燒了起來，祈求神靈保祐。真是愚不可及，黑夜中燒起了這玩意，不是給人指向嗎？不多會，只見阿波突然大喊一聲：「有人！」，撒腿狂奔，我和阿恒誰也顧不得誰，聞聲鼠竄。民兵邊叫喊邊開槍，晚上兼在山頭，槍聲分外清脆，連火藥味都聞到，我顧不得許多，閉眼跳下山崖……

清晨時分，我竟然見到阿波，又驚又恐，兩人空身，走下公路，唱著革命歌曲掩人耳目往回走，事後多日，才得知阿恒也得以走脫，自己回隊。

這是偷渡中唯一一次沒有被捉住並收容的。

第三次偷渡

我決定再次偷渡，還是選擇陸路去。因為在之前的一段時間裡，我曾經協助過不少人，偷渡行話叫做「接局」。就是有些不是落戶臨近邊境地區的人，有求於你，請你協助，或者收留一下，或者帶一程路，或用單車把他們送到「堆口」。他們當中居然有不少成功的，從而我也得到啟示。

1974年夏天，酷熱無比，我與下鄉雲浮的知青阿星上路。之前我到廣州的「信誠」（舊物信託售賣店）買了部舊單車，修葺一番，再備上乾糧、指南針、藥品，兩人同騎一部車上路。第一天經白鶴洞到順德馬崗（我的家鄉）過夜，第二天騎到中山石歧，當天晚上經長環，到達中山五桂山的牛爬石，棄車入局（棄車，即丟棄單車）。此處本是靚堆口，過往成功率很高。

在這裡簡單介紹一下偷渡用乾糧，行話叫「老乾」，是把大米炒至金黃，再用石磨磨成粉，拌以砂糖、豬油。這種乾糧不易霉壞，熱量高，頂肚不易餓。

連綿不斷的大山，進了去就像走入八卦陣，哪辨西東？走了幾天，發現走錯了路，因為聽到村莊廣播，是大金鼎地方的。大金鼎是珠海東北面的，不對啊。於是又往回走，先後遇到兩隊人，一隊是一對情侶，另一隊是兩位中山知青，於是六人合在一起走。

在大山裡行走，一般是夜晚走路，白天找個隱蔽地方藏起來，儘量避開村莊、農田，最怕遇到陌生人，連上山打柴采藥的農民都要能避則避。

由於走了幾天冤枉路，所帶的糧食就失去了預算，有可能影響到後續的行程，偷渡路上這種意外情況層出不窮，只能見招拆招。我聽說過，有的人因所帶幹糧食罄，竟然搶奪起同類人來，唉！生死存亡之間，人性獸性也就失去界限。

一行六人，又走了兩三天，結果在中山三鄉平原，在越過一條公路的時候，遭遇伏擊，被當地民兵一網打盡。這次我因是中山知青，又被送往金鐘收容所，又關了幾個月，之後又被送往民眾公社農科所，又關了兩三個月，強制勞動。

第四次偷渡

1975年夏天，我又再次實施偷渡，這一次是與鄭某同去。鄭某，是下鄉英德的知青，中學同學，與我是八拜之交，好到不得了。這一次是他出單車，我們在廣州做足準備，亦是經順德到中山。這次運氣差到極點，可能偷渡潮愈演愈烈，當局也加強防範，嚴堵狠抓，我們顯然預險不足。結果，在中山長環路口，被大隊人馬截停，打開背囊一看，乾糧、指南針、充氣救生圈，一應俱全，什麼辯解都不用作了。直接把我送到金鐘收容站，再送民眾農科所，兩個地方各強制勞動幾個月。

第五次偷渡

轉眼到了1976年。

在這之前，下鄉知青陸續被招工回城，本來，我也是有機會招工回城的，但因何我不作此打算，還要再次偷渡呢？

原因是我此時已經交了個女朋友，對方是上海知青，回祖籍廣東新會插隊，她在廣東是沒有招工資格的，這逼得我只能破釜沉舟，再作破壁打算。

這一次偷渡，是我歷次偷渡活動中準備最為充足，過程最為兇險，亦最為接近成功，當然，結局亦最為慘烈，這要詳細講。

這一次是打算從水路過去，首先，女朋友通過關係，在上海購買到了足夠的醫用膠布，就是醫院用來墊床、隔離穢物的那種。由於該種膠布一面是橡膠一面是布，故此能防水且有韌度，適合製作橡皮艇。再委託他人製作，通過裁剪、膠水粘合等工序，一艘能載人於水面的小型橡皮艇就成型了，再帶來廣州，用橡皮艇來偷渡，偷渡行話叫「老橡局」。我們先到水庫試了試，這個土制橡皮艇可以承受四個人的荷載。至於船槳，就用木板分兩段製作，到海邊用螺絲接合而成。

這一次，我們是四個人結夥而行，我與女朋友，另外兩位是落戶中山的知青阿政和阿恒。

1976年1月底，年二十三，春節前夕，天氣大寒，我們正式起錨。

我們準備了兩部單車，我與女朋友騎車到石歧，與兩位中山知青會合，然後，在一個晚上，騎車到中山付涌，棄「車」（音：居ju）入局，進入五桂山。

由於偷渡潮日益嚴重，當局加強了防範，巡邏的搜山的比過往頻密得多。我們白天藏在草叢中，結果，當天就被一個割芒草的阿婆發現了，而不遠處就有搜山的民兵。我們驚恐極了，一邊用石歧話向阿婆喊話：阿耄，我們是好人來的……一邊向她扔過去10元錢。上天保祐，阿婆放過了我們，晚上繼續行。

第二天，我們在一個古墓中潛伏了一日，晚上再走，結果遭遇民兵追截，我們被發現了，撒腿狂奔，而民兵邊喊邊追，情況極為危急。慌不擇路之間，撞見群狗狂吠，原來，我們跑近了一間小屋，一個老伯打手電出來查看，發現了我們，原來是看山場的阿伯。我們齊齊向阿伯跪下，向他磕頭作揖，求他放我們一馬。阿伯好人，急吼吼地說：「你們還不快跑？民兵追過來啦！」我們爬起來就跑，只聽得阿伯又叫：「那條路不通，向這邊跑。」噢！我這輩子都記得住阿伯。

壞事還未至最甚，更大的災難還在後頭，行至第三日，在過一條臭涌的時候，所有乾糧都被浸濕，根本無法入口了。大山巍巍，前面還有多少路程不知，要不要就此放棄，眾人不是沒有想過。可是千辛萬苦，行至今日，誰也開不了這個口，那就繼續上路吧。

根據周圍設施情況推測，我們好像接近邊界了，不料，一條國防公路橫亘在面前，看來，這條公路兼且有巡邏通道、分隔切割的功能，居然是由邊防軍駐守巡邏的。我們又累又餓，跌跌撞撞來到公路邊。

經過觀察，邊防軍的巡邏是有規律的，兩次巡邏隊經過之間會有一些空隙時間。可是，公路對面一側，是90度角直上直落的崖壁。我們掐算好時間，火速跑過公路，人騎人先把我頂上去，由我把繩子拽下來，一個一個拉上去，居然全部通過。上去後伏下身子回頭看，巡邏隊剛好經過。

千辛萬苦，終於摸到澳門邊界的鐵絲網，連葡京酒店的燈光，也看到了。

過鐵絲網行話叫「撲網」，鐵絲網有兩三個人高，要帶備相應工具才能過。而我們除了隨身所帶的繩子，沒有任何其它攀爬工具，這如何能翻得過去呢？雖然，澳門就在一尺之外，我們離自由之地是何等之近，真可謂咫尺天涯啊！

無奈，只能向東行，向著珠江口進發，從水路過去，我們不是帶著專為此行而製作的橡皮艇麼？

此時，我們已經有四、五天粒米未進了，連最後一粒從上海帶來的巧克力都吃掉了，勉強拖著步子，又走了兩個晚上，來到吉大，得以接近海邊。

不料，強颱風夾著暴雨來臨了，海面上卷起滔天巨浪，我們聽到海邊有「救命啊救命啊！」的呼救聲。命運如此，造化這樣捉弄人，還有什麼可說的呢？

天明，我們癱倒在海灘，束手就擒。

民兵過來要押走我們，我們說又冷又餓，實在無法走。民兵把我們帶到岸邊不遠處一個看場的老伯那裡，老伯給我們煮了一鍋飯，狼咽下肚。作為酬謝，我們拿出所帶的時鐘、自裝簡易收音機、上水衣（預備到澳門後換的衣服）統統給了老伯。

民兵把我們押送到香洲，這一天是1976年1月30日，除夕之夜。

第二天再轉送珠海山場收容站。

（三）苦難牢獄

大年初一被送到珠海山場收容站，收容站內空空蕩蕩，即是說，前面的人剛剛被「解局」，即是被送走，我們要待倉滿才有可能被分送回所在地收容所，這種情況行話叫做「墊倉底」，這意味著這一輪關押會是一個漫長的過程。先我們幾日入來的那幾個人，對我們言及早一日曾被驅使去埋屍，那些屍體大概就是早前兩日大風暴的遇難者。

我注意到，山場收容站廁所側邊牆壁有新修補的痕跡，我當時就有個疑問：莫非有人破墻逃走？幾十年後的最近，讀到蔡可風的回憶錄，才知是他挖牆逃跑留下的，六個人逃跑，只有他與另一人跑脫，並去了澳門。他當月23號逃跑，我31號（大年初一）入倉。

女朋友被關入女倉，我擔心倉內人少，她會被不良看守尋機侮辱，故此大聲呼喚她，給她鼓勵，亦有警示他人之意，後來女倉逐漸又進來人，我心才稍安。

珠海收容所內不用勞役，日夜關押，甄別過後分別遣送回戶口所在地。收容的偷渡客又日漸增多。大約四月初，所內如臨大敵，進來許多軍人，加強鎮守，聽後來者說是發生了天安門事件（1976年）。

一直關到四月27、28日左右，我與阿恒被送回中山金鐘收容站，在這裡我已經是四進宮了，管教人員對我已經是大熟人了。

五月1日，我與阿恒被拉回民眾公社批鬥，只見主席臺上的橫幅寫著「批判右傾翻案風、批鬥偷渡分子大會」，發言者稱我們為「配合鄧小平右傾翻案」，唉！這是哪兒跟哪兒啊。

公社鬥完，又拉回大隊鬥，這一次就慘了。

大隊其實是有心整我們的，名為批判，實質是想用武力「教訓」我們一頓。

還未批幾句，就衝上來十幾個人打我，拳腳交加，更有人拿起磚頭，我心想，這回死得。生產隊長二叔，本來也想打我，我見狀一把抱住他，把頭埋在他的腹部，大叫「二叔救我啊，二叔救我啊！」淒厲的聲音響徹屋宇。我這個舉動，無疑是保護了自己，一則減少了來自正面的攻擊點，二則打我之人，會忌及錯打二叔，下手會講究一點，不過就這樣已經夠我受的了，特別是有人用磚頭打我胸口，至今仍覺有後遺症。同時挨打的阿恒，傷勢比我嚴重得多了。

我心裡那個恨啊，心想日後有槍，我會回來全村一人一槍，統統打死。唉！說歸說，幾年後二叔死了，我還不是一樣回去給他送行？

在公社關押期間，同倉有個「地主仔」，被誣「強姦婦女」，他叫家人送來萬花油之類，還多煮了飯送來給我們吃。好多人都變成禽獸，只有被稱作「壞人」的，給到我一絲人性的溫暖。

回到金鐘收容站，連管教人員都驚訝我們何以被打得那麼嚴重。

有人問我，漫長幾個月，無人探監，你的衣服如何解決？我回答，夏天儘量打赤膊，其它，靠撿人家出監時遺留下來的衣物，得以遮體。

這一次收容，總計關押時間夠長的，一月31日（年初一）進來，一直關到九月初毛澤東死前兩天，算是九月7日吧，足足八個多月，才放我出來。

這堵墻太厚太重，我衝不出去啊！

（四）再見啦，香港！

女朋友也回到上海，她的母親寄來雲南白藥、田七給我療傷。我在廣州去看跌打醫生也看了好多個月。女朋友後來經申請單程赴港了，她的母親說，女兒可以在香港等我三年。她們一家的情義我自然心領，我知道，這一段感情已經走到了盡頭。

1978年11月，我被招工回到廣州。

1980年，歷經艱辛，我終於申請到機會，來港探親，當時尚未開放大陸民眾訪港旅遊，我算是得風氣之先。見到了父親、兄姐，親情蕩漾。走在香港街頭，我貪婪地呼吸著維港的海風，感受到完全不同的一切，我百感交集，淚灑階前。這就是我魂牽夢縈的香港？我當初想你想到發瘋的啊！所有的痛苦，所有的屈辱，一下子湧上心頭……

探親期滿，父親主張我按期回穗，因為他為我赴港作擔保，覺得不能失信於政府。但我知道他一定會有動過念頭，我亦思緒萬千，也有過留下來的打算，但是，我已經談上了女朋友，人哪，並不可以由著性子來。

告別了親人，踏上了羅湖橋，回廣州。

再見啦，香港！

2016年7月

（記述者：周繼能）

絕境求生，逃出樊籠

洪膺

（一）逐出廣州　陷入絕境

我叫洪膺，這個名字，是我在1972年偷渡抵港後，在香港水警總部靈機一動想出來並作登記的，實際上這不是我的原名。連同姓名一起更改的，還有出生年份，我實際上是1943年出生的，改成1946年，目的是為日後找工作有利著想。不料到了如今，我在美國領取退休金以及在香港領「生果金」，統統要押後三年。

我的父親早年在陳濟棠創辦的廣州「燕塘」軍校學習，畢業後參加了國軍，1941年在三水縣蘆苞與來犯之日軍打了一場惡仗，我父親是機槍連的連長，英勇殺敵，事後受到褒獎。此役國軍幾乎全軍覆沒，我父親游過北江得以倖存，這一仗現時三水縣縣誌有記述。1946年父親已是國軍暫八師少校副營長，抗戰勝利後部隊被裁切，父親變身為民，打工謀生。1949年國民黨潰退，父親在薛岳部隊重新登記入伍。在最後一刻，父親放心不下妻兒，離隊探望。部隊卻在此時突然開拔，退守海南島，父親未及趕上，留在大陸，卻在1951年三月以三十四歲之身病故。父親這一走，躲過了正在大張旗鼓進行的「鎮壓反革命運動」，或許還有免除了今後幾十年的磨難。

我和妹妹隨母在三水縣生活、讀書，我在1958年考入廣東省化工學校，1961年分配到新成立的化工部廣州合成材料老化研究所工作，當上了技術員。

1966年六月初，我和所裡另外兩個大學生，受「全國第一張馬列主義大字報」蠱惑，鸚鵡學舌地貼出了研究所內的第一張大字報，無非是什麼人阻礙我所運動的發展之類。不旋踵三個人被「市委工作組」定性為「反革命小集團」，天天被關起來交代問題，準備進一步批判。

及至七月底，事情突然峰迴路轉，毛澤東回到北京，撤銷工作組，我們頭上的「反革命」帽子得以揭去，雨過天晴，心中是何等感激毛澤東，簡直以為他是大恩人，所謂「革命方知北京近，造反倍覺主席親」，唯有「緊跟」作為報答。

文革深入，社會大亂，群眾組織林立，人人聲稱忠於毛澤東，卻又拳頭互揮，竟發展到槍炮相對。我走向社會，風雲際會之間，居然當上了員村地區「工聯」的頭頭，後又被調到全市工人造反派組織（工聯）當秘書長。這樣的機會，使我對「文革」種種，能近距離觀察，親眼見證。雖然光怪陸離，卻以為一切都是毛澤東的「戰略部署」，從未懷疑，還慶幸自己趕上了「世界革命」的盛會。

到了1968年，毛澤東覺得運動要煞科了，「偉人」反轉掌心，一個「七.三」「七.二四」佈告以及一系列舉措，把大大小小的「造反派」打翻在地。我被送回單位，關入「牛棚」，天天寫檢查，反復批鬥。我從未參加過武鬥，一切行為依足上面精神，卻被當作壞人鎮壓。當然，「出身反動軍官家庭」一項已經夠我陷入深淵了。

到了1970年，「一打三反」運動高潮，絞肉機加速運轉，殺人的權力下放到縣一級，滿大街都是殺人公告。我被單位除名，逐出廣州，由兩個「工糾」（工人糾察隊）押送到粵北韶關曲江縣坪石公社，隨身帶著兩大袋「罪行材料」轉交給接收方。

到了農村，生產隊將我安置在一間空置的農舍，我獨處一室，和衣枯坐，明白自此之後，將不會有每月「出糧」，將無「糧油簿」，連在廣州居住的資格也喪失了，「吊銷城市戶口」是毛時代最令人生畏的處分。

命運將我拋到這個冷僻山村，不明就裡的農民還稱我為「洪同志」，咦！我頭上種種「反動」的帽子不翼而飛，再也聽不到無休止的「批判」和喝斥了，我居然感受到一種前所未有的輕鬆，心情反而踏實了。

再也沒有什麼好害怕失去的了，我除了義無反顧地逃離，逃離這個虎狼之國，還有什麼選擇呢？

（二）塊肉餘生　逃出樊籠

我第一次偷渡，時間大約在1971年五、六月間。走的是西線，即蛇口、後海灣一線。一行四人，三男一女，在東莞厚街附近「埋堆」，在山上行了五、六日，卒之在一個傍晚被民兵發現，我們未作過多反抗。我經深圳收容站——東莞樟木頭收容站——廣州的沙河收容站（省級）——韶關收容站，這一條路徑遣返。由於粵北的偷渡潮比其它地方要輕，故此遣返過程較快，我回到公社，連難聽的話都沒有聽到，不似別的地方，偷渡者送回去之後又要關押批鬥一番。

第二次偷渡，大約在1971年八、九月份，這一次，走的是澳門線。我在下鄉地坪石公社認識了一位陳姓朋友，他說有條路，到斗門縣由朋友接應，用小艇載到邊防區某個海域，然後下水游過澳門。我一聽大喜過望，於是與陳姓父子，以及朋友所托的一位女仔，四個人分別用假證明乘船到了斗門縣白蕉鎮。不料，接應的人姍姍來遲，來到後就推說風聲緊，無法成行，連入村都不能——唉！我們這次算是遇到「生蟲拐杖」了。因為廣州到斗門的班船每天才一趟，當天無法回返。我們四人茫然四顧，手足無措。結果在求宿之時被「革命群眾」扭送到派出所，身上所帶之物，如球膽、指南針之類，已經表白了我們的身份。

在斗門收容所，我居然碰上了數月前在深圳收容站認識的廣州知青——發楊，他本插隊在斗門，在深圳那邊偷渡失手，被移送回斗門，整個過程居然被關押數月之久仍未釋放。這一次我也被關了兩個多月，與發揚成了莫逆之交，他助我之後的兩次偷渡，並且逃出生天，這是後話。

第三次偷渡，時間在1972年五、六月，發楊對我講，他的妹妹在惠陽縣潼湖插隊落戶，潼湖向南走就是大亞灣，其妹可以「接堆」，助我偷渡。我們一行五人上路，四男一女，其中一男一女是情侶關係。發楊的妹妹阿秀替我們準備好了乾糧，接待並送我們「埋堆」（入山）。我們走了七日，一路上是夜行晝宿，疲憊不堪。某日傍晚，見山下大霧，眾人商議，不如今晚早點出發，以衝過平原。豈料剛出山，大霧被風吹散，一行人暴露在光天化日之下。民兵追截，我們四處逃散。結果，四男被捉，一女跑掉。我們四個男的被一路遣返，最終在廣州見了面。而那位吳姓姑娘，從此生不見人死不見屍，她的母親追問我們，我們不敢直視，只能責怪她的男友為何不貼緊女友。噢，偷渡中的人間慘劇，又何止一單。

第四次偷渡，是1972年九月的事，走的還是惠陽潼湖這條線，這一次三男兩女，阿秀不但「接堆」，還同行「起錨」。我們每個人的褲頭都縫了一袋硫酸銅，說是防鯊魚用。在山上走了七日七夜，快到海邊，結果還是被夜晚設伏的民兵發現，逃跑追截間，他們四人全被抓住，我跌落山坑。只聽得民兵在呼：還有一個的還有一個的，我則匍匐在坑底，大氣不敢出。

終於躲過一難，得以走脫，因此番擾攘，耗去不少時間，我掐指一算，如果此刻衝到海邊下水，天明之前難以越過大海，有被人在海上「撈湯圓」的可能。只能再隱藏一天。所幸所有乾糧、浮水球膽等樣樣在身，可見當初人均一套有先見之明。

第二天晚上，我因應潮汐，推遲大約半小時出發。到得海邊，先判別天際線最光亮的方向，前行者有謂：天邊光亮的方向就是香港，黑沉沉的就是中國。我將這個意思變造成一個勵志句：香港那邊就是光明。

我一個人下水，載沉載浮，向前划去。幸得老天有眼，月隱星稀，大風不臨，波瀾不興。五個鐘頭後天明之際，竟然臨近香港吉澳島，在一艘水警船邊靠岸。只聽得船上的阿SIR說：「哈！又來一個，快上來，飲杯牛奶，吃個麵包。」這是我有生以來聽到的最具溫情的一句話了。

午後，水警輪將陸續收羅到的偷渡客送到馬料水水警總部，登記入冊，我終於到達重生之地。

附帶說一句，發楊及阿秀兩兄妹，不久之後始終亦逃離魔窟，我們得以在維港聚首，成就今後幾十年的情誼。

（三）特殊際遇　另類生涯

抵港後，我就要為生存而奔忙了，建築搭棚做過，街頭賣T恤做過，工廠包裝工做過……雖然一樣勞累甚至心力交瘁，但有一樣，人與人之間再也不會因「階級鬥爭」而互相防備、互相為害，我頭上的種種緊箍咒也離我而去了。

有一天，早期偷渡而來的兩個表弟對我說：表哥，臺灣有個機構，救濟大陸難民，凡登記者均有一百元領取。我心想，動下指頭就有百元大鈔到手，何樂而不為呢？於是與表弟聯袂前往。原來，發錢的機構叫「中華民國香港大陸災胞救濟總會」，坐落九龍何文田的「自由道」。

登記後就是個別談話，當我說起自己是國軍子弟、文化水準、工作經歷、文革中受到迫害種種情況時，對方來了精神，約我繼續交往。後來，「救總」的負責人給我個資訊，南海紗廠要招考管理人員，不妨去報考。結果，考上的七個人中，只有我一個是大陸來客，其餘都是香港人。

這樣一來一往，我與「救總」的人就熟絡起來，知道我曾經當過化工研究所的技術員，他們問我是否願意到臺灣，考個試，做個學歷鑒定，以利於今後的發展，我說好啊。

我和四位廣州偷渡抵港的醫科大學生，應邀到了臺灣。考試前夕，告訴我們，除了專業知識，還要考「三民主義」。咦！這怎麼跟共產黨「政治掛帥」一個作派啊？這樣他們提供一本書給我們作準備，幾天後開考「三民主義」，無非是「建國綱領」、「五權分立」之類，接著考專業知識。考完之後就作環島游，風景名勝，品味休閒，好食好住，身心愉悅。事後我獲得了由教育部長蔣彥士簽發的中華民國教育部「化學工學士」學位證書。

哈，如今想起來，國民黨方面搞的這一套，跟現時商家搞的促銷活動如出一轍啊，先誘以小利，例如有禮品送等等，吸引人家上門，再幫點小忙，好比驗血壓之類，最後推銷自己的東西，這一百元就起到誘餌的作用。經過甄選，我進入了國民黨有關部門的法眼，成為他們發展的對象。

後來，臺灣過來了一位朱生，他是「解放前」最後一任清遠縣縣長，我們用粵語交談，又親熱不少。後來我才知朱生是臺灣國民黨中央黨部第六組的幹事。朱生處處關心我，我亦待他如兄長，他問我，有無興趣加入他們的工作，我心中當然明白，所謂加入他們的工作意味著什麼，我回答，無妨。

朱生說，這樣吧，我帶你到臺灣走一趟，見一見有關負責人。這樣，我到了臺灣，見了第六組（中國國民黨中央黨部大陸工作組）組長徐晴嵐，總幹事賈成（承）基等，參觀隨訪了中央黨部其它部門如「海外工作組」「文宣組」等等，隨後正式成為第六工作組的成員。我所在的香港機構，叫做中國國民黨大陸工作組香港小組，工作內容主要是搜羅志同道合者，宣揚三民主義，人員組織架構是單線直聯，我之後獲升職，最後職務就是香港小組的組長，管著十幾個人。

我在1976年十一月赴台，以「敵後工作組成員」的身份，出席了國民黨第十一次全國代表大會，會前，我正式宣誓加入國民黨。我以「林興國」的化名在會上作了發言，當然，講了什麼都是他們授意並審定的，在會上離遠見到蔣經國及諸大員。

我在香港有繼續找工作，但選擇性就比較大了，職業成為身份的掩護。我在國民黨大陸工作組的收入，大約每月一千美元，這已經能滿足我較為充裕的生活需求，我早在七十年代末就能按揭買樓，成為淘大花園的業主。

1984年之後，「97」問題甚囂塵上，我要考慮後路了。1986年前後，經人介紹，我結識了一位美籍臺灣女士，開啟了我的第二段婚姻，我考慮隨她到美國生活。

剛好在這個時期，大約認為「反攻大陸」已經不具現實意義，國民黨方面也因應形勢，予以變化。國民黨方面跟我說，大陸工作組的工作要調整，香港小組要撤銷，而我屬於「制內人員」，他們負責安排到臺灣工作和生活。

我思考良久，我的根畢竟不在臺灣，去那裡諸多不便，不具優勢，況且我已經有赴美的選擇了，於是謝絕了他們的好意。國民黨方面沒有用完即棄，而是有情有義予以安排，我私心銘感，賓主一場，好聚好散。

（四）回顧往事　一點感喟

幾十年過去了，人生已近黃昏，回首往事，不勝唏嘘。

首先，我慶幸自己能逃出樊籠，我之前在大陸的生活經歷告訴我，毛澤東治下的中國，是一個危邦、亂邦，是一個把人民當作魚鱉的無道之邦。大陸中國連續二十多年的逃港潮，最形象生動說明「天下苦秦久矣」。倘若我沒有逃離，可能已被碾壓成塵土。

其次，偶然的機會，使我置身於國共對抗之中，以今天目光觀之，對於中華民族利益而言，他們雙方並沒有哪一方是真正的代表者。政權，不等於民族，不等於人民，更不等於祖國，這是需要廓清的觀念。

有些敵人，是執鼎者時時刻刻為自己製造出來的，這一現實，值得為政者思之。

倘有機會，清茶一杯，再來細說當年往事。

2016年8月

（記述者：周繼能）

講述者與記述者

【附錄】王希哲《走向黑暗》節錄

他（吳南生）特別提到國民黨方面曾企圖介入李一哲問題，曾派人來廣州聯絡陳一陽相機策反，逃亡香港。

我聞之大駭（那時，這是殺頭之罪），驚異地望著吳南生和王寧，說：「有這樣的事，我怎麼不知道？」（編者注：吳南生當時是廣東省省委副書記，王寧是當時廣東省公安廳廳長）

王寧不動聲色，吳南生說：「你是不知道，所以說你們的情況不同。如果你們知道的，我們今天也就不可能坐在這裡了！」陳一陽默然不語。

這事，十幾年後我才從葉振光那裡知道真相：

國民黨方面曾通過一九六八年大鎮壓後逃亡香港的一些造反人物，在一九七六年企圖把我們李一哲接出去，作為「敵後代表」列席他們的第十一次大會。他們派葉振光的一個朋友到廣州，在長堤的大公餐廳約葉振光會面，以同情我們遭遇為由，動員葉振光去探聽一下我們是否願意偷渡去港，但並沒有把他們的真實背景告訴葉振光。

葉首先找到陳一陽，陳沒有拒絕，說還需考慮一下，要求葉振光暫時不要將此事告訴我及李正天。

安全部門獲知情報，緊急收審了葉振光，然後逮捕。但我和李正天一直蒙在鼓裡，甚至李一哲平反時，還有葉振光因我們事系獄，尚未獲釋，也不知道。李正天曾說，在廣船毆打最厲害的那次批鬥會上，有人前所未有地發言說，李一哲陰謀逃港投敵。李正天大怒，斥其造謠，與之爭辯。但現在看來，此人發言，並非空穴來風。

——摘自王希哲《走向黑暗》第181—182頁

我曾經問洪膺先生，王希哲書中「一九六八年大鎮壓後逃亡香港的一些造反人物」是不是你？

他回答：「就是我」。他還說，當時他們收買掌控了一些香港漁船，有需要時可以隨時接運人員到港。

洪膺先生已於2018年12月在港去世。

——記述者又及

通往自由的「火龍」

口述者：偉強

（一）父親祐我得重生

1979年12月初，父親拖了多年的嚴重肺氣腫病已經進入危重階段，鄰居送給我家四公分厚的新的杉木板做準備，當時物資極端短缺，這些木板是鄰居從山區想辦法搞來的。我請木工將這些杉木板做成棺材，並在市郊橫沙找好墓地，我想等我父親去世後才出發偷渡香港。到了12月15日，離年底只有15天了，我的偷渡夥伴催促我啟程，因為當時大張旗鼓地宣傳新刑法，說是從1980年1月1日起，非法偷渡邊境要判刑二年。情勢險峻，我左右為難，精神幾乎崩潰。此時，母親對我說：你趕緊走吧，你一世的前途要緊，送不送終無關係！我感激母親的大度，我深情地望了父親最後一眼，含著淚水邁出了家門。後來聽母親說，16號我父親醒過來問起了我，我母親對他說，兒子已經出發了，母親要我父親保祐我順利到達香港。父親安詳地合上眼睛，他一定是在最後關頭為我祈禱，父親于17日去世。我於當月25日（聖誕節）到達香港，歷經五次失敗，第六次「督卒」，我終於在父親亡靈的保祐下，成功抵達了重生之地。

我與夥伴這一次「督卒」，走的還是「火龍」之路，所謂「火龍」，就是扒火車偷渡。偷渡的途徑有很多種，有「著屐」（划船）、有「撲網」（翻越鐵絲網）、有「著草」（翻山越嶺走陸路）、有「老橡局」（橡皮艇）、有「攬泡」（泡，粵語裡的浮水工具如吹氣枕頭、皮球膽等）……每一樣都是艱辛備嘗、驚心動魄，死人無數。

這一次，我與卒友還是到湖南郴州上貨車，郴州站雖是小站，但貨車會在此停留。算起來我這次是第五次「火龍」（扒火車）偷渡了，前面四次雖然失敗，卻沒有失手被抓，沒有遭受過牢獄之苦。這一次我算是破釜沉舟了，因為新刑法實施後失敗的代價要大好多。

火車鳴笛起動，我與同行以及「鐵路仔」三毛跳上了貨車，驚訝地看到，同時跳上火車的連我們竟有十人之多，九男一女，除個別外彼此互不相識。人多了本來不利，但誰能趕誰人走呢？我們在車頂一個車廂一個車廂地跳，找到了供港貨卡，我們合力撬開了車窗，一個個從車頂溜下車廂側的梯子，再從車窗鑽了進去。（扒火車細節在後面有交代）。這一次找到的貨車廂，所運貨物是俗稱「原子襪」的尼龍襪子。

我們這一次是有備而來的，同行中有一位湖南「鐵路仔」建財，他曾經用「釘夾層」的方法，順利到達香港，只不過運氣不好，落地後遇到香港警察被返解回來。

所謂「釘夾層」方法，是這樣的：當時不少貨車車廂，外表是鐵皮，裡面緊貼著鐵皮的是三條打橫的木枋，木枋裡側是上下兩組的木襯板。「釘夾層」就是將車廂一端的木枋、木襯板拆下來，向車廂中部移動四、五十公分，先釘好三條打橫的木枋做骨架，再依木板的次序釘回去（木板分上下兩組，打豎拼接，板與板之間有凸凹槽結構，板與板之間的次序不能混淆弄錯，否則板壁不能復原），人藏在襯板與車殼鐵皮之間。這樣做，即使遭遇檢查，檢查人員一眼望去，並無異樣，不認真量度車廂的長度是不會發現有人做了手腳的。當然，這需要相應的工具：手錘、鐵釘、扳手，鋸片，還有一兩件木板等，我們通過「鐵路仔」的熟人（列車乘務員）將撬棒等顯眼的工具先行帶到郴州車站。

自然，「釘夾層」之前，要先將貨物一箱一箱搬到車廂空隙處，騰出工作面，再將夾層的木板木枋一根根撬下來，將木枋、木襯板前移，使得夾層前後空間能夠蹲下一個人。但是我們這次足足有十人之多，車卡寬度勉強夠容納十個站立的人，假如全體人員全程站立，顯然不是辦法，你知道火車何時才到香港呢？我們在夾層半空釘了兩條橫枋，讓個子小的兩個坐了上去，等於騎在了其他人的頭上，剩下的位置坐不下八個人，只能七個人坐著而輪流站立一個人。

正在緊張地作業，列車停靠在韶關車站，車廂中部大門「呼喇」一聲打開了，我們驚呼一聲：糟了！以為是檢查的公安人員要上來。不料，上來的卻原來是四個偷渡的廣州仔，他們剪開了車門的鉛封爬了上來。這四個廣州仔上車之後要求進我們的夾層，我們說：我們已經十個人了，還怎麼容納得下你們？況且你們剪掉車門鉛封不是告訴人家有人爬火車在裡面嗎？可是生氣有什麼用，趕又趕不走他們。只能叫他們找地方設法藏身，並警告他們：假如在筍崗檢查站你們被發現了，你們將我們供出來，入到「格仔」（收容站）後我們就找你們搏命。

我們將夾層釘好後，先藏幾個人進去，留幾個人在外面善後，將紙箱堆回靠夾墻的位置，再踩著紙箱行到頂推高天花板一個一個鑽進夾牆內。那四個廣州仔看著我們操作，相信他們假如這次不成功的話也學到了方法，他們在另一頭也躲了起來。

火車到了距離深圳還有五公里的筍崗檢查站，幾個軍人打開車門上來檢查，外面燈火通明，光線從天花板的縫隙透進來。其中有兩個廣州仔果然被查獲，我們聽到講普通話的人問「還有沒有人？不說實話翻出來打死你們。」聽到廣州仔回答「總之在韶關上車就我們兩個人。」他們沒有出賣我們。只聽得外面的人在交談，可能是鐵路人員與軍人商量要不要將車廂扣下來，我們的心緊張到了極點，已經做好要壞事的打算。過了一會燈光沒有了，大概一小時後火車又啟動了，行了一段時間之後火車停了下來，估計是停在了深圳。第二天下午大概下午二點鐘火車動了，應該是深圳這邊用車頭將列車推過了深圳橋，列車再次啟動，我們雀躍起來，一個接一個人爬了出去，將車窗打開了一條縫，看到了異於大陸的景物，甚至看到了車站上的香港警察，終於跨過了邊界，能否最後成功就看後面一步了——跳車。

激動和忙亂之中，我還不忘看了一下手錶，從郴州上車到過邊界，足足用了三十二小時。

借用圖片，說明偷渡客跳車前的情景

成功與失敗在此一舉了，在隆隆的作響的鋼鐵碰撞聲中，我們一個個從車窗鑽了出來，通過窗旁的鐵扶梯，再爬到車廂兩頭，分佈在兩節車廂的連接處。每個車廂兩端上下都各有一條鐵通，我們扶著上面的鐵通，站在下面的鐵通上，一邊在緊張地等待時機。什麼時機呢？就是列車轉彎的時機，此時車速會放慢，假如列車向右轉彎，我們就要在左側跳；假如列車向左轉彎，我們要在右側跳。為什麼要這樣做呢？因為列車尾部有香港警察跟車觀察，他們會全程監控，一旦發現有人跳車會通知司機剎停火車抓人或通知沿路警察抓人。

在一個大轉彎處，列車的速度果然慢了下來，發現火車在向右大彎道行駛時，我們騰挪到左邊的扶梯，面向前面，右腳站在梯上，左腳盡量抬高往下跳，這是鐵路子弟教的辦法，我們一個個跳下了火車。落地後我發現自己僅有輕微的擦傷，正在慶幸，可是抬頭一看又驚出一身冷汗，原來我的落地點在鐵路隧道前，慢一秒鐘跳我都會成為下一個楊載興（後面介紹）。跳車後我與其他人失散了，我知道，現在還不能說成功了，此時香港實行的是「抵壘政策」，偷渡者要入到市區領到「行街紙」才能獲得居留權，而在新界地區被抓獲的偷渡者是一律返解大陸的。

我看到一個香港男子在走在路旁的石級上，我對他說：先生，我剛到香港，你可不可以幫我打個電話給我朋友來接我，他不理睬我。我再走了一段路，看到幾個在草地上鋪上膠布野餐的青年男女，我對他們說出請求後，其中一個女青年帶我入香港中文大學食堂電話亭，打電話給早期到達香港的大弟弟，弟弟回廣州處理父親的喪事去了，由他的朋友來接我進了市區。三毛與兩個湖南仔也摸到了我大弟處，兩個湖南仔由先期抵達香港的兩個兄弟接走，不過他們四人在門外等候的士時，被巡邏經過的警察看到他們不像廣東人，將他們帶回警署，來接他們的兄弟因已經領有香港身份證，獲得釋放，而兩個湖南仔則被返解回大陸。

我終於實現了夢想，站在了香港的土地上，幾天後聖誕假期結束，政府機構恢復辦公，朋友陪我坐的士去港島金鐘道「香港人民入境事務處」領身份證明。這裡的情景可用「人山人海」來形容了，幾百人沿著大樓前面空地轉了幾圈的鐵欄桿排隊。進去後填寫表格，右手大拇指打了指紋後，給了我俗稱「行街紙」的身份證明，獲得了合法居留證，走出入境處大門口一刻，我整個人跳了起來，竭盡氣力仰天大叫「成功了！成功了！」，經歷了這麼多艱難險阻終於成功了。

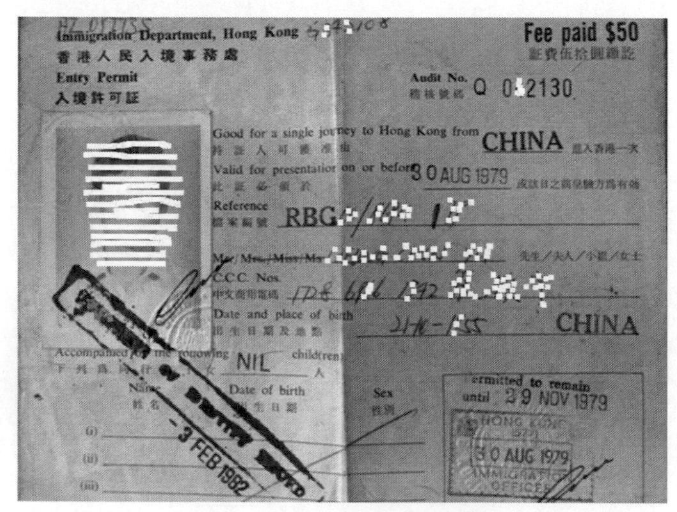
Immigration Department, Hong Kong
香港人民入境事務處
Entry Permit
入境許可証
Fee paid $50
Audit No. Q 0 2130
Good for a single journey to Hong Kong from CHINA
Valid for presentation on or before 30 AUG 1979
Reference RBG
CHINA
Accompanied by the following NIL child(ren)
Name
Date of birth
Sex
(i)
(ii)
(iii)
Permitted to remain until 29 NOV 1979
30 AUG 1979
-3 FEB 1982

參考一下，同期他人的「行街紙」

得到「行街紙」後，我即刻打電報回家，我在電報上就是幾個字「我不回勿念」，後來聽講我母親正在哭泣，丈夫去世，兒子生死不明十多天了，我母親收到電報後轉悲為喜。

（二）驚險萬狀說「火龍」

我為什麼會選擇「火龍」之路呢？這得從我第一次偷渡說起。

我第一次偷渡的時間是1979年5月，記得是5月11號這天，我們五個人用250元包了一部的士，向中山珠海進發，我們五人穿上香港帶回來的服裝，冒充港澳人，所有偷渡用品如指南針、救生圈、乾糧等放車尾行李

1980年1月7日，偉強抵港十三天后拍攝于香港黃大仙祠

箱。我們當時的目的地是澳門，在中山縣邊防檢查站，民兵打旗要我們停車接受檢查，我們吩咐司機衝過去，開快車走了一段路，到了山邊就下車往山上奔。在大山中走了三個晚上（白天躲藏起來），在第四天被巡山的民兵抓獲。

我們被送到中山縣的「金鐘」收容站，關了十多天，又被押解到廣州沙河的省收容站，再被送到增城縣派潭農場做苦工，每日擔公路厠所的大糞和豬場的豬糞，我還要每天早上負責將監房的便桶擔出外面，每餐南瓜煮大頭菜，無油無鹽無肉。做苦工兩個月後由工廠「人保」（人事保衛部門）去領我出來，我家要交豬肉票、油票、糧票、每日四毫子（一個月12元伙食費）給派潭農場才能贖身。拘留和轉解中人格羞辱是常事，我親眼見一個廣州仔為爭一支香煙被人咬住手指，抽出來後露出血淋淋的手指骨。工廠領我時警告我：再去偷渡，就送去「勞教」兩年。

在增城派潭農場做苦工時，結識了鐵路子弟「三毛」，他跟我說，以後偷渡，可以跟他走「火龍」這條路，因為他在郴州車站有熟人，可以看到貨單，查到哪一趟列車有赴港貨車，以及車卡資訊。

自此之後，每次都由是「鐵路仔」和我們一齊起行，他們熟悉鐵路上的事，知道如何規避危險，例如：要留意火車前方情況，每次開到隧道口時就要儘量趴低，因為隧道的頂部會將偷渡客掃落火車，我記得有一次車頭在隧道裡鳴氣笛，我們身上都噴落滿身煤灰，成了「黑人」。最重要的是，鐵路仔有辦法打探到赴港車卡的情況，這對「火龍」偷渡是極其重要的。這些「鐵路仔」在香港無親無故，語言不通，也要仰仗我們這些廣州仔，大家各有所需互通有無，彼此可精誠合作。

以我的一次所見來見證一下當時「火龍」的「盛況」：郴州車站附近同時遊弋著一百多號青年男女，眼神四顧遊移，一眼就可看出他們所為何來。有車站人員跳著腳大罵：他媽的你們這些偷渡犯，等我打個電話去深圳，將你們全部抓起來！嚇得我們放棄了這一趟列車。

前面已說到，「火龍」的危險之處在於，在車頂上勾留時，會被隧道頂部刮到，碎屍萬段；在貨車貨物的空隙藏身時，會被貨物壓扁；還會餓死、渴死，還會被抓。我到達香港一星期後看報紙，搬運工卸辣椒乾，在麻袋底下赫然發現二個已經死亡的偷渡客。還有更恐怖的事，在深圳前的「筍崗檢查站」，有軍警上來檢查，搜捕偷渡者，他們直接用鐵筆插向貨物堆，目的是將偷渡者逼出來……好不容易到了香港路段，為躲避警察，要跳火車，不掌握要領的話，一個不小心就會落個粉身碎骨的下場。鐵路仔自小在鐵路邊長大，跳起火車來如履平地，我們就要困難得多。我後面會講到我的鄰居楊載興，就是死在香港旺角隧道前面。我認為 爬「火龍」的傷殘及死亡率比撲網、游水更高。

郴州有座蘇仙嶺，山上有座蘇仙廟，我們每次到達郴州少不了去拜祭，祈望得到神靈眷顧。整個蘇仙廟文革初期給紅衛兵破壞到只剩下牆壁，屋頂的瓦片全都是破洞，菩薩也全部被打成碎片散落在後院，廟的大門也沒有了，我們用香煙代香燭，插入大門外的石頭縫裡，我們幾個跪在大門外面拜蘇仙，祈求蘇仙保祐我們能夠順利到達香港。

到達湖南郴州後，由「鐵路仔」三毛打探好到香港的火車卡號碼及時間，當晚我們在車站附近蟄伏。火車最後的車卡一般都是敞篷運煤卡，位置都是已經出了車站外面，火車啟動前一般都會鳴汽笛，我們馬上衝出去爬上露天煤卡，趴在煤粉上面，火車離開車站後我們就一卡一卡跳，尋找去香港的目標車卡，每次都要跳二十卡左右才找到。

當然我們也要帶上膠袋裝大小二便，便溺後用橡皮筋紮好，因為一日入到「堆位」（偷渡術語，意即藏好身），一切都聽天由命，你不知貨車何時開行何時停靠，何時抵達香港，更不知會遇到什麼意外情況，人像動物一樣無日無夜踡伏著，一定要處理好污穢物。

找到目標車卡後，我們就要用撬棒來撬開車窗，撬棒是用彈簧鋼打造的，每次「火龍」都要帶上。當時的貨車車卡，靠上方的地方開有車窗，

四十年前的貨車車廂與圖片上的有所不同，那時車窗是在內向橫打開的

窗門是在內打橫趟行的。每次撬開車窗都是在列車行進過程中進行的，一人趴在車頂上，頭和手伸出去，用手握撬棒撬窗門，其他人趴在車頂上用雙手扯住壓住他的雙腳，讓他雙手可以發力。此時列車飛馳，左搖右晃，更有猛風撲面，還要留神前方有無隧道，一不小心，就會死無全屍。

有人問，那麼為什麼不撬車門呢？車門有鉛封，車門被撬開過鉛封就壞了，很容易被發現，沿途有多個車站，寶安縣筍崗還設有邊防檢查站。

從1979年7月底開始至12月底，我總共五次扒「火龍」，最後一次才成功。具體哪一次在什麼日子已經記不起來了，但過程卻是刻骨銘心地記得。

有一次，我和我的一位同學、三毛扒上一列貨車，車卡裡裝的盡是出口香港的鴨嘴梨。我們先行「冧堆」（偷渡術語，即搬弄貨物以藏身），在一端搬動鴨梨箱子騰出容身之所，藏好身後，三毛帶來的一位朋友幫忙在我們的頭頂壘上五層鴨梨紙箱，壘好後該朋友跳車走了。列車走下停下，走下停下，我們口渴就吃鴨梨，肚餓還是吃鴨梨，足足走了84小時，列車乾脆停在野外一條閒置的路軌上，一動也不動。我們在貨物下面踡伏了幾十小時，我同學熬不住了，提出要放棄，我說你又不是不知道，出發前的一天我才送我媽去醫院住院腎結石開刀，我父親病到得半條命，今次能進到「堆位」（偷渡術語），好不容易找到人幫忙封頂，多不容易，死都要死在裡面啦，我不肯放棄。他說：我和你幾十年同學，不要丟下我。同學問我要人丹吃，我打開電筒取人丹時看到他在流淚，我心腸軟了，馬上說算了，取出電工刀鎅開頭頂上五層的紙箱，鎅開一層，雪梨滾落下來，再鎅開一層，雪梨又滾落下來，我們爬到貨物的上方。這裡的空間只有五十公分高左右，當時是下午二時左右，太陽直曬車頂，熱得像烤箱一樣，我們全身上下都被汗水濕透。跳下火車後才知道火車停住的地方是東莞樟木頭站附近。我取出鞋裡藏的錢和糧票買東西吃，錢和糧票都給汗水浸濕了，吃完飯後坐火車回廣州。同學趕往大德路省中醫醫院看急診，醫生把脈問他是不是幾天無吃飯，人極度虛脫，肛門下垂來一公分半。

另一次，「鐵路仔」提供了一個有供港貨物車卡的號碼，我們用盡力氣也無法撬開這個車卡的窗門，我們逐個車卡打開車頂的透氣孔用電筒照射，看其它車廂有無出口貨物，這種搜索俗稱「摸盲拐」。看到一個車卡的貨物有「鸚鵡牌白水泥、中華人民共和國上海製造」的字樣，我們判斷這批貨是到香港的，於是設法撬開車窗，鑽了進去躲起來。三個人躲在白水泥下50多小時，可憐我們只帶了一天的水，早就喝光，口乾得無法咽下餅乾，必須找到水，否則未過邊界已經渴死。早上六、七點鐘，三毛推開頭頂上的白水泥鑽到外面偷水，看到了廣州鐵路南站的告示牌，原來火車到了廣州黃沙南站，車站與碼頭是一體的，貨物是準備裝船出口外國的，有幾個搬運工人在其他的貨卡卸貨（回家後聽市二運做司機的鄰居說早上八點就會有持槍警察值勤）。三毛趕緊回來呼喚，我們三個人連滾帶爬鑽出來，爬過圍墻逃走。原來下面的馬路就是黃沙大馬路，對面的馬路就是叢桂路，穿過叢桂路就到了第十甫，陶陶居茶樓就在路口附近，我們三個人進去飲茶吃點心，同檯的茶客問我們做什麼工作的，我們回答做搬運工。原來白水泥將我們的頭髮都變成了怒髮衝冠，整個人有如白毛怪物，全身缺水，皮膚都乾癟了。

另一次也是撬不開目標車廂的窗門，我們只得撬開了另一個車廂的窗門躲了進去，打算火車一停就再想辦法回郴州，怎知道火車一停下就有梯子靠在車窗旁，並有人用撬棒插入試圖撬開窗門，我們連忙用撬棍架在窗門與窗框之間，拼命抵住，他們一時打不開。我們聽到他們在講普通話，應該是軍人，看來是對上的車站發現幾個人在火車頂上遊動，通知他們檢查，如果車窗給打開了又當一板被捉。可能列車停靠時間到了，他們放棄了打開車窗的努力，火車開動。下一站停下後，我們跳下火車搭順風車回到了郴州。還有一次行動亦是失敗，自行放棄並折返，所幸都沒有被抓而躲過牢獄之災。

（三）楊載興之死

下面我要說的是鄰居楊載興之死，他是在到達香港地段跳車時被撞身亡的。

1980年二月，我家一牆之隔從小一起長大的的鄰居楊載興，和我二姐夫等四個人在湖南郴州爬上往香港的火車。列車過了邊界後，他們在旺角火車站附近跳火車，楊載興與一位同伴先跳下去了，我二姐夫和一個同伴想跳火車時，火車已經進了隧道，只得等一等，列車出了隧道就在何文田停了下來，他們趕緊下了火車。我二姐夫兩人在一間房子敲門尋求幫助，開門的女人說這裡是警察宿舍，要他們快點離開。他們馬上離開坐的士到了我落腳的鳳凰新邨鳳德道安利大廈，在旁邊的士多打電話給我，我下去接了他們，第二天帶他們去金鐘道人民入境事務處領身份證。在此之後一個月都沒有楊載興兩人的消息，如果返解廣州也應該有消息了。我想起來，我二姐夫到港的第二天，我曾經在《東方日報》看到新聞說，北上火車的乘客在旺角火車站看到有人受傷倒在隧道口的鐵軌旁。我去旺角差館詢問，坐堂幫辦翻出當時的檔案給我辨認屍體相片，我一下就認出是楊載興，他被火車壓斷了一手一腳，頭髮全剃光了，一道大裂縫在頭上，他到醫院三天後死亡。我再找了幾個人前去差館辨認相片，確認是楊載興無疑。楊載興是廣州赴海南島的知青，已經回廣州工作。旺角差館出證明讓我去殯葬管理處辦理了楊載興的死亡證，並且查到了下葬地點在羅湖火車站附近的中英界河旁的墳場，該墳場是專們埋葬偷渡客的。我們查到楊載興葬在沙嶺政府墳場「T」段T80274號墓穴，墳場工作人員說每天都有很多偷渡客的屍體送來埋葬。我們拜奠完後到他出事的隧道口，撿到他的一隻鞋，裡面有人民幣和全國通用糧票，第三條枕木還有一灘血跡，他跳火車如早一秒就成功了。楊載興在美國的二哥知悉後，寄來一筆錢，我用這筆錢在青松觀幫他立了一個牌位。幾年後，楊載興的親屬將楊載興的遺骸起出來火化了，我二弟將骨灰帶回去廣州交給他的家人，我想，像他這樣能歸家的死難偷渡者不多的吧？與楊載興一起跳車的還有一人，身受重傷，在香港醫院頭部補了一塊骨頭，治療後返解回廣州，住在廣州大南路，終身躺在床上。

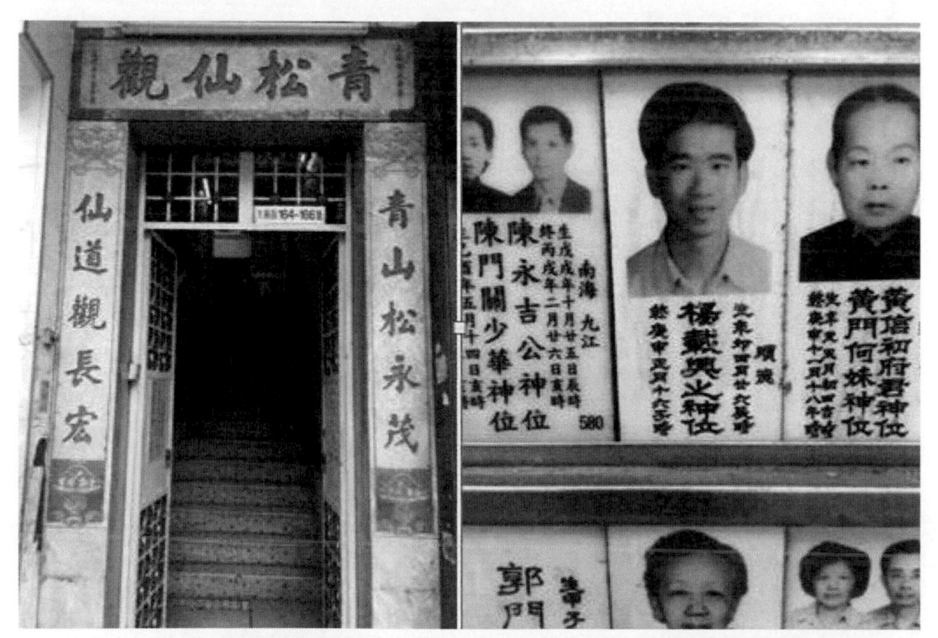

2019年5月2日，偉強回港參加香港卒友拜祭偷渡死難者活動，再次到青松觀拜祭楊載興

（四）我家族的逃離史

我二姐夫比我晚兩個月扒「火龍」抵港，也算是「死生有命」，他若早幾秒鐘跳火車，那麼死掉的將是他而不是楊載興，由於他晚跳了幾秒鐘，於是就逃過劫難，列車在何文田是屬於臨時停車，等候進紅磡站。紅磡站是終點站，有很多警察把守，在紅磡下車必然被捉。我二姐夫好運氣，在何文田連忙下車走人，鬼使神差，免了跳車這一步，還逃過了被抓的命運。二姐夫在1982年7月，與我一道在貨船艙底躲藏24日，成功偷渡美國，他因有廚師技藝，順利辦好了技術移民，將我二姐及外甥申請到了美國。

1980年一月，也就是我抵港後一個月，我二弟與朋友亦「火龍」到達香港，我大弟及三毛去中文大學附近接他們，我見到他們時，只見得二弟的同伴血流披面，額頭和下巴裂開受傷流了很多血，我幫他們用雙氧水消毒傷口包紮好後，第二天帶他們去金鐘道人民入境事務處領「行街紙」，而與二弟同行的另外兩個人則被警察抓獲返解大陸。

我大弟是1974年到港的，他算是我家族最早逃離的。

兄弟姐妹中，就數我大姐最苦命了，她在1965年初中畢業，當時的大姐也相當「革命化」，她是偷了戶口簿將戶口先遷了，父母這才知道。當時到處宣揚「到祖國最需要的地方去」，她響應號召去了農場務農。要說她當初有多「革命」，只要提一件事就可以了：她沒有辦法得到「毛語錄」，竟然借他人手中的來抄了一本。

現實教訓了大姐，故土絕無前途，她決心「起錨」逃離。大姐是鐵了心，從1975年起就決定，不到香港就「不相睇，不結婚」（「相睇」是粵語，相親的意思）。她買到了一份「硬邊」——此處要費點時間來解釋何謂「硬邊」了。早期的邊境地區居民的「臨時邊防證」，是一種紙質證明貼上照片的，俗稱「臨邊」，該種邊防證初之時是蓋紅印章的，後來改成打鋼印，還是容易被人揭去照片置換。後來當局推出硬質邊防證，正反兩面過塑，四周熱壓成型。這種邊防證俗稱「硬邊」，要造假顯然難多了，但是只要有需求，一樣難不倒人。偷渡者買到這種「硬邊」後，用刮鬚刀劏開壓邊，小心揭去原照片，貼上自己的照片。當然，製作中照片還要經技術處理，就是用圓形硬物壓出鋼印的輪廓，還要用小螺絲批壓出發證機關的大概字形，還原是不可能的，但求形似而已，最後用萬能膠水粘好，又或者熱壓回去。自然，買這種邊防證姓名地址可以不論，但性別要對得上，年齡要相近的才行。

大姐用這種邊防證到達了深圳，第一件事是將「硬邊」夾在書中，到郵局寄回廣州家中，萬一此次失手，下次還能再用。

大姐的運氣差到極，四次「起錨」，都是到海邊或者臨近海邊時被抓。第一、二次被抓後，大姐被層層轉解回到廣州，拘留所的苦痛是免不了的。第三次被抓，被送到廣州麻袋廠強制勞動，那時的廣州人都知道廣州麻袋廠「學習班」專門收留小偷盜賊妓女之類的人。

半年之後，大姐從麻袋廠的「學習班」逃跑出來，馬不停蹄第四次「督卒」，駐麻袋廠的公安人員上門追問大姐的下落，要捉拿她歸案。這次偷渡，大姐再一次失手被抓，我們家這次卻提早獲得了大姐失敗的消息，這是因為我們意外地收到大姐的一封信，信是寫在一張紙片上的。大姐信中說自己這次被抓回來，肯定要被判刑勞改，信紙的上方寫有我家地址，並寫著麻煩過路的好心人撿到這封信後幫忙寄到這個地址。大姐後來說，她在「格仔」（收容站牢房）寫好信，在轉解途中，在車上看到一個男人踩單車跟在汽車後面，她將紙片丟下汽車，看到那個男的將紙片撿了起來，那個男人後來將信紙裝入信封，按照信中所示寫上我家地址貼上郵票寄到我家。

收到信後完全沒有她的消息半年，也不知她到了哪裡，我母親每天哭泣，半年後的一天我母親的工廠領導找我母親去辦公室，問我母親你不是有個大女兒，叫什麼名字，現在在什麼地方？我母親說出我大姐名字，說失蹤半年了，估計工廠領導也知道情況，但他們無人性也沒有對我母親講我大姐的下落，過了一段時間家裡才知道我大姐在粵北始興縣收容站。

原來，我大姐這次被抓，是「報流」（偷渡俗語，報假姓名假地址）去了粵北始興縣。因為她估計到自己是多次偷渡，被抓回去免不了勞教，於是在報上個人資料時，將自己報到粵北始興縣，因為粵北偷渡者較少，遣送回去一般很快被放出來，但大姐這次卻過不了關。

大姐在始興縣被關押半年，不說出真實身份就不放人，無奈之下大姐終於屈服，被送回廣州，經黃華看守所收押再被判「勞教」兩年，送到三水縣的勞教農場。我到過廣州黃華看守所給大姐送衣物，報上名字收下衣物，也沒有見到面，後來又陪母親到三水勞教場探望大姐，心情沉重，內心刻骨的痛。大姐因偷渡前後總共被囚禁三年半有多。1979年12月我偷渡去到香港時她還未放出來。

我大姐勞教出來後，給已在香港的我寫信說要偷渡，此時已經是1980年年底，香港的「抵壘政策」終止了，大姐即使到了香港，也無法獲得身份，如果返解大陸，會加重判刑。我馬上去海運大廈打電報給她，說「不發身份證了不要來了」，我以為她會知難卻步，但歷經磨難的大姐去意堅決，不惜拼命一搏。直到她和拍檔從我們住的大廈旁邊的士多打電話給我，說到了香港，就在大廈下面，我連忙下樓去接了她上來。

我在1979年耶誕節「火龍」到達香港，大姐于1980年耶誕節亦是「火龍」到達香港，剛好在我抵港一年之後的當天。我到香港後很快就取得「行街紙」，大姐卻沒有這種運氣，香港政府於1980年10月23日取消了「抵壘政策」，即是所有到達市區的偷渡者都不獲合法居留權。大姐出發的時候香港政府對偷渡者實行「即捕即解」政策已經兩個月，大概也是因為如此，中、英雙方放鬆了邊境管理。大姐與一位女伴在湖南「鐵路仔」建財的朋友的幫助下上了貨車，在一天的傍晚時分到達香港紅磡總站，往日如臨大敵的紅磡總站此時卻鬆鬆垮垮，大姐與同伴居然還得到一位站內男士的指點施施然出了車站，打車來到我處。

大姐到港這一年，因為無身份，左藏右躲，惶惶不可終日。我立即伸出援手，庇護這位既堅強又苦命的大姐。我到港不久，收入微薄，卻願意這份付出，親情是無價的。大姐沒有身份，只能打黑工，做酒樓洗碗工等

歷盡千辛萬苦，大姐于1980年12月25日「火龍」到達香港，照片攝於1980年12月26日。

「下欄」工作。這樣終究不是長遠辦法，我想盡辦法撲路，找去外國的門路，澳洲、巴拿馬都曾經想過了。後來卒之找到了一條偷渡去美國的路，左騰右借，湊足不菲的資金，將大姐送上去美國的貨櫃船，大姐藏艙底於1981年12月到達美國，幾年後大姐獲得了美國綠卡，人生終於得到解脫。

想不到大姐上船後一個星期，我卻遭受了一場無妄之災，原因和經過如下：與大姐一同到埠的一位女卒友，因「非法入境」被拘，她供出了我大姐的電話號碼。香港人民入境事務處根據電話號碼查出了我的地址，於是來抓她，我剛剛將大姐的假身份證塞入板縫，入境處的人就闖了進來，好險！單單擁有假身份證一項就可入我罪。好在我大姐已經落咗船在去美國的途中，抓不到我大姐，就將我帶去香港李寶椿大廈人民入境事務處調查科訊問，要我供出大姐的下落。那個傢伙將我的雙手用手銬反鎖在椅子的鐵通上，拿根木棍威嚇我，講一天要打我三次，打到我供出大姐下落為止。我對他講，在香港打人是犯法的，你如果敢動手，72小時你就要放我出去，到時我一定去投訴你，你敢動手打我一下，我唔返轉頭搵你我就唔係人（我不回頭找你算帳，我就不是人），我們偷渡來港的人爛命一條，我條命值錢還是你條命值錢？那個傢伙講你敢威嚇阿Sir？口中雖這樣講，卻是一下都不敢再打我了，只是用力將手銬扣緊。我講你如果不放鬆手銬，我出去後投訴你變相用刑，他才放鬆了手銬。我雙手腕上深陷進去的手銬印差不多二十天才平復。後來因無證據，大半天後放了我，只是扣留了我的香港旅遊證件，一個月後還給了我，回想過去像做了一場場惡夢。我之所以如此大膽頂入境處的人，一來大姐已經在去美國的船上，我心中有底氣；二來畢竟此處是香港，我來港已經兩年多，耳濡目染，對香港的法治多少都知道一些。假如在「祖國」強大的「無產階級專政」鐵砂掌中，我敢嗎？

我之所以識得走「火龍」「督卒」之路，完全是因為第一次偷渡被抓後，在派潭做苦工時結識廣州「鐵路仔」三毛，從而又結識更多的湖南「鐵路仔」，偷渡路上同舟共濟，他們到港後因人脈、語言之故，生存更為艱難，此時我與兄弟力所能及地給與幫助，收留他們居住，協助他們找工作，帮助他們立足。特別是有位叫「建財」的湖南「鐵路仔」，感恩於我們的不離不棄，叫他湖南的朋友大力幫助我們，使我二姐夫、二弟、大姐得以順利抵港，正所謂天道酬善吧。

（五）我為什麼選擇逃離

我父親一九五四年和朋友合股開了一間小工廠，一九五六年的所謂的「生產資料所有制的社會主義改造」運動，將工廠搶了去，當時還要被搶者敲鑼打鼓戴大紅花慶祝「公私合營」。開始時對資本家保証，工資保到老，職位保到老，給資本家的資本付定息20年，這就是所謂的對民族資本家的贖買政策，開始時我父親還有幹部當，每年都要出差到上海采購原料。哪知政策越來越變，文革前夕，工廠黨書記要我父親寫申請書「自願」不當幹部，將他的幹部名額讓給了其他人，還將他調到高溫車間做生產工人。所謂的定息也只領了10年，文革一來就什麼都沒有了，所以我父親生前經常講共產黨沒有信用。我父親因是資本家身份，被送去筲箕窩水庫勞動改造，水庫搶險時受涼感染，變成慢性支氣管炎，再變成嚴重的肺氣腫。鬆弛的左肺將左胸頂出變成桶形胸，壓迫心臟變成肺源性心臟病，經常感染發高燒，肺泡穿孔形成氣胸，要在前胸肋骨間穿刺插入膠管，另一端插入裝了半瓶水的玻璃瓶放氣，俗話說「頂心頂肺」，膠管頂到肺部十分痛苦，父親不停呻吟。如此狀況還要上臺接受批鬥，貧病交迫加上批鬥侮辱，身體狀況迅速惡化，氣喘無法躺下睡覺。我釘了個木架讓他靠在架子上睡覺，生不如死，62歲就去世了。父親每個月的工資從文革前121元變成28元，我進廠前我父親每個月都為家裡的開支頭痛，我代父親去大東門廣州工商聯借錢，大門都不讓我進，只能在門外登記，去了幾次才借了10元。我剛參加工作時月收入20元，都要給家用10元。家裡的豬肉票布票都無錢買物，家中棉被破爛得像漁網一樣。我們兄弟姐妹幾人，還要背負「資產階級家庭出身」的重壓，低頭做人。

我是廣州99中（即文革前的永漢中學）69屆初中畢業生，時因患肝炎留校至1970年，70屆學生全部留城分配工作，我被分配到機械三廠開磨床。當時，絕大部分青年學生都要「上山下鄉」，能留城的被稱作「幸運兒」，比起被趕到農村的來要好多了，當時我心滿意足，見到社會上的偷渡潮，我也沒有過多動心。

直到大弟於1979年年初從香港回到廣州，一件事直接刺激了我，讓我下決心非逃離不可。

大弟在1974年偷渡去了香港，到了1979年，當局政策開始有了鬆動，不認為他們是「叛國投敵」了，只屬於「非法探親」，允許這部分人回來探望親人。我大弟帶回了令四鄰豔羨的彩色電視機，再看街坊中的偷渡客，也帶回了大包小包的香港貨。我大弟臨走一晚，請全家到文昌路口的「廣州酒家」團聚，吃了一餐飯，花費四百多元。我一下子如遭雷擊，整個人蒙住了，我參加工作九年，不抽煙不喝酒，手中只積得三百多元，照這樣子下去，我一世人只能賺幾餐飯錢？

我一定要走，死也要到香港去！

（六）偷渡去美國

剛到香港時的第一份工作是在長沙灣地鐵工程做地盤工人，工作時先進入一個打橫的大圓鐵桶，後加入氣壓，至一定時間再打開下面的一個鐵蓋，抓住鐵梯扶手爬下幾層，在下面的工作面挖泥、釘模板、澆灌混凝土，混凝土硬結後拆卸模板。工作面在地下幾十米，空間密閉，是高壓狀態（為防地下水滲出），空氣極度悶熱，幹活時每個人都是脫剩一條內褲。收工後爬鐵梯後坐在大鐵桶裡減壓三個鐘頭，才能出地面。當時一天的工資是190元，而外面的工作才30元左右一天。收入雖然高，但我怕有命搵錢而沒有命享用，過一段時間後辭工做走鬼小販，剛開始時是在黃大仙附近的街市賣棉質內褲，推著車逐個街市賣，後來在女人街走鬼賣電子表，夏天賣T恤，春節前賣皮帶，天氣冷賣軍褸。

被抓過兩次上法庭罰錢，罪名是「阻街」，如果被抓時不配合就會告多一條罪「無牌」，每條罪名罰錢90元，開工時身上要帶500元，被抓後500元自己擔保自己。上到法庭法官問認唔認罪，認罪後到窗口取回被罰後剩餘的錢，我好彩每次都是告阻街一條罪名，兩次都是罰款90元港幣，權當交稅給香港政府啦。有一次上庭看到一個無錢擔保自己被關了一星期的小販，法官宣佈由於那個小販被關了一個星期，免除罰錢，當庭釋放。

這種無牌小販的「走鬼」生涯，雖能勉強保住溫飽，始終不是長久之計。我將目光投向美國，並得到朋友的應允作生活擔保。1980年上半年我去香港半山區的「明愛中心」申請難民身份去美國，後獲通知去美國領事館填了表格按了指紋，1981年美國領事館再通知我去問話。領事館官員對我說現時美國已經取消第七類移民（難民），問我在美國有沒有親屬可以幫我轉辦親屬移民，我說美國只有朋友沒有親戚，領事館官員說那就不能辦理移民了。

偉強在家裝嵌電子手錶，到表殼工廠買表殼、表帶工廠買表帶，電子公司買表肉（芯），到絲印工場訂表面，裝嵌好電子手錶拿出去賣，

無奈了，只能走「屈蛇」的路子了，所謂「屈蛇」，取偷渡者捲曲著身體躲藏在船艙角落的形狀，與蛇體盤卷的形狀相似之意，有不少偷渡到了澳門的人也用這種方式偷渡到香港。我經人搭路，講好價錢，再次走上了「偷渡」之路。1982年6月26日下午，我與二姐夫等幾個人在大角咀碼頭花200元港幣僱了一隻機動木船，開到了葵涌附近海域，從沿梯爬上了貨櫃船。一個船員將我們帶到他的房間，等到半夜時帶著我們往船底走去的時候，船員發現了他的一個同事站在上一層的甲板上看著我們。船員說要取消行程了，因為他與這個同事合不來，怕其壞事。他用手電筒打信號想找附近的船家送我們回岸，但是附近沒有船家回應，船員問你們敢不敢博一博，我們回答博一博就搏一搏。他將我們帶到船底，再兜兜轉轉，爬上一個靠著船殼死角的閣樓躲了起來。他說船的下一個停靠

碼頭是台灣基隆港，會有海關人員下來檢查，但只要過了這一關，就有可能成功到達美國，因為接下來的兩個日本港口再沒有人下來檢查了。在基隆港停靠時我發現一個裝小便的塑膠袋破了，尿液從閣樓流了下去艙底，我趕緊爬下去，脫了底褲將尿液擦乾淨。一個小時後就有海關人員下來檢查，手電筒的燈光從我們躲的地方外面射過，幸虧沒有爬上來檢查。船離開基隆港後，船員將我們帶到上一層的有艙門的船倉裡，每天晚上船員煮一鍋飯帶下來，還有麵包香蕉蘋果，走的時候將我們的大小便帶走丟到大海。到了日本的兩個港口由於貨輪需要維修，船停泊了幾天，經過靠近蘇聯的地方時非常冷，船員發給我們蔴袋禦寒，牙齒上下打戰。快到美國時海浪非常大，後來到了洛杉磯長堤碼頭外面等候泊位時，艙門被主管關閉，四十多個小時沒有食物飲水送下來，餓到想嘔吐，沒有東西下肚還要拉肚子，一天拉了四次，從此落下了拉肚子的毛病幾十年。

船到美國海岸，因等候泊位又在海中停留幾天，1982年7月19日，船員帶著我們沿著跳板上了岸，一個越南人將我們搭載到他的家，輪流洗澡，24天了才得以洗澡，浴缸水邊全黑了，擦面的時候嘴附近的老泥跑到嘴邊，重新再洗一次。洗完澡每人一小碗麵，吃完麵後將我們帶到機場坐飛機，當時坐飛機不用證件，在飛機上肚子還是很餓，想問空中小姐要吃

2015年5月28拍攝於美國洛杉磯長堤碼頭，偉強是1982年7月19日淩晨在這個碼頭上岸進入美國的。

的又不懂英語，在香港買過熱狗，一手指著嘴巴，一手摸著肚子，嘴上講Hot dog Hot dog，空中小姐明白我們肚子餓了，拿了很多小包的脆脆的零食給我們吃，後來轉機後就有飛機餐吃了。

（七）感恩美國

來到美國後，不懂英文，我只認識A B C D L五個英文字母，文革讓我們喪失了受教育的機會。我先在馬里蘭州的東坡酒樓做洗碗工，專收碗碟，後來到鄉下地方的小餐館做爐尾、炒鍋。在底層打拼，只能做最下欄的工作，沒有辦法，老番叫我拿個煙灰缸過來我都聽不懂。之後到電影院收門票、放電影。幾年之後獲得身份了，就到賭場做「荷官」（發牌），為了增加收入，白天幫人搞裝修，晚上在賭城發牌，打兩份工，辛苦是辛苦，可是這裡沒有階級鬥爭，沒有「家庭成分」，更不會有什麼「分子」的帽子戴，只要安分守己工作，溫飽不愁，做到安居樂業。

1982年8月16日，踏上美國土地不足一個月的偉強

做工時認識了在餐館工作的老婆，結婚組家庭。結婚後，老婆懷孕時申請低收入生產，包括產前檢查、剖腹產只收九百元，每星期還供應二打雞蛋、二加侖牛奶、二罐橙汁直至生產，為了下一代健康，政府要我也作全身檢查，查出結核桿菌陽性反應，免費吃藥半年，每月檢驗照肺，全部免費。

我老婆在家帶孩子，有一天我接到電話說小孩發燒送DC兒童醫院，我由工作的餐館趕到醫院，醫院的員工和醫生見到我滿身油污，又無醫療保險，卻全無歧視之意，反而叫我們放心，他們會和有保險的一樣治療。孩子住了四天醫院，出院後免掉了大部分費用，只收三千元，我後來分期付款還清了這筆數，之後醫院的社工人員幫我們申請了全家半年的免費醫療。由於政府幫助我家度過了最需要幫助的時期，我從心裡感謝美國這個偉大的國家，美國政府真正是人民的政府。

我到香港和美國也是正派做人，嫖、賭、飲、蕩、吹一樣都不沾，因為這麼艱難險阻才能到達香港和美國，自甘墮落對唔住父母，有些卒友不珍惜來之不易的今天，令人歎息。

偉強在美國的家

偉強在美國做起了洋「知青」，這是他家果菜園的收穫

我們華人重視教育，第二代就完全融入社會，我1982年坐船底偷渡到美國，手無分文，幾十年的奮鬥，打拼出幾幢房子。兩個女兒讀的都是私立大學，大女兒在紐約NYU畢業，四年後又在波士頓塔虎大學碩士畢業，同一天小女兒也在波士頓U大學畢業。望著女兒在臺上接受校長頒發畢業證書時，我眼淚都流出來了，回想自己在中國，在「文化大革命」中只上了幾個月的名義上的中學。父親是「資本家」，一家賤民，低人一等，今天兩個女兒竟然得到這麼好的教育，怎不令我潸然落淚呢？

我在1988年底入美國籍後，馬上申請我母親來美國，我母親1989年下半年來到美國。當初假如不是她對我說：「你趕緊走吧，你一世的前途要緊，送不送終無關係！」我不會有今天，母親偉大的母愛，改變了我一生，也改變了我整個家族的命運。我出來後銘記母親的恩德，勤奮正當做人，照顧兄弟姊妹，母親為兒女受盡了磨難，我終身銘感。

這張照片是在大女兒的碩士畢業禮上我取我女兒的帽子照的，小女兒那天是大學畢業即學士學位。

我母親來到美國後，沒有入住老人院，和我一起生活。她在廣州的退休金才幾十元人民幣，她來了美國幾個月後，去了賭場做清潔工，工作三年後不再做工了。美國做子女沒有瞻養父母的責任，她不做工就沒有了收入，申請了政府的SSI（即低收入或沒有收入）的福利，當時每月有六百多美金，每月1日就自動打錢進她的銀行帳戶，每個月還有一百多元的食物券購買食物，另有免費的醫療保險、藥物保險。由於她沒有申請老人公寓或老人院，而和我一起住，政府還給她發住房津貼。母親來美國五年後患胰臟癌住進醫院，因為發現時已經是晚期，無藥可治，政府送電動病床等醫院設施送到我家，每天有護士上門吊營養液抽血等照護，情況嚴重時叫救護車送醫院住十天八天，病情緩和又回家，如是者多次。因為住院一天按道理要一萬美元以上的費用，最後那次送院病逝在醫院，在醫院我看著她咽下最後一口氣，我送到她的終，盡了孝道。幾年後，弟妹移民來美國，將父親的骨灰也一起帶到了美國，與母親安葬在一起，父母在天國團聚了。

我岳母79歲生日那天，我和我老婆開車四個小時去我大舅家給她過生日，我對老婆講：我們做人父母，也做人兒女，接你母親回我們家一起住吧。於是將我岳母帶回新澤西的家，一年多後老人患癡呆症，連廁所都忘了在那裡，隨便小便，一張開眼睛就大聲叫「有沒有人呀有沒有人呀。」我們根本沒法睡覺。在醫院給醫生講我們夫妻要上班沒法照顧她，醫院的社工人員和我們面談後，直接用救護車將我岳母送往老人院，住了差不多十年，直至去世。岳母年輕時抽煙，肺很差，與我們同住時制氧機裝在床邊，另有手推微型氧氣瓶可攜帶外出看病活動，住老人院時經常肺部感染要轉送醫院住院治療。我們去探望時，看到醫院另外請了護理員，二十四小時看住我岳母不讓她扯醫療管線，因為我岳母戴著特別手套都無用。我岳母在上海時是家庭主婦，五十多歲來到美國後沒有做過工，幫兒子的忙照顧孫女，65歲後開始領取福利直到90歲去世，花了美國政府不知道多少錢。

我母親和我岳母生病和我岳母住老人院，所有費用由美國政府支付，我們做兒女沒有花一分錢。

前面說到，我的二姐夫跟我一起坐船底一齊偷渡美國，請律師辦理美國缺乏的技術人員（中國廚師）移民，取得移民簽證後，我二姐和外甥一齊移民美國。

我二弟和兩個妹妹我申請辦理他們公民兄弟姊妹類別，經十年輪候，2000年七、八月份三個家庭九個人同時來美國。

我的整個家族都生活在美國，可以告慰父母在天之靈了。

美國，在我落難的時候庇護了我，在我有危難的時候救助了我，給我溫飽，給了我人生進取的空間，給了我免于恐懼的自由。美國以它的博大和寬宏，容納了我，容納了我親愛的母親，容納了我的家族。當初拼死一搏的「火龍」之路，使我擺脫了屈辱與苦難，有一句名言：哪裡有自由那裡便是我的祖國，我熱愛美國，我感恩美國！美國，就是我的祖國！

幸福的美國「農夫」偉強

（2020年4月）

（記述者：周繼能）

「麻雀」逃亡記
「文革」中的逃亡故事

何文彬

【按語】1958年，尚在念小學的何文彬參加了全國性的消滅麻雀運動，見證了麻雀在中國的天空以至大地上被驅趕得無處躲藏的情景。若干年後，何文彬與一眾同學亦要逃亡了，他將自己比作「逃亡的麻雀」——「我們是一群卑微的小麻雀」。

何文彬，生於1947年，文革前就讀於廣州市第二輕工業工藝美術學校，1968年年底「上山下鄉」到寶安縣龍崗公社，1969年10月偷渡到香港，現居加拿大蒙特利爾。

（一）下鄉寶安縣

動員上山下鄉的大會開了幾天，沒有一點效果。在軍訓團的指導下，不停地開動員大會，但沒有一個人響應號召報名去海南島軍墾兵團，也沒有一個人申請到其他農村去。軍訓團的政委心裡十分著急，通常他們就會用樹模範的方法，要大家仿效，但沒有一個人主動，哪有什麼模範可樹呢？那天我剛好收到曉初取來寶安縣龍崗公社的同意接收證明。洪曉初對公社黨委說我是他的表兄，希望公社同意接收我到龍崗公社落戶。這天動員大會開始不久，那軍訓團政委講了動員的話，又帶著同學們呼口號：「堅決響應偉大領袖毛主席的號召，知識青年到邊疆去，到農村去！」。我帶著那證明上到講台上申請下鄉，軍訓團政委一看，滿臉笑容，也不查根問底，也不知我要申請去的那地方是邊防區，也不懷疑。就說：「大家要向這個同學學習，他做得很好，給大家樹立了一個好榜樣，積極響應了毛主席的號召，上山下鄉……」跟著他就鼓掌，台下也以掌聲報以回應，掌聲過後，於是什麼都不問，立刻蓋印簽名批准了。我立刻伸手接過證明，我心想機會終於等到了，你們籠中的麻雀，就要逃離這禁錮他的籠子了。我有了去向就被放回家，準備去龍崗公社落戶，其他同學還要繼續參加學習班。

回到家裡，我告知父母，他們也同意我的決定，他們都覺得要比去海南島好。我沒有告知父母我的偷渡香港計劃，但我要去寶安，想他們會料到我有偷渡的可能，但是大家心照不宣，免得被人聽到。我又為我弟弟文琦向公社申請要了一張投親落戶的證明，他也順利被批准了。我們準備行李，父母又四處張羅，不知他們從哪裡弄了些那時很少見的臘腸和臘肉給我們帶去，我真感謝父母對我的關懷，特別在那個沒有人性、缺乏愛的年代。曉初從龍崗回廣州帶我及文琦上了廣州到深圳的列車。沒有送行的人能進入月台，因為是去邊防的列車，查得很嚴。我通過了檢查關卡，火車門口又要檢查，上了車，坐下不久，所有人都坐定了，開車前又上來一隊軍警，氣紛肅殺，沒有一點聲音，查看每個人的證件。車門慢慢關上，車開始慢慢動，車一開動就有高音喇叭響起吵耳的文化革命歌曲。我們坐的這列車就慢慢開出了廣州東站（廣九火車站）。不知為何，這車到了近郊的石牌站又停了下來，不知是否收到指示，又上來一隊軍警，每人立刻準備好證件備查。之後，火車一直開到樟木頭，車慢慢進站，看見在那裡工作的人立刻放下手上所有的工作，飛快地撿起毛像及毛語錄牌和紅旗，分列兩旁站立，車站即時播放文化革命歌曲，迎接火車進站，因火車頭掛有毛像。車門一開，下車的人走了，又上來一隊軍警，所有持有不能過樟木頭證件的人都要下車，沒有許可證件的人立即被拿下，帶走。

列車向南行就越近香港了，所有沒有邊防證的人都要在天堂圍站下車。列車慢慢停下了，那裡工作的人也重複著樟木頭車站的表演。下車出了站，有不少載客單車接客，付錢載你到不同的村莊。約一小時左右，單車走過了田間凹凸不平的小路、田基、河塘、破落的村舍。我們被載到離朱古石村不遠的地方下了車，我們三人步行進村。一進到村，第一件事就去見副生產隊長，一條村就是一個生產隊。到了他家，副隊長從椅子上站了起來，個子中等，他有著乾瘦、被太陽曬黑、皺皺的沒笑容的臉。我們送給副隊長幾塊香皂——農民都沒有香皂，甚至在廣州這也是短缺的商品。這時，我留意到副隊長手拿著香皂，臉是笑咪咪的，好像很開心。我們告辭了他，來到門外，剛要離開時，來了五聯大隊長劉石煌，一個高瘦的中年人，穿著灰藍色黨官式的毛裝，他沒有被太陽曬黑的皮膚和滄桑的臉，他不用做農活，雖然是個小村官，但權力很大，因為什麼都受他管控。洪曉初就向我們介紹了他，他一臉嚴肅地看著我們說：**「老老實實改造自己的資產階級思想，不要想著偷渡，因為邊防固若金湯，你們插翼都難飛。」**我們回答說那當然啦，我們會好好改造自己的。

在朱古石生活了短短幾天，我們又為雷仰聖和司徒建國申請到去龍崗公社五聯大隊上寮村落戶的證件。這樣，我們這班低微的麻雀就都聚在一起了，雷仰聖和司徒建國先後也就來到龍崗公社一同準備偷渡香港。

在紅色恐怖籠罩之下，持別是1966至1967年，人們看不見前途，看不見希望，天天生活在恐懼之中。就在此黑暗絕望的時刻，突然一個振奮人心的消息暗暗地傳遍了廣州市每一個角落——馬思聰成功逃亡到了香港，證明無論他們控制得多麼嚴密，又用盡了所有的恐怖手段，都是有漏洞的。

為了得到更多的真實信息，當時不少人想盡辦法偷聽香港電台、澳洲電台和澳門電台，當局一直在封鎖海外電台，很多雜音，美國之音就最難聽到。這些海外電台統稱「敵台」，偷聽敵台是大罪，是反革命。但是那時很多年輕人自已為了能偷聽「敵台」，需要質量高的短波收音機。那時買一架收音機很貴，還要工業票，而且是收不到「敵台」的。一傳十，十傳百，所以大家都在做短波收音機，目的是偷聽國外廣播，令到廣州很多電子零件缺貨。我五叔何潤君時常出差，有一次他出差去上海，我托他給我在上海買電子零件做短波收音機。五叔回來後，他把一整套收音機零件送給我，當時我高興了好幾天。我用這些零件也做了一台短波收音機，但總未能收聽到任何「敵台」。記得一次，去一同學家裡偷聽「敵台」，我們一幫人在他家天台的小屋偷聽香港電台，突然進來一個穿警服的「二叔」（當時廣州人對公安的稱呼），我們一幫人嚇到心都跳出來了，同學說：「不用怕，是自己人。」

那時有一股暗流在廣州市湧動著，人們暗中在談論偷渡香港、澳門。大家用一暗語叫「督卒」來代替偷渡。「督卒」是從中國象棋那裡得到的靈感——卒仔過了楚河就可以横衝直撞了，自由得多了，即暗喻誰人過得了深圳河，就能脫離紅色恐怖，得自由了。人們暗中串連，談論著各種方法途徑。也不知誰從哪裡弄來了一張很詳細的邊防地圖，有人說是從廣州軍區流出來的，於是一傳十、十傳百地傳開了。人們用半透明的繪圖紙，蓋在翻製的地圖上再描一次，這樣你給我翻，我給他描，幾乎想逃亡的人，人手一份，我也描了一份。幾個志同道合準備逃港的人就暗中串連，打開地圖研究路線，水路陸路不停地推敲。除了地圖的翻製，另外大家又互相研究做證明和舊證明翻新的各種方法，其中最常用的一種方法就是把用過的證明翻新。如果是用墨水筆或原珠筆寫的、用過的又或過了期的證明，首先把證明浸在灰錳氧（高錳酸鉀）的溶液裡，也有人用雙氧水，先令墨水氧化，然後取出證明，再放進梳打溶液裡還原，然後證明上所有填寫的字都不見了，只留下證明上用油墨印刷的黨政機關名稱及證明上的油墨五角星公章，陰乾後用熨斗燙直，那時未有電熨斗，只有燒炭或燒煤的熨斗，這一環節需要很小心進行，因為一不小心，一張「全新」的證明就給弄髒了，在燙之前，在証明上蓋上一塊布再燙。過了這關，一張全新的證明就面世了，然後按你自己的需要填寫內容。在此境況下，人們好像忘記了危險就在周圍，隨時有可能被發現，一個「投敵叛國罪」，可是死罪。這是唯一的方法，也是唯一的希望，是用生命換自由的唯一希望。我又聽到說，有人到動物公園偷老虎、獅子的屎，曬乾了，在偷越邊防時帶在身上，傳說軍犬聞到獅子、老虎屎味就不會追過來。什麼古怪的方法和傳言都有，也不知哪種方法可靠和可信。又不知何時，有一計算潮汐漲退的公式流傳，如果走水路的話，一定要知道什麼時候退潮，漲潮時是無法逆水游泳的。

（二）探路

我們出入都要向公社申請證明坐火車，一旦公社拒絕了，我們就用舊證明變新證明的方法，自由地在廣州、龍崗兩地出出入入，毫無阻擋。其實生產隊只關心我們有否做足夠工分，足夠有餘工分抵扣我們預支的糧食、油、糖，對於我們回廣州的次數，不太關心。所以我們經常在過年過節時申請證明，取道天堂圍乘火車回廣州，主要是回到廣州可收到各種地下信息。每次回廣州都會和梁家棟（在寶安西鄉落戶）、梁啟明（在東莞石排落戶）、余敏（在寶安南頭落戶）等在廣州一起互通信息。余敏並沒有逃港的念頭，主要是擔心在香港無親無故，不知如何生活。我給他一個香港電話號碼，對他說：「如果我們成功抵港的話，而你又改變主意，可來找我。」每次回廣州，我都四處串連聽信息，和同路人一同研究。一次文琦（作者弟弟）的同學黃家旋來，他在我們龍崗公社南面的橫崗公社下鄉，從龍崗到他處要騎一個小時左右的自行車，一過橫崗就需要有邊防證才能通行。邊防證不能用舊變新的方法，因有兩點沒法做到：（1）邊防證的填寫一定是用墨汁毛筆填寫所有資料，墨汁是不能用高錳酸鉀或雙氧水氧化的，所以我們的方法無法去掉墨汁填寫的資料；（2）每張邊防證上記錄著邊防證持有人十個手指的指紋（籮、篸），不是本人絕對無法通過檢驗。黃家旋來到後，我問他可否到他處落腳再上山，他怕目標大會連累出事，沒同意。於是我們取出邊防地圖一起研究，沿著龍崗到橫崗的公路找一適合地段，看哪地點最好。最後我在公路找到一地點剛好落在需要邊防證的橫崗之前的一條小溪，小溪上有座公路橋，我們可躲在橋底。黃家旋在這一帶地方落戶生活，對那裡比較熟悉，我問他意見，他說地點可以，但那裡夜間有民兵把守，不過十月份農忙收割時，收工已天黑，大家經過了一天十多小時秋收強體力勞動，開完工回到家已很累很餓，明天一早又要開工，就不會有民兵肯去把守。所以十月就無人把守，而且過了十月中，邊防軍換人，舊兵走了，新兵未到，民兵因白天已做到很累，不肯放哨。有了這些信息，我想那樣只能十月中以後才比較安全，但那時已過了中秋，天氣就涼，夜裡還可能寒冷，如走水路海水可能很冷了，這一切都要考慮在內。而且走水路的話，我又怕水，需要克服童年怕水的心理障礙以及我不懂游泳這個要解決的問題。一直聽人說大海無風三尺浪，未見過大海，一切都是無法預估。所以我想，不管走水路、陸路，我都一定要先學會游水。

我們不能紙上談兵，回到龍崗，我就在趁墟（趕集）的時候騎單車到實地去查看地形。我沿著泥沙路面的公路一直向橫崗方向去，找到我在地圖上的地點，單車就停在公路邊上，來到橋上觀看了周圍的地形，再到橋下查看，橋下長滿有人那麼高的植物和草，人可以躲在裡面等到天黑就可以出發。小溪的水很淺，水又很清，可以喝了水才出發。橋南面不遠有一條村庄，村庄被水稻田包圍著，過了村就有山，再後面的山很高，從朱古石到這裡要差不多一個小時。公路上車輛很少，但一有汽車駛過就揚起很大的塵土，令人氣也透不過來。

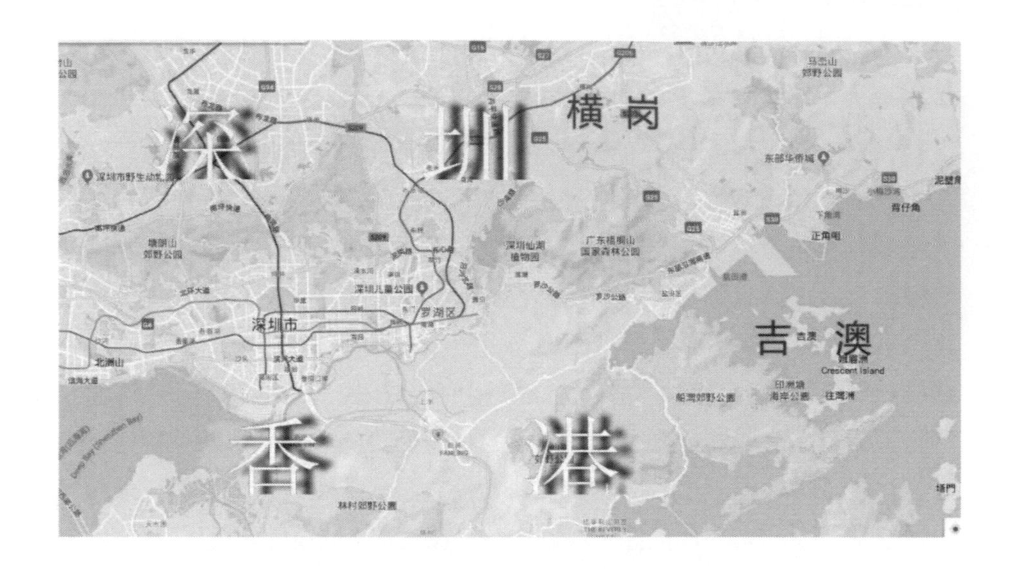

所有情況我已掌握了，慢慢地我心中盤算的計劃已經形成了，計劃如下：

（1）我選擇了水路，所以一定要學游水。

（2）我們要準備：食物、指南針、手錶、游泳救生圈。

（3）我們四個人或五個人分兩隊，每隊不能多過三人。如果多於三個人，通常會被共產黨指為有組織的偷渡集團，萬一被捉住就會判刑很重。所以每隊在三人以下，就不是集團了。如果剛好碰上什麼特別時期或運動，集團中年紀最大的會被指為集團首腦，判刑特重。又要看當時政治形勢而定，有可能被用來殺雞儆猴，判槍斃。

（4）其他人從廣州出發，不入朱古石村，但是我和仰聖各自先回村做準備。

（5）第一隊兩人或三人，從廣州乘火車到天堂圍，我和仰聖去天堂圍接了人就直接從天堂圍火車站去到橫崗公路橋底躲藏。然後我們回村，如果第一隊有三個人的話，我要多走一趟，再送仰聖到橋底和其他人會合。第一隊等到天黑就向南直走上山，希望在天亮之前爬過最高那山，然後找地方躲藏休息，再看情況而定。傍晚再下山，到大梅沙，待退潮時下海，游水到香港的吉澳島，然後找香港警察幫助到市區找親人。

（6）第二隊第二天出發，曉初從廣州乘火車到天堂圍，我騎自行車去天堂圍車站接曉初，直接去橫崗橋底。等天黑把自行車收藏在橋底草叢中，然後向南走上山，再下山到大梅沙，待退潮下海……如第一隊一樣。

計劃大概如此，只是看看到時行動是否需要再作修正，因為不知有否突發情況出現。

偷渡前三個月，我回廣州學游水，先和漢槐去東山兒童池學浮水——下水前深深呼吸，以壯膽色，心想兒童池那麼淺，我又那麼高，水又是平靜的，心裡在說「不用怕」，就開始從淺處入池，有漢槐在旁邊保護著我，心就定了。兒童池的小孩子們都好像在看著我，雖然我有點覺得羞，但沒有辦法。這天我學浮水，當我能浮起來後就開始划水——蛙式。第二天我們又來，就是學呼吸，慢慢地掌握了要點，那就游遠一點，又遠一點。幾天學習後，能先游一個池，到來回兩個池，再到幾次來回。差不多了，就去珠江邊的紅樓泳場，來回不停地游。當時有心逃共的人叫這個做法是「捱池」，一小時、兩小時、三小時，越游越久，每次去游完三個小時上來，都覺得頭重腳輕，心悶發嘔。每次去紅樓都有年輕人也和我一樣在「捱池」，一游就游兩三小時，「捱池」的人不用說，只有一個目標。最後我去獵德游珠江，那裡江面寬，可練膽色，直到自己充滿信心。但是海不同江河，雖有信心但還需要有「膽」——即游泳救生圈。

（三）啓動計劃

1969年中秋前，我們回廣州過節，準備在10月19日執行我們的計劃，因為過了10月1日中共國慶，又過了雙十民國國慶——這兩個令當局緊張、防範嚴密的日子。根據黃家旋的信息，知道農忙民兵太累不願去放哨，又因天氣冷並非夏天游泳偷渡多發的季節，共軍調防，兵力減少，因此防守鬆懈。

回到廣州，第一件事，就是準備所需逃亡用品，購買了指南針，我已有一隻手錶，是我爸給我的舊手錶。對於我們最重要的是要買到游泳救生圈，對於那不可預測的海洋，救生圈是安全渡海的保證。那時到處都沒有得賣，大大小小商店都找不到。所以人們偷渡就用替代方法，最多人用的是排球膽。幾天下來去了不少百貨商店、運動用品店，都買不到，心裡想只能用其它替代品了。我帶著失望的心情走進永漢路這間百貨商店，它是在廣州最老的粵式西餐廳太平館對面，走到運動部，有一女售貨員在櫃檯整理貨物。我問她：「有沒有救生圈賣呀？」她轉過身，看了我一眼，就彎下腰查看一木櫃，接著她問：「你要幾個？」嘩，我真不敢相信我的耳朵，心中暗暗高興，我問她：「有幾個？」她說：「只有三個。」我說：「全部給我。」她用報紙包好，開了發票，我就去付錢。這救生圈是藍色，看起來還是質量好的那種。付款後，取了貨，我用力把救生圈壓到最小放進了書包，急急離開了。回到我住的地方，當我上到二樓時，剛好碰到住在二樓和我同齡的陳英旋，打了個照面，我不知他是有意或是無意，他剛好一手碰到我的書包，可能他覺得有彈性吧，接著他對我說：「今年春節見不到你了。」我笑而不答，可想而知，那時廣州的年輕人的人心取向。地下和二樓都住著街道組長，不時有四隻眼睛監視著進進出出周圍的人，所以做什麼事情都要小小心心的，少說話為妙，一不留神就出大禍了。

我們計劃準備五個人分兩隊偷渡，有我、我弟文琦、仰聖、曉初及漢槐。漢槐對他媽說想參加我們的計劃，偷渡去香港。因為這實在是高度危險的事，他媽哭著對他說：「你其他兄弟姊妹不是下了鄉，就是在外地工作，我身邊就只有你了，萬一出了事，你叫我怎麼辦？」最後漢槐決定放棄計劃，留在廣州照顧媽媽，也是盡孝了。這次我們五人除了曉初，又碰頭商量，其中又多了李湛峰，李湛峰是仰聖和漢槐的七中同班同學。漢槐坐下就說：「現在我們家只剩我媽和我在廣州，其他兄弟姊妹都在別處工作或下鄉了，為了陪我媽，我決定不參加你們的行動。」漢槐的決定我們沒有異議，漢槐剛一說完，湛峰就立刻開口，要求參加我們的行動，代替漢槐的空缺。我們計劃五個人，而且他也參加過我們一些偷渡的探索會，我們也同意了，大家分頭準備。然而曉初放不下他的情人，每次討論偷渡的事他都不參加，只是去拍拖（談戀愛），而且就在參與或不參與之間時時搖擺不定，雖然他對祖穎依依不捨，但是如果他不走，就只有他一人留在朱古石村，那他要面對不少壓力，又看不到前途，我也知道他的難處，難做一個決定，當然我希望他能一同和我們走，最後他還是選擇了一起參加行動。

1969年10月中我和仰聖先回龍崗做準備，我包好行李出門時，鄰居張師奶（夏偉南）拿著一個豬油鐵罐追著我說：「阿彬，麻煩你春節回來給我買罐花生油過節。」我一愣，不知怎麼說，那時一個豬油鐵罐也很值錢，因為有錢都買不到。我明知不會回家過節的，怎麼辦，又不能直說，那時她已把油罐遞給了我，只好伸手拿了她的豬油罐，答應幫忙。但我心中一直都內疚，令她想過一個有油水又美好（那時的希望就是那麼簡單）的春節的希望落空，不但春節沒有油甚至連這個有錢都買不到的豬油罐也一去沒有回頭。我父母都一樣，叫我兩兄弟今年回家過年時買些油和糖。為了不令他們擔心，我不能告訴他們我們這次回村是去偷渡的，但我不知他們有否覺察到了。雷仰聖媽當時在鐵路局工作，她托鐵路列車員從上海走後門買到兩條一斤（500克）裝的朱古力（巧克力），很讓人驚喜，那是很好補充體力的上佳食品，市面都沒有得賣，很久都未見過朱古力了，所以那時連作夢也不會夢到的東西，仰聖竟然有。我們帶了夜光指南針和手錶，我又穿上一套比較新比較好的衣服，這樣不易破。我們從廣州坐火車到天堂圍站下車和往日一樣，再付自行車費僱人載我和仰聖分別回各自的村。到了朱古石，在不遠處我下了自行車，走進村，村裡的小孩見我入村，很高興向我報喜說他們家有電燈了，看來我們做的工作開花結果了，也可算是我們離別的禮物吧。（編者注：指作者帶來技術，生產了有機玻璃為生產隊帶來收益，使得生產隊有錢安裝電燈）雖然準備偷渡，但還是做得和平常一樣才可，放下行李，給治保主任送糧票，給副隊長送香皂。做飯時候，團書記和民兵隊長來了，我沒裝上電燈，我在油燈碟子加了點油，點著油燈做了三個人的臘味飯，又煮了開水泡了本地像樹葉一樣的茶，款待他們兩人。夜幕慢慢降臨了，大部分村民都開了電燈，除了那些貧窮戶沒有錢參加這盛會。在外面一看，周圍的村都是黑黑的，沒看到一點光，只有這個村有亮光，看著這光，我也有點自豪了，因為我為這光也出了一份力，使人們改善了生活，原來在短短的時間裡，我已對這裡產生了感情。

第二天我照常下田工作，收割番薯，心想我快要離開這些苦農活了，心情很好。正想著，碰到一個老農在路上，他們看見我，就求我買他們的雞，我口袋還有些錢，就買了他們那隻龍崗雞（那時這種私自出買自己產品叫「走資本主義道路」，是政策禁止的，打擊買賣叫做「割資本主義的尾巴」。可能這裡靠近港澳邊防，政策上對這裡的農村有些鬆動，也不能管得太死，否則又引起大逃港）心想吃好一點，用來增加體力，準備渡海，回家用滾水浸熟，剛好仰聖來了，我們兩人一同享用了一頓難得有的大餐。雖然沒有調料可用，但這龍崗雞也真是名不虛傳，雞新鮮，還是很不錯的。那時如果有點錢，在龍崗還能有機會向村民或在墟市時買些吃的，比城市要好，容易吃到雞。在城市，只有過年過節才能一戶配一隻雞，而且戶口人多的人家配大隻的，人口少的配小的，單身配的雞大小像鴿子。離10月19日出發日期越來越近了，我分兩天做了些饅頭，是我們五個人偷渡時用的乾糧，用報紙分成兩包包好，一包大些是三人用，另一包二人用。

10月18日當天如常下田工作，我正在田裡鋤地鬆土，有一上寮的青年村民李子康騎著自行車來到田裡找我，說：「你的朋友發高燒，吃了很多次藥都不退燒。」這李子康在上寮村是住仰聖炮樓對面，家庭成分是富農，父親早在土改時已逃亡去了香港，平時和仰聖談得來，是仰聖叫他來找我，我相信他。但我心想麻煩了，明天下午我們就要開始行動，仰聖要和我一同去天堂圍接應文琦和湛峰，仰聖在此緊要關頭卻病了。我立刻放下手上的工作，去龍崗買藥。

我騎自行車去到龍崗墟那間小小的中西藥店，我要買兩種藥——阿斯匹靈和雙醋酚酊。阿斯匹靈用來退燒，雙醋酚酊是瀉藥。售貨員說：「沒有雙醋酚酊。」我問：「哪有沒有瀉藥？」他們說：「沒有。」按我每次發燒時陳醫生如何給我退燒的經驗，如果沒有瀉藥，燒就退得不快了，我一定要找到瀉藥才可。沒有中藥退燒，我只有用阿斯匹靈代替。

我立刻騎自行車去找「赤腳醫生」，他是幾個大隊的「赤腳醫生」，雖然叫赤腳，但是有鞋穿的，名不符實，而且他的待遇比村民好，衣著也比村民好。去到他家沒找到人，我就騎自行車四處去找，還是找不到。當我正有點絕望，忽然，遠遠看見一小路上有一把花雨傘掩映在樹叢中，那正是「赤腳醫生」老婆的招牌，我就拼命向那花雨傘衝過去，車一拐彎，越來越近，我見到他們倆夫妻，並排而行。全公社只有他老婆穿得最美，時常穿花衣服，別的女人都穿黑色，而她出入都用花雨傘擋太陽，這是他們的標記。我飛奔上前擋住他們問：「你有沒有雙醋酚酊？」他顯得很不高興說：「不認識這藥。」我又說：「那你有沒有瀉藥？」他又說沒有。我說去你家找。他不願意，我說：「我是急著用來救命的，如果你不回家找，我就擋住你不准你走。」於是我立即橫放我的自行車擋住小路。我硬要他去，雖然他不高興，但看著我堅決的樣子，只有同我去他家。他進入他的房間，取出藥箱，我就翻，結果找到一小瓶雙醋酚酊，我立刻倒出一些，叫他包好，就飛奔去上寮村。

天色已不早了，如果還不去就天黑了，急忙上路直奔上寮村，那路都是山路，而且山高，路又窄，凹凸不平，有些路太斜需要推著自行車走。上到半山，看見遠處平時的那小路竟然變成了大路，而且有軍車走在路上。再看，有一碩大的山洞，山洞附近和大路上還有軍人把守，而且那些軍車在山洞進進出出。我驚奇不知什麼時候有了這大路，而且還挖了那麼大的一個山洞在半山腰上。仰聖說：當時軍人在山上挖備戰隧道，曾駐軍在上寮村。

進了村，太陽已下山了，見仰聖躺在床上，我試下他的額頭，還有燒，他沒有什麼力氣。我把藥包打開，對他說：「這兩粒是瀉藥，吃了後你會肚瀉，但不要怕，瀉完幾次，瀉清後再吃阿斯匹靈，燒就會退了，明天就好。」仰聖沒有胃口，我自己吃了些東西。仰聖吃了瀉藥，一小時左右就開始瀉了，夜裡外面的風又大又冷，他在門外不遠處解決了，回來就說，外面很冷，屁股都凍硬了。那時各戶都沒有廁所，只有村尾有公廁，公廁建在一茅草屋內，每個廁所有兩塊木板，人就蹲在兩塊窄木板上，大便落到化糞池。我們的廁所真是千年不變，正如宋詩所描述：板窄尿流急，坑深屎落遲。仰聖來來回回幾次，直至不再瀉了，他吃下阿斯匹靈，我們就睡了。

太陽慢慢升起，霧氣也漸漸散去，陽光穿越炮樓的槍孔，照在床上，那時沒有天氣預告，醒來一看，迎來了一個晴朗的秋日，今天行動是好兆頭。我問仰聖怎樣，他說他的燒退了，有精神了，想吃東西。我們做了早飯吃，仰聖把準備好的偷渡物品放進書包裡。我們就一同下山，自行車飛奔在凹凸不平的小路上，快速地向山下走，不久就落了山回到朱古石村，準備下午行動。

（四）游向香港

官沛霖是從廣州被紅衛兵遣送回鄉的華僑地主仔，他是印尼1965年共產黨政變奪權失敗、排華的受害人。共產黨的失敗，使很多無辜的華人受害，他還算幸運，沒有被殺。從印尼回到廣州生活，在廣州結了婚。他回來後才知道在中國，人被劃分為不同成分——變相的等級制度，他被劃為華僑地主成分，因他的父親在印尼賺了錢就回鄉買了些田地。文化革命時不細分，統統是地主，是階級敵人。他和他老婆被鬥爭後，一同被押送回鄉，來到姓官的這條村，這是他祖宗的本村，住在帶炮樓的一間屋。他們兩夫妻也想偷渡去香港，但因成分不好，不太敢冒險，沒有下很大的決心。因為大家都從廣州來，又都有同一目標和話題，所以就談得來，我們不時都有來往，傾談、研究偷渡之事。官姓這村就在從龍崗去橫崗的公路附近，我們平常趁墟都會經過他們村，有時會順便去探望他們。我們這次行動就需要兩輛自行車運作，但我們只有一輛，所以要借用他的自行車。

10月19日，剛病好的仰聖和我從上寮村回到朱古石，第一隊準備了三包偷渡的用品，一包內有饅頭乾糧，一包內有一個救生圈和繩索，另一包一個救生圈和一條朱古力（巧克力）。吃過午飯後，一點鐘我們就到官沛霖處，向他借了一輛自行車，並藏下這三包逃亡用品在他家裡。李湛峰個子高，我們叫他高佬，我弟則是矮個子。文琦和高佬早上從廣州用翻新證件坐火車，大約兩點鐘到天堂圍車站，這天堂圍車站是在東莞境內，是寶安和東莞交界處。一點鐘左右，我和仰聖騎自行車去接他倆，約一小時，我們到了天堂圍車站等候火車。那時的火車很慢，那一百多一點公里的路也要好幾個小時才能從廣州去到天堂圍火車站，列車徐徐進站，同樣的戲碼在車站平台上演，迎接列車進站。人們下車開始出站，不久見到文琦和湛峰走出來，我們迎上去，接了他們兩人，直接到官沛霖處，取了那包饅頭乾糧、救生圈和繩索，又給他倆一個夜光指南針，湛峰有一手錶。我再重複告訴他們的路線圖，並提醒他們如果有什麼意外發生，入黑都不見仰聖到來就不要等，自行上山。喝了水，我們四人，兩輛自行車向橫崗方向前進，一直到預定的公路橋，不久，看到小溪和橋了。來到橋前面，我們停下來，文琦和湛峰察看了四面沒有人時，立刻衝下斜坡，跑進公路橋底躲藏在草叢裡。

我們的原計劃是文琦、湛峰、仰聖三人一隊一同走。先由我和仰聖送文琦和湛峰到橋底躲藏後，之後我和仰聖就回官沛霖處，把自行車還給他，再由我送仰聖去橋底和他倆會合，我就回朱古石村，他們三人天黑後向南行上山，翻過山，下了山就到海邊，到大梅沙，待退潮就下水游去香港吉澳島上岸。第二天10月20日，我一人再去天堂圍車站接曉初，然後直接去預定橋底，自行車和我們倆人一同藏在草叢中，天黑後就撇下自行車，向南行上山。

我們看著文琦和高佬鑽進入草叢後，遠望過去一點也看不出有人在那裡。我和仰聖就騎車離開，回官沛霖處，把自行車還給官沛霖。當我準備再騎自行車送仰聖去橋底和他們兩人會合時，但見仰聖已經太累，無力地坐在地上，因為他今天早上才剛病好，又來來回回奔波跑了那麼多路，體力消耗太大，再加上偷渡當然心情緊張，我想緊張引至能量消耗會更大。不論怎麼說都是要冒很大危險的事，而且有可能要付出生命的代价。最後我們決定改變計劃，讓仰聖休息，明天再三人一起走，因為計劃改變，本來不需要官沛霖幫助，現在的情況改變了就需要他的幫助。因為橋底的草叢要躲藏三人和一輛自行車，恐怕容不下。我和仰聖就離開官沛霖家回朱古石村，吃過飯就休息了，可能因為今天的操勞太累又緊張，消耗了不少精力，這夜我睡得很好，心情也不緊張，對我們的行動信心十足，總是感覺神在一直看顧著我們。

1969年10月20日，這是我踏出逃離中國第一步。我們吃過午飯，帶上偷渡所需物品，臨出門前突然有點惆悵，對村民不捨之情油然而生，我想起了貧困的劉佛連，他們一家連棉被都沒有，於是我把我的棉被捲起來，和一些有點用的東西一起放在我的床上，並寫上送給劉佛連，再把文琦和曉初的棉被也捲起來和我的放在一起。治保主任，一家都只能半飽的生活，我在那袋米寫上送給劉××（治保主任）。走出門，往裡望了最後一眼，把門關好。我載著仰聖騎車到官沛霖處，仰聖在沛霖處等我，我去天堂圍車站接曉初。

和昨天一樣，火車進站，那些在火車站工作的人和平常一樣舉起毛語錄和毛像立正，迎接掛著毛像的火車進站。接了曉初直奔官沛霖家，我們喝了水，拿了乾糧、夜光指南針、手錶、繩索，因昨天仰聖沒去成，所以我們有兩個救生圈和兩條朱古力。我載著曉初，沛霖載著仰聖向橫崗進發，到了預定地點，曉初和仰聖揹著書包，看看四面沒有人，立即跳下自行車衝下斜坡到橋底藏起來，我們四周察看，他們隱藏得十分好。我和官沛霖離開，回他家去。我身上帶著七元人民幣，那時算是不少錢，我對沛霖說：「你不要留著我的自行車，因為是廣州牌照，很易被人認出，萬一被認出，那你就有麻煩了。這裡有五元人民幣，送完我後，如時間早你就直接去天堂圍，否則最遲明天，把自行車托運去廣州我父親收，然後你僱自行車載你回村，這五元足夠所須費用有餘。」我自已留下了兩元人民幣以備急須之用。然後我說，不早了，我們要立刻起程，沛霖用我的自行車載著我到了預定地點，我下了車，四面看過，沒有人，立刻衝到橋底和他倆會合一同藏起來。時間過得好像特別慢，我們在草叢中養神，周圍靜靜的，只有小溪的流水聲。好不容易等到天全黑下來，我們在橋底的小溪喝了水就開始出發。到這裡下放，我們知道了在漆黑中走路的口訣是：「黑泥，白石，光水氹（窪）。」有時候黑到伸手不見五指，漆黑一片，這個口訣也幫不上大忙。

我們沒有路可行，只是靠指南針一直向南。出了橋底向南行，過了公路就是水田，一片連一片。走了不久，我們前面是一村庄，人們都睡了，靜靜的。當我們走在田基小路上，遠遠繞過這村庄，有時驚動了狗兒，但沒人理睬那些亂叫的狗。過了村不久，一座山擋在前面，我們看不見路，只有叢林小樹，我們只有在叢林裡穿行上山，一直向上爬。我們一點也不累，努力向前行，什麼都不顧地努力向頂峰奮進。我們三人要穿越許多一人高的密叢林和野草，樹枝刮著我們的臉和衣服，我們一點都不覺得累，因為自由在召喚，腎上線素不停的激動著我們，我們精力充沛，奮勇前進著。仰聖揹的書包被樹枝扯斷也沒發覺，書包裡有救生圈和一條朱古力。也不知爬了多久，差不多去到山頂，仰聖發現他的書包掉了，即是掉了救生圈，這樣三個人只能用一個救生圈，如果碰到什麼意想不到的事情，比如救生圈漏氣，穿了洞等，是十分危險的。所以我們決定回頭去找，怎麼找呢？這時天還黑，山上都是霧氣。我提議這樣尋找那失掉的救生圈——三人分別砍了三根樹枝，去掉前面的樹葉，留下枝丫沿著我們行過的路四面拍打，如打到救生圈就應會覺得有回彈的力。不久仰聖果然有發現，拍打到那救生圈，有反應，我們走近一看，總算沒白費，找到那救生圈，我們真幸運。

找回救生圈，我們立即再爬上山，天慢慢地亮了，太陽慢慢上升，天空越來越白，但霧氣圍繞著我們，爬到山頂才發現山頂沒有什麼樹，光禿一片。天大亮了，往前一看，山真高，一陣陣寒風吹來，往南一望，景色令人驚嘆不已，看著那無邊的澎湃碧藍的大海，泛著白浪的大鵬灣就在山下，這就是我們為了自由、預定要征服的大鵬灣！四圍的景色真美，看那無邊碧藍色澎湃的大海，和那高聳翠疊的山岭連綿不斷，青蔥翠綠，真是一幅美景，它無不歌頌造物主對人之美意，與祂的權能，使我肅然起敬。啊！這是我們美麗的中國，但是被那西方「馬列」荼毒了的國民，正在互相廝廝殺殺，他們都生活在紅色暴政之下，為了自由，我們沒有別的選擇，小麻雀要飛離了。

我們找了個隱蔽的地方休息，才覺得肚餓，取出乾糧吃，並警覺留意周圍的環境，準備好好休息，等候今晚的衝刺。然而天開始下雨，風又大，霧濛濛，我們全身濕透，冷得發抖，牙打牙，三人靠在一起取暖。今天的天氣變化不定，並非我們能預估的，可能不是一個蹈海的好日子。

雨停了，有少少陽光，四圍一片靜寂，和喧囂的文化革命相比是兩個天地，那種寧靜是多麼的祥和，感到就是在天堂裡，又好像躺在造物主的懷裡那樣的接近祂，又覺得好像在真空裡，但只有風聲。我們慢慢爬出來，警覺看著，四圍什麼都沒有，往下看，山下很遠的地方有螞蟻般大小的人在勞作，除了那些人外什麼人都沒有。這山很高，我想除了偷渡的人，根本不會有人上來。我們的膽大起來了，大搖大擺地在山上走。我們又冷又濕如果不動就會更冷，如果向前走，活動手腳還能提高體溫。雖然估計不會碰到人，但還是有冒險的，我說我們現在可下山，走一段路，天黑了我們就可以少走一段路，早些到達海邊。大家都同意，我們開始下山，走著走著不知不覺，我們被霧包圍著，我們一直在霧裡行。也不知行了多久，我們取出指南針一看，我們走錯了方向，但是我們大家都覺得方向沒有錯。然而指南針顯示不對，大家都知道磁場或鐵礦等都可能存在，影響到指南針的準確性。我們現在不知如何是好，我們的位置在哪裡？全不知，應該停下等霧散，還是按著感覺行或按指南針行？我真不知應如何做，我心里暗暗禱告：「主啊，如果是你的旨意帶我們到香港，求你幫助我們，我們現在不知該如何做。」剛禱告完，就好像有兩隻看不見的大手把厚厚的霧推開，立刻太陽出來了，碧海並不在我們前面，我們走錯了方向。我們立即轉向，面向大海前行。我們已經下到半山，太陽慢慢躲開我們下山了，找到一處安全地方藏身，我們吃朱古力、乾糧，又找到小溪喝水。

天黑了，山下有一村，我們要遠離那村而行，我們用退潮公式算了這些天都是晚上八點左右退潮。天越來越黑，氣溫越來越低，風也越來越大，漆黑不見五指，也沒有月光。我們艱難地順著小溪小心而行，水往低處流，以為小溪的水會流向大海，於是我們就順著小溪行。海浪聲越來越響，我們心情也越來越緊張。順著小溪走著走著，我們看見前面白茫茫的一大片，大海就好像在前面，我們爬爬走走，前面沒有大海，只有一堵大大的白墻擋住去路，墻有一個半至兩人高，這下我們呆了，明明是大海，怎麼變了一堵人墻。心裡真疑惑。我一定要知道墻後是什麼，仰聖高大，我站在他肩膀上爬上墻，往內望，不看不知，一看嚇一跳，稀稀落落的幾條繩了掛著幾件軍衣，有房了，但沒任何光，原來是兵營，甚至還聽到士兵的鼻鼾聲。我立刻下來，我們馬上回頭向山上走，慌慌張張地也不知走了多久，也不知我們的位置，也不知大海在何方向，但聽到海濤聲，相信這兵營就在海邊上，現在只是希望遠離兵營。寒風吹來，天冷得很，我們看看那夜光錶，已快大亮了，只有向山上走，要找地方藏身，農忙季節村民很早就開工，我們也看不清周圍環境，找到一大片樹叢，就往裡鑽。

慢慢天亮了，我們休息了一會，就覺得肚餓，我們吃了乾糧和朱古力，要在這裡等到天黑。這天太陽很猛，我們越來越熱，和昨天的寒冷正是冰火兩重天。我們兩天都沒有大便，慢慢地我們的生理需要來了，在叢林裡找個地方方便了。好不容易，樹影越來越長，我們的叢林裡，陽光透過葉影點點的撒落在地上，像一片片的小金箔。突然我們聽到人聲，跟著腳步聲也越來越近，透過樹叢看見了人腳、水牛腳在我們的眼前經過，村民收工回家了。我們心理一陣惊慌，現在才發現我們就躲在一條路邊上，沒有辦法，只希望不被發現。突然有兩條黑狗衝進樹叢，我們心想，這次完了。那兩條狗四隻發光的眼盯著我們，我們動也不動，六隻眼睛望著它們。大家對望了約一分鐘，兩狗一同後退，準備離開時，聞了聞我們的朱古力屎，可能味道不對沒有吃，一聲不響走出樹叢，我們鬆了一口氣，不久村民都遠離了。

天越來越黑，今晚很熱，沒有風，月亮當空時把地照得白色一片，有時候月亮又被雲遮掩著一片黑，還有些時候月色朦朧。我們吃了乾糧、朱古力，爬出樹叢，向南下山，藉著月光，我們看見不遠的大鵬灣閃著點點銀光，就像一條銀河漂浮在漆黑的大海上。當等到雲層掩蓋月亮時，就是我們行動的好時機，我們立刻向大海奔去，月亮出來時就躲一會，這段時間很難熬，心情緊張。四圍靜悄悄的，只聽到海濤聲越來越大，大海就在一箭之遙，前面近海邊是一大片野草地。我們找了個隱蔽的地方，眼看著大海，認真察看有沒有哨兵、民兵，一切要小心行事。沒有任何動靜，過了八點，按退潮公式計算這天是八點左右退潮，我們決定最後衝刺。爬出藏身之處，慢慢地走，快到海邊，海水拍打著海岸。岸邊有一大石，我們認為那是一個很好的掩體，當天一黑，我們立刻衝出去躲在大石旁邊。立刻脫了鞋和衣服，這時我發現鞋和衣服全爛了，脫完立即走入海水中，一邊走一邊吹救生圈。水越來越深，我們一邊游水一邊吹，很艱難地把兩個救生圈吹滿氣，再用繩索把兩個救生圈和人綁起來，以防被海潮衝散我們。我們拼命游，希望快點離開。海上漆黑一片，那朦朧的月光為我們送行，天氣不冷，海水曬了一天太陽，還有點暖暖的感覺。在我們右邊沙頭角方向，遠遠看見有幾點黃色的燈光，離我們很遠處有一特別亮的白光在海面上不停地移動，我想可能是共軍的巡邏艇。下了水的仰聖特別生猛，我們向著目標前進，勝利就在前頭。這時想起我第一次進村時，五聯大隊黨委書記劉石煌說的：**「老老實實改造自己，不要想著偷渡。我們的邊防固若金湯，你們插翼都難飛。」**但是他想不到我們是一群長魚翅的低微的麻雀，當他發現他鳥籠裡的麻雀完全都飛走了，看你怎麼樣向你的黨交待——連達爾文都會感到意外，麻雀竟然長出魚翅來了，我心裡在暗暗地偷笑。

（五）元朗差館

海浪四面圍繞著我們，在一片漆黑中，海潮推著我們前進，離海岸越來越遠，雖然我們不知海潮會把我們帶去何方，也可能帶到無邊的海洋，永不回頭，但心裡卻沒有了懼怕，反覺得在大海裡浮沉有一種從沒有過的平靜和安寧，比生活在大陸更平和。我又覺得，時間在此時好像失去了控制力而不存在一樣，因為我們不知道是什麼時間、游了多久、位置在哪裡，我的錶也停止了工作，我感覺身心都十分舒暢，海浪並沒有想像中那樣洶湧，那一定是有上主在我們的上面看顧著，這麼多個月來的計劃和努力，現在已經可以放下了。我感到是一種前所沒有的解脫，海潮推著我們離開大陸——我的祖國，越來越遠，那裡有深厚獨一無二的中國文化、美麗的山川、我生活的記憶和足跡，但在共產黨殘暴的統治下，我們毫無留戀，但那裡還存留著我們掛念的親人朋友同學，以及飽受共產黨的折磨走向老年的父母。

不知時間過了多久，在漆黑中，突然看見前面有點光，在海中忽隱忽现，隨著波浪在跳動著，隨著時間推移光越來越多，那就是我們的目標，那肯定是屬香港的島，大陸的島根本不會有那麼多燈光，更不用說電燈，那些光肯定是吉澳島了，我們朝那裡游。慢慢地，看見小小海島的型狀，遠處還有漁船，和漁船上的光。當我們游近一艘新的漁船，寫有正體中文字，舉頭看見有一個阿婆蹲在船頭，在燒東西，火光映紅她的臉，她的手在上下不停動著，好像在向我們招手（後來我想可能是重陽節，或者是新船下水，阿婆正在拜神）。我說：「阿婆好像在叫我們。」大家都覺得是在向我們招手。於是我們大叫，阿婆站起來，迅速跑進船艙，不久走出來幾個手拿長竹桿的大漢，並用長竹桿指向我們說：「不要上來。」我說：「我們不會上你們的船，我們是從大陸過來的，要到吉澳島。」其中一人說：「再游幾分鐘就到了。你們要向左邊游去，不要向右，右邊那村是左仔村，捉了你們會交給大陸。」我說好，並多謝他們的好意提醒，於是我們按他們的指示向左邊游。真的不久島就在眼前了，整個島及其島上的燈光都清楚可見了，越游越近，我們試著站立，腳能到地了，我們走上岸，一上岸我們才覺得很累很累，立即雙腿一軟坐在地上，手腳一下變得無力。仰聖突然肚痛，拉肚子。我穿了兩條褲子，一條短褲，一條三角泳褲，他的褲髒了，我把外面穿了一個小洞的短褲給了他穿。我們休息了好一會就走上島，四面沒人，只有漁船的光。但是我們還不放心，還未肯定這屬大陸還是香港，又怕走進左仔村。上到島頂，看到有一間屋，外面圍著鐵絲圍欄。我們翻過圍欄，走到屋邊，透過玻璃窗往內看，是課室，一排排的桌子和椅子。黑板的上面掛著年輕的英女皇像，我們叫了出來，到香港啦。我們站在島的高處回望那漆黑中的、剛剛用生命衝破的大鵬灣。我不禁在想，我們是幸運的，但是，大鵬灣呀，你吞噬了多少被共產黨逼害而罹難的人的身軀啊！鯊魚呀，你吸食了多少共產主義受難者的血啊！

我們再往前行，在島頂往下看，山坡下面是平地，燈光火猛，有不少房屋依山而建，一直伸延到那平地，那裡有不少房屋，好像個市集。我們下坡向那裡走去，進入了一個村，我們在村的小巷走著，看見有兩個人搖頭擺腦地走過來，我們立刻躲在一旁。當他倆行過時，我們把他倆一把拉進巷子，他們被嚇了一跳，我聞到他倆一身酒氣，怪不得行起路來搖頭擺腦的。我們看著他們被驚嚇的樣子，立刻安慰說：「不要怕，我們沒有惡意，也不會傷害你們。我們剛從大陸過來的，要找警察。你們一個去幫我們找警察，一個留下來陪我們。」仰聖手握著電工刀指著其中一個，以防萬一另一個人會去通知左仔村。另一人說：「好，我幫你去找差人（警察）。」然後跌跌撞撞地走了。不久他就領著兩個穿軍裝揹著長槍的差人來了，仰聖見我們現在安全了，悄悄地丟掉那電工刀。我們向警察說明身分，請求幫助，然後那兩人就走了。我們跟警察來到一個祠堂，一個警察說：「我們這裡沒有差館，借用人家的祠堂，來這裡目的就是為了接你們。你們一定餓啦，到門外點個火，晚上都還很涼的，烤乾你們的衣服啦，我們沒有衣服給你們換，我們只是來這裡服役一天，因此沒有多餘的衣服。」其中一個警察給我一些柴、紙和火柴，我們點了火烤衣服。另一警察買了一袋蛋糕和三瓶汽水請我們吃。嘩，真香！真好吃的蛋糕！這些東西，在大陸那時叫做高級餅。

警察問我們說：「你們想去哪裡？」我們看著他，一頭霧水，不知如何回答。他們見我們不明白，就說：「你們想去沙頭角還是大埔？」我們齊聲說：「去大埔，離大陸越遠越好。」那人笑了，又說：「我打個飛電去大埔水警，20分鐘就到。」20分鐘左右，兩個警察戴上帽，揹起長槍帶我們走。我問他們為什麼那樣緊張，還要帶長槍。他告訴我：「早些時，那邊的左仔村夥同對岸帶長槍的民兵來搶人，我們手槍火力不夠，所以要帶長槍押送你們，他們看見我們有長槍就不敢來搶人了。」我們走到碼頭，一條水警輪正在泊岸，我們被交接，上了船。我看那接收我們的水警在報表上簽名，並寫上10月23日0時48分。

約20分鐘，水警輪停泊在大埔水警碼頭，我們還拿著救生圈，一水警說：「你們還帶著這些東西有什麼用？」我說：「留作紀念。」那人說：「來到香港就新開始啦，大陸還有什麼好紀念？」我再看看我的手錶停了，脫下來，後面的蓋沒有了，好像還生了鏽，一齊拋進大埔警署的垃圾桶裡。進入大埔水警署，他們在做交收手續，我們坐在一旁，被問了姓名，說要送我們到元朗差館。之後，我們被帶出來到停車場，上了一輛吉普型的深藍色印有皇冠的警車駛向沒有路燈的彎彎曲曲的柏油公路，公路中間一條銀白色光特別耀眼。我說：「香港的路會發光的。」那警察說：「這是貓眼石反射車燈的光，不是路有光。」車子繞著山，一會上山一會下坡，轉來轉去來到了燈火通明的元朗，車停在差館已是深夜了。警察開了車門，我們下了車。

進了差館，又是交收手續，這次問的東西就多了，我們申報了姓名，出生年月日，和一些個人資料，包括香港有否親人及親人姓名電話等。手續完畢後，我們被帶到拘留所，每人發給一張被子。拘留所有幾個大房間，每個房間都是三面墻，另一面有一大半是由鐵枝和一鐵門組成；另一小半是墻，墻後有個水廁在我們室內，沖廁的拉繩在墻外面，每次大小便後就通知外面警察，他們會拉繩沖廁。房內已有不少人在睡，我們找到床位也睡覺，燈是亮著的，這元朗差館也不小。

10月23日早上，房內的人都醒了，全部人都穿著短褲或游泳褲，一看就知都是偷渡過來的。我聽到有不同警察的腳步聲，不久有一青少年人（十三四歲左右）送來早餐，每人一杯牛奶，兩塊抹有牛油（奶油）的白麵包，分發完我們的房間就去了隔壁的房間。我們吃得津津有味，畢竟肚裡沒有多少油水，那牛奶也很有奶味。那小子送完餐準備離開，有一警察對他說：「你回去叫你老闆賺錢不要那麼黑心。你看這些是牛奶嗎？叫奶水都稀啦，差不多透明那樣。聯合國給他們一天幾圓（無三不成幾，那最少也有三圓港幣。那時香港薪金普遍是兩百多三百圓一個月）伙食，你老闆竟然在牛奶裡加水還加到那麼稀。」我想，我剛才飲的牛奶都不錯呀，有奶味呀！我們真是來到了另一個不同的世界，這裡一杯奶水就凸顯出人性的貪婪，金錢是他們拜的神。我們離開了毛神，現在迎來了財神。那小子送來的午餐晚餐有菜有肉，每餐菜式都不同，味道也不錯，我們吃的，原來都由聯合國那麼大的機構供應給我們的。我們每天沒事做，就是期待聽到他的腳步聲，就知道開飯時間了。我們在房間閒著無事，大家就會互相交流，從哪裡來，哪裡登陸等個人偷渡經歷。其中一人約30歲，看來他年紀最大，告訴我們：他從博羅走路七天，帶著一斤餅乾到邊界游泳過來，那他是離邊界最遠的一個。他說偷渡的原因是他們家庭成分是地主，經歷了每次運動到文革，全家死剩他一個，公社的人四處捉他，他藏起來，無路可走。在朋友幫助下，買到一斤餅乾，只有逃亡去香港，在香港也沒有親人朋友。又進來三個年輕人，都穿著一樣的鮮紅短褲，我好奇的問他們：「為什麼你們都穿那麼紅的褲？」一人答：「因為可以防鯊魚，鯊魚見到紅色會離開。」我答：「鯊魚不是見血就追的嗎？血不是紅色的嗎？」人們無語。後來我才聽說鯊魚的眼睛看東西都是藍色的，聞到血腥味就會追過來。我也不知真假，但那時有關偷渡的各種傳聞都有人相信，只是要用一切辦法保護好自已的生命，不管信息是否正確，都會相信。

我們逃離大陸，為要尋求自由，諷刺的是，我們竟入住了拘留室。我們進去的這天，我被傳去審查室問話，我進去後，被安排坐在幾個便衣警察的桌前。他們問了我偷渡的始末行程和經過、下放到哪裡、那裡的生活和工作情況如何。他們一邊問就一邊看手中的地圖，有時又停下問到某一地點周邊的情況，我們有否碰到邊防軍，如果有，那裡有沒有軍營，有否被捉過。又拿出一些大陸票子，如猪肉票、油票、粮票、布票……之類的票有真有假，叫我認出來和說明各種票子的用途，還問我的各種配額一個月是多少。當問完話，他們對我所說的表示滿意，並讓我回去。在我離開前，我請求他們查詢有否我弟何文琦和李湛峰的消息，他們說，在元朗差館沒有這兩個人，但他們答應幫忙，到相關的差館查問。謝過他們我又回到大籠裡，之後，曉初和仰聖也被分別叫去問話。

其他在我們之後進來的人也陸續被叫去問話，有的問了一次，有的問了兩次。有一警察來又叫了我的名，我以為再被叫去問話，但不是，他們告訴我：「你托我們查詢你弟的事，所有邊界相關拘留逃亡者的差館都查過了，沒有何文琦和李湛峰兩人名字，但沙頭角差館有消息說，前兩天在沙頭角邊界有兩人被共軍射死了，而且看到共軍收屍體好像一個高一個矮。」聽完這消息，我們三人心裡很沉重，悶悶不樂，因為李湛峰確是很高，我弟又是特別矮，而且時間也差不多相符。

10月24日食完晚飯，有消息說，明天星期六我們可以離開。如果星期六不放人就要等到下星期一才能走，大家都渴望著等待明天的到來。星期六估計快下午三點多了，什麼消息都沒有，我們大家都有點失望，準備下星期一才能走。就在這時有警察進來隔著鐵枝說，大家準備好沒有？放人啦，大家立即起來，心情興奮，我們都只有一條短褲，什麼都沒有，沒有任何東西要收拾準備的。

幾間房都一齊放人，差不多有十來二十人吧，我們被帶到一大辦公室，有一長官坐在辦公桌處，我們排好隊，聽著叫名，叫到那個就走到長官的辦公桌前，那長官問了你的姓名，出生年月日，遞給你一張信紙般大的入境許可證（中英文對照），上面寫著姓名，出生年月日。讀了這封用半古半今中文寫的證件，不完全明白，但大約知道是要求我們到「人民入境事務處何文田辨事處」辦理身份證，信上並付有辦事處的地址、電話。我想這些港英的中文文件，很可能是用當年清朝時代通用的官用中文寫的。每人一手都有證件了，但那長官不出聲坐著，我們相互對望，不知何故。等了一會，那長官開口說話了：「你們還有一件事未做。」大家互望，莫名其妙，不知還要做什麼事。於是那警官說：「你們在大陸不是開會、散會都要做一件事的嗎？」一聽大家恍然大悟，都笑了，也不覺得他正在玩弄我們。於是我們中間有一人舉起手叫：「打倒共產黨！」跟著大家不由自主地舉起手叫：「打倒共產黨！」然後那警官說：「以後都不須叫口號啦，你們可以走啦！外面我們的夥記會送各位去同你們的親人團聚，可能你們的親人正在心急地等待著你們呢。」

我們一行人被領出辦公室，來到一停車場，已經有五六個便衣警察（即那長官說的夥記），每個都油頭粉面，穿著花布恤衫、西服、長褲、擦得發亮的皮鞋，很有禮貌在等待及招呼我們。一人說：「請大家聽著叫名，四人一組。」第一個便衣叫了四個人名說：「跟我來，上這部車。」如此幾部私家車都坐滿了人，我和曉初同一部車，仰聖另外一部車。車就開了，離開這元朗差館，經過元朗市區的街道，看見人來人往、車水馬龍，一派繁華景色，商店林立，不少高樓，見人行道有不少小販把貨物舖在地上叫賣。慢慢地駛離了元朗市區，上了公路，四面有田，有山，有不少兩三層的村屋建在山邊，隱現在樹木花草之中。

在香港，警察叫差人，警察局叫差館，當警察叫當差，政府公函寫的中文又用當年清朝的官方通用的中文，看了似懂非懂。到了香港住了一段時間，還有奇特的事，原來這裡新界的人（就是原居民）動不動就祭出大清律例做法律的依據，特別歧視女性，那是舊傳統。新界是英政府向滿清政府簽有租約的租借地，只有99年租約，即是說還是滿清的地方。「差人」兩字是否清朝的用字呢？還有，官員的名稱例如香港總督、布政司、樞密院等等，我想或許都是清朝時的用詞吧，當時滿清就有兩廣總督之稱的官名。還有一個地方叫九龍城寨，這塊小小的城寨地方，中華民國政府和中共政府都從未管治過，所以還是屬於滿清皇室之地，沒有割讓或租給英國。港英政府亦很有信用，對滿清的土地也不行使管治權，也不在那裡執法。那裡住了不少大陸逃港的醫生、牙醫，黃、賭、毒都有，看醫生特別便宜，我就去那裡洗牙、補牙，只付不多的錢。我這個二十出頭的人就橫跨三朝——生在中華民國，長大在共產中國，又逃跑去了一個英國殖民地內的清朝。

（六）成了警察的搖錢樹

小汽車正在開往去九龍的瀝青（柏油）公路上，公路兩旁種有樹，遠處青蔥翠綠的樹林中有若隱若現紅頂白牆的村子，過了一條村又一條村，有菜田、瓜田，但沒有看見多少水稻田，這就是香港的農村。我們看著這個將來的新家園，走了十幾分鐘，那便衣警察一邊開車，一邊逐一詢問每個人和他的親戚關係、親人做什麼工作等。一片閒話家常、輕鬆愉快的情景。我們一面回答一面都往窗外望，看看我們將要生活在一個怎麼樣的地方。

最後那便衣警察問到我的親人狀況，我如實告知：我的外公是加拿大人（註：作者的母親是加拿大傳教士的養女），在香港傳道及辦學。每個人都問完了，他突然轉了話題說：「我們的警察兄弟是否很辛苦幫助你們呢？」我想起吉澳島的警察，確實是辛苦的，沒有一覺能睡得好，又買食物送給我們吃。大家齊聲說：「是很辛苦呀。」他接著說：「那麼你們見到親人時，就記得叫他們多多打賞我們啦！」大家又齊聲說：「那當然啦！」彷彿大家親人的錢是很容易得來的，又或者覺得錢是自己的，都說得那麼輕鬆大聲。

車開到市區，每條街高樓林立，各類不同的店舖連綿不斷，人來人往行色匆匆，車水馬龍，一片忙碌的景像。看著周圍的高樓，想起了那時廣州最高的大樓——海珠廣場的27層樓（當時可能是全中國最高），聽說樓頂還裝有高射炮，他們卻吹噓說能蓋這麼高的樓是掌握了多麼先進的技術，很了不起，但是這裡二十多層的樓房到處都是，大家都好奇地四周張望。車慢慢停了，便衣警察泊了車，轉過頭來對我們說：「你們坐一會，我很快回來，不要出來。」我們大家都只穿著一條短褲或三角泳褲，上身連衣服都沒有，天氣又涼，人生路不熟，怎會出來呢？警察的說話真是多餘的。過了約二十分鐘，便衣警察後面跟著一個人向車走來，車內其中一人講：「那人是我阿叔。」便衣叫了說這話的那人出來，交給他的阿叔帶走了。便衣警察上了車，繼續向前走。轉了幾個彎，車又停下，便衣和剛才一樣，車停在一灰色的大鐵箱旁，他出了車向前面一條路走去。我望出車窗正好對著那大鐵箱，這箱好像是電箱，頂部有散熱的長型開口，箱上寫有黑色的塗鴉大字：「九龍皇帝曾灶財……英女皇你個××（粗口）霸佔我土地……」我心想這個曾灶財是何許人？這些鬼畫符般的塗鴉明顯是反英的，卻沒有人管。這令我想起一次在小學六年級時，一天剛上課到一半，有人走進課室交給老師一張紙，又在老師耳邊講了些話，那人走後，老師叫每人都從拍紙本上撕下一頁紙，然後老師拿著剛才收到的那紙，說：「先寫上你們的名及班級，我現在讀一句，你們寫一句。」老師讀一句，大家就寫一句，直到讀完，那紙也差不多寫滿了，老師把紙都收去了。後來聽說，在某公廁內有反動標語，要查對字跡，要把寫反動標語的人捉出來，公安局對這事十分緊張，在大陸生活的這些年，對字跡的事也發生過幾次。曾灶財寫的是反英女皇的標語，卻沒有人去理睬，我們真是到了一個和以前大不一樣的新天地。不久，那便衣和一個女人同行到車旁，我一看認得是曉初二姑，她以前回廣州探親時見過她，於是那便衣叫曉初出來交給二姑帶走了。這時我聽到有賣錄音帶的路邊小販正在播放錄音帶：「時光一去永不回，往事只能回味……」真的是唱對了，對於以前苦澀的生活只剩下回憶，我們又要面對一無所知的新生活了。車又向前駛，過了不久有一迴旋處，車子繞著迴旋處轉到一條街又直走到一街口轉左上山，不久停在路旁，同樣那便衣去了又帶著一個中年婦女來領走另一人，車只剩下我一個了。那便衣轉回剛才那條路下山，這時我又看見九龍曾灶財這個「愛國皇帝」的墨寶寫在一幅墻上，內容和剛才見到的差不多但又不完全一樣。車在一丁字路口停著，這時我看見前面有一遊樂場，有大字寫著啟德遊樂場。

自稱「九龍皇帝」的曾灶財

車轉左，這時天已黑下來，風又大，街上人很少，好像沒有商店，但有不少大樓連綿不斷，都是些某某工業大廈，有一間寫著新蒲崗工業大廈，都好像關了門的樣子。然後那便衣說：「你的地方我不懂去，你自己下車去找吧。」樣子十分不耐煩，開始時的禮貌全沒有了。我說：「我只穿著一條三角褲，又人生路不熟，外面那麼冷，你叫我如何找？我有電話給你，你可打電話問一下呀。」他又說：「你看，這裡連一間店舖都沒有，哪有電話呀，你下車吧。」我說：「我不會下車的，在元朗差館時，你們的長官說會送我們和親人團聚的，你怎麼可以半路趕我下車呢？你一定要送我到親人那裡的。」他無奈，到了一個地方，一間樓上寫著彩虹邨，在巴士站附近他下了車，說去找電話打，就走進屋邨裡。過了不久回來又對我說：「應該在這裡了，你下車吧。」我還是不肯下車，我說：「剛才你都找到他們親人來帶他們走，現在你沒有找到我的親人來就要我走，我不會走，你一定要為我找到親人為止。」他也不能用暴力趕我，又沒有辦法趕我走，他只有再開車，沒幾分鍾，他找都不用找就去到我要去的地址了，就來到門口，門口上寫著「恩光小學」。這時我可以肯定他是知道怎麼去的，只是不想送我去。

車停在門口，便衣警察和我一同出了車，一進門見到Robert Pilkington（潘敬倫）在辨公室迎面而來，警察說明來意，我們被領上二樓。進入一房間，外公從椅子上站起身，用粵語請那警察坐下。警察說：「你的外孫從大陸非法入境。」外公說：「我可以擔保他。」他說：「不用擔保了，他現在是合法居留，並給了他證明文件可以去辦身份證了。」外公說：「謝謝你們警察。」我跟著說：「是呀，警察為了接我們很辛苦，我們要給他些打賞錢。」警察突然從椅子上彈起來說：「不需要，不需要，這些都是我們應該做的。我走啦，拜拜。」立刻快步出了房門下樓走了，我覺得可笑，剛剛在車上告訴我們，要我們請求家人給他打賞，現在急忙要走，賞錢都不要了。（外公柯理德Harold Collier係加拿大人，1949年前在廣東省陽江縣傳教，是作者母親的養父）

我告訴外公有關文琦的事，說文琦是早我一天起程逃港，我在差館查過找不到他任何消息，我很擔心，不知有沒有辦法去查一下。外公領我到飯廳，看見文琦正坐在那裡吃晚飯，外公看著我吃驚的樣子就笑了出來。

作者的外公柯理德先生（母親的養父）

我洗了澡，換上不太合身的睡衣褲，Helen Willis（四姑黎嫻晶）帶我到附近街市買了些內外衣服、襪和皮鞋等必需品，然後回去吃晚飯。

第二天，我們幾個人聯絡見面，我們都穿了新衣服。曉初說，那送我們回去的警察在九龍城停了車，我們在車等他，他按地址去了找二姑，並告知二姑詳情，向二姑要300元，但二姑覺得多，談來談去，最後給了警察200元，警察收錢後才帶二姑到車上領人。仰聖也是相同情況，仰聖哥哥雷鳴對警察說他是個窮學生哪有錢，最後50元成交。這時我想起便衣警察送我們時，在車上詢問每個人的親人情況，又停車要我們在車內等，原來他是先去見大家的親人，看看大家親人的家境，然後開價收錢，我們是他們的貨物，待價而沽。可能那便衣警察想到在我那裡是沒錢收的，所以要把我趕下車，可是被我拒絕而沒有辦法，被迫送我到目的地。我們千辛萬苦來到香港，而成了貪婪警察的搖錢樹。這裡是和中國大陸絕不相同的百分百的資本主義社會，人們跪拜的是財神，錢是人們唯一的追求的目標。當時香港警察形象，在全世界都知道，是出了名的貪污。但在這裡也要給香港警察說句公道話，自從上世紀70年代初成立香港廉政公署，打擊香港所有貪污，包括政府和私人的，之後香港警察的貪污才停止，直到現在香港在世界上是廉潔的地區，作為香港市民也清楚知道要舉報貪污，不應同流合污。

我覺得奇怪，文琦和湛峰為何沒有找警察幫助。我問文琦，你什麼時候到香港，他說是早我們兩天。我說：「在差館都查不到你和湛峰的資料，你們沒有去找警察嗎？」「沒有。」文琦答，這是他們倆的故事——

文琦和湛峰當晚等到天全黑，見仰聖沒有來，不知我們中途發生了什麼事情，估計有可能我們出了事被捉住，這是他們最不希望發生的事。不管有否出事，他們不能再等下去，就離開藏身之處，向南行上山，繞過那村莊，穿過了水稻田，爬山穿越那沒路只有樹叢和雜草的山，第二天已到山頂，看到碧藍的大鵬灣，就和我們一樣。白天走了一段路，當晚下了山，去到海邊。天氣寒冷，風特別的大，浪高、水急，他們倆被這情景嚇著了，不敢渡海。湛峰對環境不熟悉，由文琦決定向西向沙頭角方向前進，去到海面相對窄的地方，或到深圳河再游泳。他倆白天藏身，黑夜走路，結果走到不知何處，只見水面已很窄，決定不再走，因為越近沙頭角越危險，於是下水游過對岸，他們邊游邊吹水泡，用繩子綁著自己和水泡。他們快游到對岸時，高佬試了一下，能站立起來，就對文琦說，不用游啦，文琦要站起來卻不到底，說：「我還要游呀。」上了岸也不清楚是在英界還是華界，只有繼續保持高度警覺，向南摸黑而行。

天開始吐光了，白天快來了，他們要找一個安全的地方藏身，四周靜靜的，見有很多墳墓，天越來越亮，一定要藏起來了，見有一棺材洞就跳進去躲藏。太陽快曬到頭頂，幸好有大片黑雲，否則曬一天，又沒水，乾糧又全部濕透而且有些發霉，他們也不知自己方位，開始擔心了。中午時分他們聽到有人聲，而且越來越近；聲音很近了，但沒有人過來，好像人們就停在一個地方。高佬有用武之地了——他伸出頭看，看見前面一堆人正在拜山（掃墓），排在墳前有燒肉、燒鴨、水果等食物，在燒香和蠟燭。看他們的衣著光鮮合身，不像大陸人的衣著。高佬把情況告訴文琦，兩人一致認定，那些人的衣著和擺出來的食物在拜山，那時在大陸是不可能有的，肯定他們已身在英界，衡量了風險，決定出來請求這些人幫助。他們兩個衣衫襤褸的人突然出現，那班人嚇了一跳，雞飛狗走地跑，他倆追著叫：「我們是從大陸剛剛偷渡過來的，幫幫我們。」他們停下來，說：「真被你們兩人嚇死，當你們是鬼。」大家都笑了。拜完山，跟著他們走，其中一老者說：「這裡是禁區，我們收留你們是犯法的，不過這一帶很少有警察的，而且從這裡去市區不能走陸路，要用船。」於是帶著他倆回家。請他們和家人一同吃了個豐盛的午餐，擺上燒肉、燒鴨、菜……兩人狼吞虎嚥痛快地吃了一餐。村民代文琦打電話給慕芳姐，她是我媽的老友和湛峰的親人，講好價錢後，又約定地方等候。天黑下來，他們用船把他倆送出禁區，到約定地方交人收錢。慕芳姐帶著文琦去見外公，湛峰的親人帶他去荃灣的家。就這樣，他們在警察的警戒圈之外，平安到達香港。

後來外公從《聖經》裡為我找了個英文名叫Caleb（迦勒），並說：

「迦勒是忠心於神，神讓他們帶領猶太人進入神應許給他們為業的迦南地。」他給我這名字，我想是希望我能像迦勒一樣一生忠於神，所以我曾經想過去做傳道人，我一直留意，但都沒有得到聖靈的召喚。當我有機會時就會向人傳講福音，每個做基督徒的人不能空著手不帶果實回「天家」的。世人都知道：我們來這個世界是什麼也不帶來，死後什麼也不能帶走。但作為基督徒，我們離開這個世界是要帶果實回「天家」的，當你見主的面時，主問你帶了多少果實回家呢？你當如何回答呢？之後，外公又給文琦取個英文名Michael。

在香港，前排左起：余敏、文琦　後排左起：我、雷仰聖、洪曉初

（七）余敏的逃亡故事

生活在香港，亦即是大陸就在你旁邊，昔日的恐懼總是離你不遠。就在1970年，在香港生活的第一年，忘記了是哪月哪天，我剛準備外出，電話就響起來。我接過電話，有人問：「請問何先生在不在？」我回答：

「我就是。你是誰呢？」對方說：「我是警察，你是否認識一個叫余敏的人？」「我認識他。」我答。他說：「你帶些衣物到伊利沙白醫院拘留病房找我們。」我謝過他，立即回房間去。余敏身材不高大，和我弟差不多，我取了些文琦的外衣褲等就去找他們。

去到伊利沙白醫院，見到在急症區一角落上，有一警察的辦公桌子，有警察坐崗。我說明事情原由，那警察指示我到拘留病房。到了那裡，見到有警察在病房門口站崗，我說明原因，他帶我去填寫表格，辦了手續就帶我進入病房。見余敏兩腳都用白紗布包裹著，又微微地吊起來，高度剛剛離開床一點點。我問他：「你雙腳為什麼如此？」他說：「被蠔殼割傷，發炎。現在已不太痛了，但還很腫。」我說：「我能看出來，紗布包得那麼大。」接著我又問余敏：「你那時說香港沒有親人又沒朋友，你不會來，但現在你為什麼又改變了主意呢？」於是余敏講他的故事給我聽：

就前幾天，余敏回廣州探親，然後坐火車回寶安南頭。剛回到南頭，隊長和一民兵來找他，叫他到大隊去報到，他覺得很奇怪，這是頭一次要他去大隊報到。那民兵押著他一同行，去到大隊，見到已有大隊幹部和幾個被管制的黑五類分子在那裡，後來又有民兵押來幾個被管制分子。除了這些人還有黨團積極分子，民兵隊長說：「我們要去深圳開公審大會。」然後帶著一幫人去到深圳的公審大會場。進入大會場，裡面已經坐了不少人，審判台上有三個人被五花大綁，頸後插有一長簽，長簽上有名字，在名字上打上了紅色的「×」，就是表示此人被判處死刑，這三人都是如此，他們三人就像是等待被殺的「猴子」一樣，無助地等待著死亡。他們的胸前各掛有一牌，三個不同罪名：「偷渡集團組織犯——投敵叛國」、「現行反革命」、「地主分子現行反革命」。不久，審判官讀出每人的罪行，都是什麼反對共產黨、反對毛主席、死不悔改、與無產階級專政為敵。這樣就公審完畢，其實沒有什麼公審，罪名都是空洞的。審判官就宣判三人死刑，立刻執行處決，於是六個全副武裝的軍人上到台上，強推著三人，押上在等候的軍車，駛去刑場槍殺，不少人跑到軍車那裡圍觀，甚至有人追著軍車去刑場看殺人。

這場殺人大會結束後，一行人就被押著回村。余敏回到家，一想起來剛才的場境，就覺得一陣陣寒氣從身內流動著顫抖到身外，不禁全身感到一陣寒冷。他想這種大會雖然經常有，但從來沒有通知他去參加的，這次甚至由民兵押著他去參加，是否有些不尋常呢？通常開這種宣判大會不外乎兩種人要參加：一種是被管制的黑五類分子，目的第一是殺「雞」，第二是儆告「猴子」——恐嚇這些「階級敵人」，使他們聽話馴服；另一種是黨團積極分子，目的是去壯大大會聲勢，為共產黨助威，喊打喊殺嚇唬黑五類分子。余敏自問自己這兩種人都不是，天天都老老實實下田工作，也不亂說話。今天發生的事一定內有原因，雖然他不知是什麼原因，但他預感到危險就在身邊，他不能留在這裡了。現在擺在眼前只有兩條路：一條是生路，但是極難行，亦有可能失去生命，但有一線希望，就是立即逃到對面的香港去；另一條就是死路，留在這裡等死。這樣一想，很明顯地就能立刻做出決定，當晚立即行動，不能等了，他把我在逃離大陸去香港前給他的電話牢牢記住。南頭就在海邊，這裡的人除了種地就是養蠔，海邊都是蠔田，雖然對岸就是香港地界，但是你無法越過那些蠔田——蠔殼很鋒利，行走在上面會割肉。這裡的年青力壯村民早已逃到香港去了，剩下的都是老弱殘和黨團積極分子。他別無選擇，拼死一搏，就下定決心，等到天大黑摸出門去，看看周圍的人都睡了，靜悄悄地向蠔田走去。一腳踏進蠔田，鋒利的蠔殼就扎進他的腳，那種難言的痛楚直刺心房。他不能退縮，不顧一切，拼命地走，痛也要走，不敢停。自由在呼喚，勇往直前。慢慢地，他的神經也麻木了，終於走過蠔田，就游水。本以為餘下的路程只是游泳，游不遠就快到香港那邊了，但是香港這邊還有蠔田，來到這裡他已經沒有任何退路了，這難以越過的最後一道墻，不能擋住他的決心，咬著牙根走上香港這邊的蠔田，終於踏上香港土地，他滿腳都是血，還在不停的流。向南走著走著，見有一小屋發出燈光，是一警崗，掛有英國旗，他立即上前求救。警察把他接進小屋，為他止血，並申報事情經過。之後他被送到醫院，他的腳已發炎、紅腫。醫生查看後，護士用藥水幫他洗淨傷口，但是很痛，擦了藥，用紗布包著兩腳又打了針。

過了一個星期左右，警察局給我電話，說余敏可以離開了。我去伊利沙白醫院接了他，出來後立即和余敏去吃了一餐，才帶他回我處。我和文琦、仰聖住在一間房，沒有地方給余敏了。我去找Miss Hayhoe（許姑娘）幫忙，許姑娘把余敏安置在學校地下室的一間房和伍志榮同住。余敏在一間皮衣廠找到工作，從學師一直做到師傅，收入很好，生活安定，香港給了他免除恐懼的自由和安定的生活，他也給香港創造了財富。

余敏的故事還沒有完結，余敏一直不知道他們為什麼被叫去參加公審大會，他很想找到答案。陳福生是余敏和雷仰聖的七中同學，1979年陳福生移居香港，我偶然從一朋友處得知此消息，於是我找到他的電話，相約見面。他一見到我就說，雷仰聖牽累他坐了整整三年冤獄，我問他為什麼，他講給我聽他被逮捕的經過：1970年一天深夜，來了一隊軍警到我家大力拍門，連鄰居都被吵醒了，我父母去開門，以為又是查戶口。門一開，父母被這武裝軍警嚇了一跳。我們一家和往常查戶口一樣排好隊，排好隊就叫我出來，只把我捉去，我從沒有想過這一幕會發生在我身上，查戶口是常有的事，但是這次不一樣，雖然害怕，全身發抖，但莫名奇妙，心裡一直問：為什麼捉我？直到被審訊，才知道我被捉的原因是參加組織偷越國境——投敵叛國，投敵叛國是一個嚴重指控，可判死刑的。

當然我否認這些指控，我自己正奇怪這些控罪從何而來。然後那審判的官問我是否認識余敏，我說認識但只是同學關係。那官說，你是否和余敏組織偷渡集團？我當然否認，我說，我和余敏很久沒有聯絡，余敏在何處我根本都不知道，何來和他們搞偷渡集團！那官對我說的全是「坦白從寬，抗拒從嚴」之類的東西。我根本就不知發生何事，如何坦白呢？最後那官取出一封信給我看，我看了這信簡直呆了，也不知如何辯白。原來這信是雷仰聖從香港寄出給我的信，內容提到叫我去找余敏幫忙去香港，余敏在寶安南頭下鄉。我相信那時從港澳和外國寄入和寄出中國的信，是百分百被檢查的，這麼一封我從未收過的信，一封那麼普通的信怎會引起他們的注意呢？公安掌握著這些資料，我無法辯白，這真是冤枉啊，就這樣我被判三年徒刑。

1980年，大陸改革開放後有一年多兩年，余敏回廣州探親，余敏家人告知他十年前那天他離開廣州回寶安南頭後不久，就有警察來捉他，但他媽不知發生什麼事。再加上陳福生的故事，那麼余敏的故事就完整了。我們的推論，余敏多年的疑團就被解開了：當公安掌握了雷仰聖的信就到南頭捉拿余敏，但余敏那時正好在廣州還未回來，公安吩咐生產隊，如果余敏回來就控制余敏。公安又去廣州捉他，去到廣州找不到余敏，余敏家人說他已回了寶安。這是同一天發生——公安在廣州捉他時，余敏又剛好坐火車走了。所以余敏一回到南頭就被控制去深圳看殺人。那時一頭半個月就殺人一次，特別是偷渡集團組織人物。幸虧余敏夠警覺，立即果斷採取行動——不是每個人都能那麼機警能預感到危機的，而在文化革命期間時時處處危機四伏，因此也加強了人的危機意識，否則不知後果如何。

去年雷仰聖來探我，談起這件事覺得十分內疚，責怪自己那時年輕做事沒想清楚，只是一封幾個字的信就使到老友坐了三年冤獄。我認為這不是仰聖的錯，在那麼一個邪惡的國家，人被分成內外兩種，於是一旦有什麼事情發生，就分為人民內部矛盾和敵我矛盾，你是人民還是敵人，任由他們界定，今天你是人民，明天你可能變成敵人。當我到了自由世界才知道是沒有「人民」這回事，只有公民，因為公民人人平等亦不分內外，他們的中國把人分內外兩種，是不平等的。極權國家如中國用特務加公安這種極端恐怖手段，來對付自己的國民，國民連通信的自由都沒有，信件被嚴查，用盡各種毒辣方法對付自己的國民。像陳福生這樣的事情，也只會發生在像這種極權統治的國家，所以不是仰聖的錯。這種極權國家是反人類的，就不應該讓它存在於人類的世界。

那時逃離他們的國家，不論在東歐或蘇聯都是用生命作賭注的，有幸有不幸。要面對他們的軍警，還要面對不測的大自然，山高水深，還有中港兩邊捕捉野獸的機關陷阱。我們到了香港後不久，約在1972或1973年，（確實年份已記不清楚了）我被一件轟動自由世界、用生命去換取自由的悲劇新聞所震撼。那天不論中英文電視、中英文報紙，新聞的頭條都報導了一則感動人心的新聞——廣州市第七中學一對年輕同學情侶——林進聰

1971年在香港，前左起：雷仰聖、我　後左起：余敏、阿左、文琦

和男朋友王漢傑從小一起學習音樂，長大後一同在七中讀書，後來成為情侶，並被下放到東莞。甚有音樂天分的王漢傑（馬思聰的外甥）和林進聰一同逃港，他們走的是水路，從東莞出發翻山越嶺，爬了五六天的山，已疲倦不堪，滿身傷痕去到海邊，已是退潮時間，迫不及待地衝向大海，經過了多日勞累，在和大海拼搏中，王漢傑開始慢慢體力不支，甚至昏迷；她把他叫醒，但不久又再昏迷。男友昏迷前用微弱的聲音對她說：「我想我支持不下去了，但我死了也要死在自由的地方，願你平安到達香港。」為了自由和愛情，她不放棄他，她把男友放在救生圈上，拖著男友的軀體要游過大海到達香港，她用繩索拖著他在海浪中搏鬥，至肩膀被繩索勒至血肉模糊、傷痕累累，終於用盡力氣，帶著男友的願望「死也要死在一個自由的地方」，到了英界。剛才還是生死與共的一對，現在已天人永隔，悲從中來，她緊抱著男友軀體痛哭。哭聲驚動了附近的港英軍警，他們隨著哭聲，在岸邊找到了他們，揭開了這逃亡悲歌。當差人找到他們時，發現王漢傑還有一點氣息，立刻用擔架送進差館，但經醫生搶救，卻已無力

回天，他真的「死也要死在自由世界」——一個未來的音樂天才就此殞落。林進聰女士後來移民澳洲。她的胞妹林進敏是三藩市第一個華裔市長李孟賢的夫人。

（八）內子逃港

內子的一家人，因為外公尹企的地主成分，自從中共掌權之初就受到嚴酷的逼害，在廣州和湖南的物業財產都被沒收。文革時被抄家幾次，值錢一點的東西都被搜劫一空。父親又因是國民黨三民主義青年團員而以歷史反革命罪名坐牢，她媽獨力支撐著這個家庭，做沉重的勞動換取少少的收入，不單止貧窮還被歧視，孩子們升學和工作的機會被剝奪。文革期間全家被趕去惠州（她父親的原籍）下鄉。為了掙脫他們的統治，內子從惠州翻山越嶺走了五、六天，到香港邊界時遍體鱗傷，當偷越邊境時被邊防軍放軍犬追捕，她被軍犬狂追，有一隻追上了她，撲上去咬著她的頸，她嚇到不敢動彈，軍人把她逮捕，被捕後囚禁及強逼勞動。那個囚禁的地方十分小，沒有床，囚禁了很多偷渡者，大家就是頭貼別人的腳那麼睡在地上，角落上放一屎尿桶，又濕又滑，整個房子充滿了排泄物刺鼻的惡臭。因為捉了太多逃亡者沒地方關押，半個月後她才被釋放回惠州。

不久她再展開第二次逃亡，這次她從惠州與她同父異母的哥哥走路出發，走了六天到達邊境時身體傷痕處處。真是上天幫助，偷越邊境那夜，像是颱風之夜，傾盆大雨伴隨著大風。在風雨的掩護下，他們向南爬行，看見了前面有一高高的鐵絲網，但是橫在網前挖有深溝，寬六尺，深十尺左右，無法越過。在農村生活的經驗告訴她，這個溝一定有排水的出口，他們決定找這個出口，順著溝的流水而行，找到了排水口，從排水口爬過這深溝，成功到達對岸，走向鐵絲網，這個十尺高又有釘的鐵絲網，也擋不住追求自由之心。在大風雨中，邊防軍鬆弛的防守幫助了他們。他們的手和身體都被鐵絲網上的釘刺傷，最後成功爬到網頂。他們脫掉外衣蓋在

內子及女兒慶祝我的六十歲生日

網頂的釘上做墊，翻過十尺有釘的鐵絲網，一跳而下，跌倒在地上，終於成功了，在大風雨中他們向前行。

走了不久，又有一道帶釘的鐵絲網橫亙在他們面前，雖然比先前的網矮，前面也沒有深溝，但剛才那種越網所不能忍受的痛，使他們心裡一沉，甚是洩氣，心想已越過了邊界，怎麼還有鐵絲網，究竟還有多少個網呢？來到網前，她對她哥說：「他們的士兵也要在網兩邊進出的，如果真是如此，那肯定有一通道，我們找找，看能否找到。」他們沿著鐵絲網而行，真是皇天不負有心人，他們找到一道門，而且門沒有上鎖，那種興奮，真是無法形容！他們通過這門穿越了鐵絲網．前行不久，他們前面有一條建造得很好的水泥路。她哥說，這麼好的路在大陸從未見過，肯定是英界了，高興到跳起來。突然她看見不遠處，頭戴紅色五角星的共軍正在巡邏。她立刻把她哥按倒地上，躲在草叢中，小聲說：「你看那些戴著五角星的士兵就在前面，這裡還是大陸。」他們在草叢中看見水泥路對面不遠處，有幾個身穿迷彩衣的人在巡邏，那些人一點也不像共軍，生活在中國那麼久，從未見過共軍有如此打扮的，可以肯定是英方的人。待共軍走遠了，他們偷偷越過水泥路，向穿迷彩服的人走去。香港警察這時也發現了他們，把他們接過來，小聲對他們說：「不要聲張。如被共軍發現，共軍會過來搶人的。」他們被帶進警署，這樣他們平安到達英界。這時他們兩人突然覺得又凍又餓，身體不停地顫抖，牙齒不停地敲打。他們看著一警察吃完最後一口麵。那警察對他們說：「我們沒有麵了，但還有湯，不如給你們喝，會溫暖一點。」他們接過湯兩人分著喝。啊！那真是美味的湯！基於以上種種原因，內子也一樣不希望回到中共的掌控中，在政治觀點上我們有共同的語言，我們反對一切的獨裁暴政。

（九）劉功勛的慘死

劉功勛，本不姓劉，他們親生父親是個有兩塊瘦田的窮地主，生父在土改中被鬥死後，媽媽帶著他改嫁給我三舅，我三舅姓劉，小商販，住廣東省陽江縣城。這樣，我就叫劉功勛做表哥。因為地主成分受壓制、歧視，所以沒有工作，但他人聰明好學，學得一手剪髮的好手藝。為了生活，又在那種戶口制度嚴密控制的情況下，他到處走江湖剪髮，也有時到廣州，就住在我們家一兩天，幫我們一家人理髮。雖然那時還未到文革，但也會經常查戶口——三更半夜突然有公安來到你家，叫醒所有人，排成一隊，按戶口簿點算人口，然後在你家周圍查看，看是否有多於或少於戶口簿的人。每次功勛來我家，雖有麻煩和風險，我們還是收留他住一兩天。他也知道有可能給我們帶來風險，只能祈求不被人看見被告發，和不會碰到那不能預知的查戶口行動，因為我們這層樓都是「黑五類」，被查的機率比較高。功勛高瘦個子，臉上常帶笑容，為人很客氣，我媽也很歡喜他。到了文革，因成分問題，街道紅衛兵要捉他，他就從陽江逃到廣州找我們。雖然我們自身難保，我們都盡可能幫助他。那種情況下，不知什麼時候都會突然查戶口。文革時，他們要製造恐怖氣氛，查戶口比平常嚴格而且頻密，查戶口通常也是在三更半夜突如其來，還有軍人參與行動，因文革時是軍管，每次來不但有公安，還有荷槍實彈全副武裝的軍人，來到門口大力打門並且大叫：「查戶口！查戶口！快快開門！」於是人人立即下床，你穿什麼衣服睡覺就穿什麼站出來，然後一家人列隊排好，戶主手拿戶口簿交給軍警，然後有軍警在屋內四處查看，看是否有人躲著。查看完畢，他們中的一個人拿著戶口簿讀名，叫到誰的名誰就回應，多了一個人或少了一個人，那就是不得了的大事，要追查不在的人去了哪裡，又或者來者是何人。最頻密時三幾天就查一次戶口。而且在我們住的那幢樓，兩邊共有八層樓就有兩個街坊組長，加上一些好事邀功的小人監視，有陌生人出入就難以逃出這種專政機關的眼。

所以表哥天黑齊了才來，我們大家就指望不會查戶口，到了第二天待大家在家裡吃午飯時，就偷偷走了。最後一次他來我家，表哥告訴我媽，他再不能如此躲躲藏藏地生活，又回不了家，他已決定和朋友逃亡去澳門。他走了，以後就沒再來，但也沒有了他的信息，他失蹤了，到現在都沒找到人或尸體。後來我在香港，得到一消息，找到那個和表哥一同逃亡的朋友。他說當天是他和我表哥一同逃亡去澳門，快到拱北的邊界時，軍人發現了他們，那時天很黑，有強光電筒照到他們，後面有人叫：「站住，不准動。」他們被這突而其來的喝叫聲嚇壞了，心裡一慌就跑，所以就分散了。不久就聽見槍聲，他自已聽見槍響，心一慌兩腳就一軟，站不往，一下就滾下山，停下後不敢動，在草堆裡藏起來，後來又響了槍，槍停了，有電筒周圍照，在尋找人。不知過了多久，一切都寧靜了，他慢慢起來，小聲叫：「功勛！功勛！」但始終沒有回音，所以他自已繼續逃亡成功去了澳門，再「屈蛇」去了香港。他在澳門時也曾努力尋找他，但不得要領，他相信功勛表哥大多可能是中彈死了。

（十）消失了的司徒建國

毛的文化大革命，因教育系統沒有運作，那麼多的年輕學生在城市，沒有課上，看不見前途，對中共政權來說，是一種不穩定因素。文化革命之前，他們一貫以來把家庭成分不好的高初中畢業生送到農村或邊疆建設兵團，目的是消滅在城市裡的不穩定因素。他們又用同一個手法，把文化革命期間產生的這些沒事做的學生送到農村或建設兵團，冠以響應毛主席號召「知識青年上山下鄉到農村去，接受貧下中農再教育」的名堂。

司徒建國，是我二輕工藝學校同學，在班我和他的關係比較密切，因此我幫助他取得到龍崗這裡落戶的證明，覺得不管如何都比去海南島要好。1968年下鄉當知青，他和雷仰聖一同落戶到廣東寶安縣龍崗公社五聯大隊上寮村，和我們同屬一个大隊，那村離我們下鄉的朱古石村雖不遠，但要一小時自行車上山路，因為他們那村在山上，騎自行車走的山路彎彎曲曲凹凸不平，路又窄，不能快，時時要下車來推著自行車而行，因為山路太陡。那個生產隊是最窮的，根本大家都吃不飽。下鄉到那麼一個山區窮村，沒完沒了的不停地天天起早摸黑做農活，看不到一點前途，慢慢地農民也不歡迎人來了，越來越不友善，覺得城裡來的人分了他們的口糧。

司徒建國在他妻子逃港後也決定逃去香港，但他逃亡時失了蹤，到現在都沒找到人。後來聽到同班同學陳達彬說，司徒建國的妻子叫吳均儀（不知她名字是否如此寫），這女子根本是騙婚，她已有男朋友，倆人都在想辦法打算逃港。一次偶然的機會，在一個葬禮上認識了司徒建國，談話中得知他在香港邊界公社落戶，她就接近他，最後還嫁給司徒建國，但聽說她婚後拒絕和司徒建國同房。果然結婚不久，他妻子帶同她的男朋友一同偷渡，從下寮村逃到了香港，再以難民身分定居美國。

司徒建國失蹤後，生產隊派人去廣州找他爸要錢，因為司徒建國和他妻子向生產隊預支了糧食，所做工分不夠抵消預支的糧食。那時他爸才知道兒子失了蹤，周圍打探始終未能找到他，大家都認定他在逃亡時死了。

司徒建國是家中獨子，每次他爸爸見到司徒建國的同學時都不禁大哭，以後沒有同學敢去探望他。我自己對這事也一直放在心裡無法安心，時常難過，因為我把他帶到上寮村，但那時我沒有和他一同逃港，因為他不會游泳，我們的計劃是走水路，他也有努力學游泳。當時在那山村，沒有人懂游泳，村外有一小池塘，一天他拿了一塊木板就到池塘學游泳，結果變成了那條村可能是有史以來的第一次娛樂節目，不論男女老少都圍在池塘邊上看他「表演」游泳，岸上的小孩不時發出歡樂的笑聲，直到我們逃港時他還未學會，所以我們就先走了一步。現在我們成功逃亡了，只能說：如果他能和我們一起走的話，可能不會失蹤。一想起這事時時令我心傷，特別想起他父母親，因失掉了他們唯一的兒子那種悲痛。

【解題】1958年，毛澤東號召全國「除四害」（老鼠、蚊子、蒼蠅、麻雀）。全國人走上街頭、野外揮旗敲鼓，驅趕麻雀，麻雀力竭而墜地，眾人聚而殲之。作者用麻雀的境遇來自況。

“社员同志们，消灭麻雀是毛主席、党中央交给咱的政治任务，咱大队要家家户户齐动员，男女老少都上阵，做到人人手里有弹弓，不会使弹弓的就敲铜锣，没有铜锣的就敲脸盆，没有脸盆的你就扯脖子喊，喊，人人都会，不让麻雀落地，落树枝上、房檐上也不行”（《旧事》）

《飛越彩虹》之偷渡

張鳳群

【作者介紹】：張鳳群，女，廣州市第三中學（66）屆高二學生。作者的父親是個醫生，本來在香港執業。1949年12月，以為「解放」了，父親關閉了香港診所，帶著所有的醫療器械——特別是一部當時稀有的X光機，以及家裡的全部家私雜物——特別是一台英國鋼琴（見題圖），帶著一家九口人，回到廣州的和平路（抗日路）執業，成了當時名動一時的醫生。

可是，（此處省略一萬多字），就像那個年代生活在這片大地上的人所能見到的那樣：診所沒有了，連居住的房屋都沒有了，一家人被趕出了廣州……

作者對命運作出了抗爭，於是，有就了下面的故事……

廣東鄰近香港，偷渡已經是老問題了，作為英國殖民地的香港，一百多年來為動亂時代的中國人提供了避難所的角色。無數反清志士、國民黨人以及後來的共產黨人都曾身受其惠。

收容所門前刷著大標語「叛國投敵罪該萬死」，但是無法遏止前赴後繼的人潮。幸運者飛越關山，不幸者葬身魚腹，大多數人難逃被逮捕押送回鄉的命運。後來偷渡被定性為人民內部矛盾，「叛國投敵」變成「非法探親」。

時過境遷，很多當事人都不願意自揭傷疤，勾起不必要的痛苦回憶。媒體又鮮有人為這個為數不少的群體提供有價值的記述，這段歷史很快就會變成集體失憶。我偷渡過三次，被關過惠州、深圳、東莞的收容所，有必要把自己的心路歷程和所見所聞寫出來，讓走「正道」的同學和朋友對我們這些另類有比較深入的理解。

艱難的選擇

一九六八年的下半年，是一個迷惘的年代，學校複課已有一段時間了，我們仍返回各自的課室，是否缺席，無人理會。文革前，我是廣州三中高二（2）班的學生，我們的班主任是李老師，現在仍然是李老師。我們停課鬧「革命」，各立門派，各奔東西，各自感悟，當複課時再重聚在一起，真有一種恍若隔世的感覺。

複課亦沒有上什麼課，李老師曾經被班上同學批鬥，灰溜溜的。我們算是高中畢業了，每人拿了一張對開如小本子的畢業證書，封面是毛主席像，內頁是自己的相片。班上少了幾位同學，都說是有門路之人，已經內部上調了，我們仍然每天回校，等待分配。

中秋節剛過，大雁南飛，三中的全部學生在同一時間集體畢業。分配方案下達了，全部下放到農村或農場，廣州戶籍將被取消。當時供選擇的農場是湛江海康農場，農村則是到高鶴和惠東。農場我是堅決不會去的，因為那是層層的領導管理，如我做些「違法亂紀」的事，肯定死梗。高鶴和惠東的地理位置，亦不符合我的願望。

停課期間，我回故鄉新會度過了一段頗長的日子，我父母在一九六六年九月被遣送回鄉，全靠在香港的一位朋友接濟來維持生活。我永遠記得，每個月初，父母都會收到香港寄來的一百元港幣（當時兌換四十多元人民幣），媽媽臉上會露出欣慰的笑容。有一個月，沒有收到匯款，媽媽每天都問鄉親，郵差來了沒有？隨著時間的流逝，媽媽變得整天愁眉苦臉，爸爸亦輕輕地說，長貧難顧呀。終於有一天，郵差來了，這次是二百元港幣。原來是該朋友去加拿大探親，忘了寄上月的匯款。父母當時激動、興奮、感恩的神情，至今天還歷歷在目。我當時就萌生了偷渡到香港的念頭，希望父母在有生之年，都不要為生活費用擔憂。我知道選擇這條路充滿了艱辛、苦楚，但我不後悔。

那時流行一種叫「碟仙」的遊戲，把一張寫滿數目字的白紙鋪在桌面上，還有一本天書在旁，玩的人用食指壓住桌面中間的一隻小瓷碟。輪到我了，我默默向碟仙問了心中的疑難：既然選擇了偷渡，前景如何？小瓷碟突然滴溜溜地轉起來，然後停在一個數字上。我打開天書找到相同數字的一條簽語，上面這樣寫著：「難難難，難難難，艱險往來難，若得清風便，扁舟過遠山」。後來事情的發生，真是靈驗得可怕。這使我覺得，在我們生存的世界上，有另一種神秘不可知的力量，我還是不知道為好。

那段時間，廣東省的偷渡潮已浪花初現，由於「大串連」（指文革初期的紅衛兵大串聯），年青人在邊境地區到處逛街都沒人敢理。有些先知先覺者就騎著單車一直到深圳，到了邊境，把單車一扔，躲進樹叢，到黑夜時避過哨兵游過一條小河，上岸後就屬香港地區了。但這條路現在已行不通了，現時到寶安，如無邊防證，見一個，捉一個。

圈子裡傳遞著那些幸運兒的家書，還附有他們（她）們的彩色風騷相片。其中一位男孩說在大排檔打雜，三餐任吃，雖然每天工作十二小時，但依然好開心，因為每月有500元工資，除了和朋友合夥租一間房，留下些生活費的開支外，每月可以匯200元港幣給老媽子。一位女孩則寫信來說，初到港時在工廠車衣，後來老闆發現她數學好，把她調到會計部門工作，現在是做寫字樓工了。每一次看到這樣的信，我都如雷轟頂！不能作白日夢，要把思想付諸行動。

我背著書包，帶上乾糧和水壺，到白雲山遠足爬山，有時則帶著泳衣到西郊和紅樓游泳，往返泳池幾個鐘頭不休息。有一次，每人帶著兩個足球膽，一點乾糧則用膠袋裝好，坐船去石門。到目的地後，把外衣褲脫下放進膠袋，拉著這一身行頭下水。餓了累了扶著兩個球膽喘口氣，吃點乾糧，順水游回廣州碼頭，需時大概四小時。那時，在圈中流傳著一張過時但很詳細的邊境地圖，有人千方百計弄到一張，就如「鬼吹燈」裡的胡八一和胖子取得尋寶圖時那樣興奮。

寶安農村已不接受知青，靠近邊境而又有大山「埋堆」的最佳選擇只有惠陽的淡水和東莞的鳳崗公社。當時為了親人間方便互相照顧，上頭有政策規定，我們可以選擇跟隨別的學校一同下放。結果又被那些先知先覺者找到了機會，淡水和鳳崗告急，很快就爆滿了，我們真是感到前途茫茫。

插隊東莞

在我們的圈子裡，有一位是我的表姐敏，她是某中學高三的學生，她搭到了跟十三中到東莞大朗公社的路。大朗鄰近樟木頭，雖然並不理想，但總比去那些離香港十萬八千里的地方好，於是，我們到十三中報了名。我返回三中找到了班主任李老師，她說會幫我辦妥有關手續。

一九六八年十二月一個寒冷的黃昏，我哥幫我拿著行李，告別了年邁的外婆和父母，擠上公車，到達了十三中。學校裡亂哄哄，到處是學生和對著他們叮囑的父母。我們在課室裡睡了一晚，輾轉難眠。早上起來，到處是敲鑼打鼓的聲音。馬路上，已排著長長一列的軍用貨車，車頭上系著紅綢帶。校方把學生們分批送上貨車，當車隊出發時，震耳欲聾的鑼鼓聲大作，車隊浩浩蕩蕩向東莞開去。

下午時分，到達大朗公社，比起我的故鄉新會，東莞就富裕得多了。

大朗鎮很具規模，有禮堂，有一條像樣的街道和公社辦公大樓，有間小醫院和初級中學。幾百個學生輕易地被安頓下來，我和敏被安排到大禮堂住，地上鋪了厚厚的一層禾稈（稻草）做床鋪。我們在那兒住了兩晚，早餐吃白粥鹹煎餅，午餐和晚餐都吃飯，有菜有肉，記得那肉丸子真好吃。早上，由公社幹部給我們作報告及學生他們上臺表決心，午餐後自由活動。這段時間，其實是安排各人落實到每一個生產隊。

第三天早上，鎮上多了好多推著自行車的青壯年男人，十三中的老師拿著名單，把我和敏帶到了一個約五十歲的農民面前，介紹我們認識。原來他是石下大隊第一生產隊的隊長，叫黃貴。我倆收拾好行李，跟他走到街上，見到有五個男青年推著單車迎面走來。他叫我們坐上其中兩位的單車尾，行李放在另外兩輛單車上。他和另外的一輛車尾都綁著一對大竹籮，我看了一眼，內裡有熱水瓶，銻煲，還有好多生活用品。黃貴用濃重的東莞口音說：「這都是買給你的。」單車隊向著我們的新家飛馳而去。

向南騎行了不到半小時，我看見不遠處橫著一座巍峨的大山，在陽光的照耀下，猶如一隻巨大的金毛獅。騎著單車的一位小夥子告訴我，山那邊是樟木頭和清溪公社。車隊拐進了一條小路，山坡上是錯落有緻的泥磚屋，屋頂都是紅瓦片，房屋之間是一些不怎樣高的樹。小夥子又告訴我，那是荔枝樹，到夏天成熟時，紅紅綠綠，那景緻才叫靚呢。車隊停在一間很大的泥屋前，好奇的小孩圍了一大堆。黃貴把我倆領進了屋內，中間是一個很大的廳堂，可容納過百人，左右各間隔開一個房間。黃貴把我們帶進了左面的房間，房間呈長方形，很大，成丁字形擺了兩張床，床前各擺了一張書桌，電燈吊在兩張書桌之間，黃貴把兩竹籮的日用品放到房間的地上。

幾個看起來精明能幹的女人嘻嘻哈哈地走進來，幫助我倆把行李安置好。黃貴指著其中一個年紀稍長的對我們說：「她叫玉嬋，是你們的輔導員，這幾天先在她家吃飯，廚房就在屋旁邊，你們暫時住在這兒，生產隊會儘快給你們蓋房子。」玉嬋帶我倆進入新建的廚房，這裡有新砌的爐灶、水桶，一張小飯桌，還有鋪了一小塊水泥的洗澡間。玉嬋帶我們在石下大隊到處逛，大隊有榨糖廠、榨油廠、輾米廠，還有磚窯和瓦窯，那間小學的校舍，看上去還似模似樣。我們在玉嬋家吃晚飯。她的老公會蓋房子，村裡很多房屋都是他蓋的。他還到別的地方蓋房子幫生產隊掙錢，雖然亦是計工分，但也是拿最高的工分的。他們有一對仔女，女兒十五六歲，小學畢業後就下田做工了，兒子還在讀小學。晚飯時，我們得知這兒一個全工（10分）足有一元。

晚飯後，我們聽到一陣吹哨聲，原來是黃貴在召集開會。當我們返回新居時，大堂上已擠滿了老老嫩嫩的村民，是給我倆開歡迎會。我簡單地介紹了自己，結尾時說上一句，我要好好向貧下中農學習。不知道是誰叫了起來：「歡迎毛主席派來的紅衛兵！」全場立刻爆發出雷鳴般的歡呼聲。我呆了一呆，我算是那門子的紅衛兵呀。

玉嬋手把手地教我們如何到井裡打水，以及如何做田裡的各種農活，生活上的各種技能，她都耐心地教導，我們很快就適應下來。生產隊還分給我們一棵荔枝樹和一塊自留地，玉嬋幫我們在自留地種上花生和椰菜，在近村口的一塊空地上，真的正在開始興建我們的居屋。

大朗（隸屬於廣東省東莞市）鄰近邊境地區，政治工作抓得較嚴，農民覺悟都很高。早上開工前，必由政治指導員輔導讀幾段毛主席語錄，各家晚飯前，必在飯桌前跳一段忠字舞。每隔十天八天，在石下大隊的廣場上，晚上會點上大汽燈，開社員大會。大會開始，總是由公社來的幹部先講話，然後是大隊長，我記得大隊長講話的最後一句一定是「把毛澤東思想的偉大紅旗插遍全世界！」然後是文藝表演，由黃貴的大女兒帶領著十幾個女孩，腰上束上皮帶，臂上帶著紅袖章，跨著馬步，右手放在胸前，左手向後伸，挺胸抬頭，激情地唱：「我們是毛主席的紅衛兵，從草原來到天安門……」

黃貴在我眼中，雖然是生產隊長，但顯然比很多村民要窮。他家孩子多，有八個，最小的還在吃奶，只有十七歲的大女兒能幫他賺工分。兒子十五歲，是村子裡唯一上大朗初中讀書的男孩。學校是寄宿的，農忙時放假，學生都各自回家幫忙。他總愛問我讀過什麼小說，我盡我所知告訴他，並把帶來的《野火春風鬥古城》送給他，看他那如獲至寶的神情，我亦開心透頂。

一九六九初，石下大隊來了不少從廣州街道下放的社青，他們被分配到其他的生產隊，其中大部分都是「心懷鬼胎」的。我和敏心知肚明，卻不露聲色，每天和村民們一同出勤勞動。夏天很快就到了，午後經常會下一陣雷雨，雨後天邊會出現一抹彩虹，我望著天邊的彩虹發呆，彩虹的後面是一個怎樣的世界？我們的居屋建好了，有兩個房間，還有廚房，我們搬進了新居。樹上的荔枝已熟透了，直把我吃得胃疼兼肚屙，但仍留不住我倆的心。

十三中的學生都很單純，真的老老實實在接受貧下中農的再教育。天氣轉暖後，已有幾個社青因「督卒」不成被送回來，生產隊對他們亦無可奈何，但他們可成了我們圈中的英雄了，到處都有知青請他們吃飯。那段時間，我們和大隊的社青鬼混在一起，我們得知，從我們這兒埋堆出發，勝算很低，因為中途要經過光明農場，很多人就在那兒「撲街」。我和敏遲遲不敢採取行動，秋風一起，我們知道今年無望了，唯有老老實實開田賺工分。秋收後，我們分到了好多稻穀，玉嬋幫我們用草席把穀子圍住，堆在房間裡，如一座金黃色的小山，很有一種富足的感覺。還分到了花生油、眉豆、一缸糖和一小桶片糖。乾塘（抽乾魚塘）時，還分到兩條大魚。我們挑了一擔穀子到碾米廠碾成米，因為沒有養豬，把米糠都送給玉嬋，新米煲的飯真好吃。除了扣除物質分成，我還分到了幾十元，一九六九年是我表現良好的一年，村民對我寄予厚望。

折戟東線淡水

很快又過年了，有一天，黃貴對我說，隊裡推薦我到大隊小學當老師，已獲批准，春節探親回來後就上任。我嚇了一跳，孫悟空豈能當弼馬溫，為人師表又哪能做違法亂紀之事？罷罷罷，必須另尋它法。回穗過年時，白米儘量帶，花生油、眉豆不可少，還順手提上那一小桶片糖。那是一九七零年春節，我們圈子裡的人又重聚了，但已有小數幸運兒人間蒸發，當時最吃香騷包的是下放到惠陽縣淡水和鳳崗的知青，不知有多少人想巴結他們。

我和兩個男孩搭上了一個插隊淡水的知青，他答應幫忙準備乾糧，送我們在淡水埋堆。事情就這樣定下來，現在只能等天暖，東莞是不能回去的了。在廣州鬼混這段日子，我們到過惠州探路，惠州有幾條街，還挺像樣的，惠州西湖很大，堤上有一個塔，我們走上去，一陣尿騷味迎面撲來，我還看見角落裡有一堆堆大便。六月，我給在淡水的男生寄了一封信。他回信說，我們必須在七月十號前去淡水，因為他也要走了。

七月初，我背了一個書包，裡面有幾件衣服，兩個球膽，還有一個水壺，帶著自已做的假證明，坐汽車到了惠州。那兩個男生已在惠州等我，我們在其中一個的親戚家住了一晚，晚餐吃到了真正的東江鹽焗雞，整隻雞是用好幾斤粗鹽炒熱焗熟的。

由惠州到淡水約有五十公里，半夜我們就起床把行裝收拾好，吃飽早飯後上路。當曙光初現時，一行三人已走在公路上了。開始時走得很快，晌午時經過一個墟市，每人吃了一碗豬雜粉。繼續上路時，雙腳就變得越來越重了。我的腳後跟被鞋磨破了一層皮，鑽心的痛，我低頭一看，已滲出了血水。我咬緊牙關，一拐一拐的跟著繼續走。太陽快下山了，周圍的田野、山峰染上了一片金黃，終於到達淡水了。

當我們拐入小路，準備進入村莊時，突然在路邊走出幾個荷槍的民兵，不由分說，把我們押向一幢房屋。我見不對路，趁他們不留意，把書包裡的兩個球膽扔到草叢裡。進入屋子後，立即搜身（我由女民兵來搜），他們在那兩個男孩的書包裡找到球膽，問我們是否偷渡。我們不承認，他們就對他倆拳打腳踢，只見他倆用雙手抱著肚子在地上打滾。可能由於我是女孩吧，民兵們沒有打我，我們只好認了，立刻被五花大綁起來，在屋子裡過了一夜。第二天早上，押上了一輛汽車，被解到惠州收容所。

收容所很大，進入一道不顯眼的門，是一片空地，圍繞著一排牢房。

牢房前面是一根根排列著的大木柱，從木柱的空隙望進去，每間牢房或躺或坐在地上的，都滿是人，我被投進了其中一間。牢房不大，約有二十個女孩子，擠得滿滿的。牆角裡有兩個便桶，都快要滿了，發出陣陣惡臭。只有近便桶的地方還有點空位，我只好在那兒坐下。和難友們很快就熟了，她們都是來自各地的知青。這兒每天管兩頓飯，她們說有三兩。在一個瓦缽裡鋪上薄薄的一層飯，上面是一些芽菜或白菜，加上一小撮爛鹹魚仔。幾天下來，餓得頭暈眼花，一天到晚只想著吃。那時我最想的是，返回廣州時，一定到街口的小賣店買好多好多香蕉糕吃。難友們還教會了我唱「偷渡者之歌」，歌詞是這樣的：「你不要哭哭啼啼過一生，你不要悲悲戚戚過一生。不怕前面山路艱險，我們都要繼續攀爬。得意的時候你抬起了頭，失意的時候你不要煩憂。安安樂樂地渡過難關，安安樂樂地渡過難關！」唱到最後一句時，我覺得特起勁，全牢房的人都唱起來，直到看守叫罵，歌聲才停止。

失敗歸來

我就這樣被關了約十天，然後和幾個知青一道被押解回東莞。東莞收容所和惠州收容所大同小異，只不過規模小些。我再被關了七天，最後被解回大朗公社，公社幹部把我臭罵一頓，要我寫了一份檢討書。一位幹部用單車載著我，把我送到山裡的大朗林場勞動改造。到達林場後發現，在這兒勞改的知青竟有二十多人，他們都是偷渡失敗者。我們的工作是兩個人一組，一頭一尾把砍下的樹抬往指定的地方。我們抬樹時都得赤腳，不准穿鞋，以示處罰，但山地上都是石頭和樹枝丫。由於要勞動，一日三餐，還算吃得飽。

我在林場待了兩個星期，黃貴騎著單車來接我了。由林場回到石下騎單車要兩小時，我坐在黃貴的單車後，不知道說什麼好。黃貴先開口：「好好的老師不去做，真是犯賤，回去開工啦。」黃貴在我的房子門口停下，我開門進去，一切如舊。看看米缸，裡面還有米。正準備煮飯時，玉嬋來了，叫我到她家吃晚飯。我和她一家四口圍著飯桌坐下，她女兒盛滿一碗白飯給我，玉嬋往我碗裡夾了一塊五花肉。那些日子我所遭受到的挫折和委屈，從沒有掉一滴眼淚。我咬了一口五花肉，肉的味道暖化了心房，我立刻淚崩，嚎啕大哭。玉嬋拍著我的背說：「阿群，哭吧，哭完了要吃飽飯，回家睡一覺，明日就無事啦。」

第二天，我和村民們一同下田。年青的走過來細聲說：「你好夠膽！」婆乸們則說：「別去找死了，找個好人家嫁了吧。」幾天後，我的右腳板突然腫起來，痛到不能走動，只好告訴黃貴，我無法下田了。黃貴看了一下我的腳，說一定是赤腳走山路弄的，是足底內發炎。他叫我不用擔心，有一個郎中最擅長醫此症。不一會，他們帶來了一個中年男人，看了我的腳，說明早會上山采藥，然後再來看我。

第二天，男人騎著單車來了，他提了一個竹籮進來，內裡裝滿了綠色葉子的植物。他拿出一付臼，把不同形狀的葉子放進去搗成泥狀，然後敷在我的整個右腳上，用布紮好，立刻一陣清涼的感覺從右腳傳來，整個人舒服好多，這男人真是個神醫。神醫每隔三天來幫我換一次藥，來了幾次後，腳就完全消腫。過年回廣州見到外婆和我哥，我把神醫的故事告訴他們，連我哥都感驚訝（我哥是醫生）。剛好有親戚送來一斤皇上皇臘腸，外婆提議，每人只吃一條臘腸應節，其餘的用紙包好，等我回大朗時送去給神醫。

村民們好像很快就忘記了我偷渡之事，我和村民們一起，日出而作，日落而息。秋收時，敏亦從廣州回來了，她一直沒有採取行動。過年時，我們依舊帶了白米、油糖返回廣州，我仍然和圈子裡的朋友鬼混。他們都說我已洗濕了頭，必須繼續走下去，督卒沒有回頭路！

失手光明農場

我和阿敏決定自力更生，就在我們生產隊的山邊埋堆。但路程太遠，要走八到十天才能到達邊境，中途還要在一晚之內穿越光明農場。我們必須要找一個機敏、體能棒的男生協助才成。剛好有一位表親具備這樣的條件，他叫阿強，也是知青，正苦於無路數偷渡，所以一拍即合。我們準備在夏天行動，在廣州買齊各種必需品，指南針、球膽、軍用水壺。阿敏還買了好多蠟燭，她在家試驗過，用幾根蠟燭可以煲熟一鐵罐稀飯，放些炒米粉進去，特頂餓。蠟燭的好處是不冒煙，不會被人發覺。

春耕前，我和阿敏返回石下，七月裡的一天，我倆到大朗墟接到從廣州坐汽車來的阿強（此人爬山從不氣喘）。我們的房子建在村口，可以神不知鬼不覺地把他塞進我們的屋子裡。第二天我和阿敏照常下田，晚餐時各人都儘量吃飽。簡單收拾一下後，然後背上書包、水壺。除了上面提到的在廣州準備的物品外，我們還帶了白米，炒米粉，幾罐梅林牌回鍋肉，兩把鐮刀，一把菜刀，還有些餅乾。一行三人，在夜色的掩護下，很順利地走進了大山。

我們爬上一個山坡頂時，只見一輪明月掛在天空，眼前整個世界鋪上了一層銀光。遠近的山峰、山坳、樹木，還有在山腰間如一條白絲帶般蜿蜒而過的火路（火路不是真正的路，崎嶇不平，只是把樹木砍伐而留的空間，用來隔開山火），在幽冷的月光下，閃爍著耀眼的光華。我們看著指南針堅定地向南行，如果火路是向南的，我們選擇火路，如果火路轉了方向，我們就依指南針的方向走。我們爬過一些山，總會在山谷中找到一條溪澗，我們就走進去。溪澗的水時深時淺，腳上常感到一些在水中游走的生物，四周是刺人的荊棘。阿強手拿著菜刀在前面開路，我和阿敏揮動鐮刀殿后，披荊斬棘。當走出溪澗時，衣服都被撕碎成一條條碎布，只好把衣服扔掉，換上另一件。

曙光初現，一輪紅日在七彩雲霞的拱托下，跳躍著從東方升起時，我們找合適的地方隱藏起來睡覺。睡醒後，阿強放哨，我和阿敏用蠟燭煲稀飯，放上炒米粉和一罐回鍋肉，三人分了來吃，補充體力。就這樣，我們走了三晚，當太陽出來時，看見山下是一片大平原，在接近地平線的地方，才看見一列山影。這片平原就是光明農場了，我們務必在一夜之內走過，到達那只看見影的高山。

這一天無法入睡，心情無比沉重。當夜幕低垂時，我們吃飽飯後，趕緊下山，向南連夜急行，當東方露出魚肚白色時，高山就在眼前，但又遙不可及，真是望山跑死馬。我們知道，還有一段很長的距離，只好找地方躲起來再說。四周一望，都是綠油油的稻田，只有一座小山崗上有幾叢灌木，我們就躲了進去。不久聽到人聲，突然聽到純正的廣州話：「哩度有人呀！」我想拔腿逃跑，但已來不及了。我和阿敏立刻被十幾個學生模樣的男女圍住，有人拿出兩條草繩，分別把我倆紮得牢牢的。阿強夠機靈，加上體能好，已跑得無影無蹤。他們把我倆押進一座很大的建築物，一個中年幹部模樣的人走進來，給我們鬆了綁，把我和阿敏用一副手銬扣起來。我扣的是左手，阿敏扣的是右手，如果我倆距離拉開一點，手銬上的鋸齒就會陷進肉裡，鑽心的痛。晌午時分，我們看見阿強帶著手銬，也被押解進來了。

這兒是光明農場的場部，很快，我們上了一部汽車，被押解到深圳收容所。深圳收容所和惠州收容所大同小異，不過更擠迫，每天進進出出的犯人更多。我和阿敏只被關了三天，就被押解回東莞收容所。在東莞收容所逗留了一星期，又被押解回大朗公社。我是再次寫檢討，而阿敏則是第一次。我倆被送到大朗林場勞改，這次在抬樹桿時允許穿鞋。由於阿敏是第一次偷渡，幾天後生產隊的保管員騎單車來把她接走了，而我則在林場待了一個月。

這次又是黃貴來接我，我坐在他們的單車尾上。這次他們真的生氣了：「你個剁頭臺，快些逃到香港去吧，我不想再接你了。」我心中暗暗好笑，「承你貴願！」回到石下，阿敏已返回廣州休養了，我仍到玉嬋家吃一頓晚飯。在宿舍裡偷看用紙包好藏在床下底的五元人民幣仍在。那時已是八月中旬了，我每天都和村民們一同下田。

扁舟過遠山

九月裡的一天，我收到好友阿玲從番禺縣沙灣寄來的一封信，叫我立即到沙灣找她。第二天我沒有開工，下午趁村民們下田後，拿了那五元，悄悄溜走。

番禺沙灣，阿玲的茅屋靠近大江邊，我找到了阿玲，她告訴我，要等風來，暫時還不能行動。我在她家住了兩天。第三天，一位男知青來找她，說要起風了，明天出發，叮囑阿玲準備食物和水。能幹的阿玲蒸好了幾十個菜肉包，都裝在一個乾淨的布袋裡。

第二天晌午，那位男知青又出現了，我們帶上包子和水，跟著他走到江邊。只見那兒泊著一條草船，和我們七年前在沙灣農忙時坐的草船一樣。船尾站著一位六旬左右男人，船上堆滿了一紮紮的稻草，有船篷蓋頂。我和阿玲上了船，鑽進稻草堆裡，原來裡面已坐著好幾個人。我們叫那老頭楊伯，他曾做過海員，船艙裡有一人是他的兒子。男知青在船頭，楊伯在船尾，蕩著兩對雙槳，悠悠地向珠江口划去。過了幾個鐘頭，我尿憋得實在忍不住，就偷偷尿在船裡。

夜色降臨時，船過虎門，那是一條比較窄的水道，一座山頭就像一隻老虎趴在江邊。鴉片戰爭時，林則徐就在此佈防阻擊英軍的炮艦。江面上沒有別的船隻，寂靜得可怕。突然岸上傳來一陣吆喝聲，小船划得更快，幸虧他們沒有開槍。不知過了多久，楊伯說，現在安全了，蓋著我們的稻草全被扔進海裡。

這是一個月黑風高的夜晚，只見周圍是一片黑沉沉的大海。我數一數船上的人，一共是九個。楊伯說，大家先吃點東西吧，阿玲去拿那袋菜肉包，我一看，心中暗呼不妙，那正是我剛才撒尿的地方。但那是我們唯一的食物，只好默不作聲。各人在大啖包子時，都說為什麼有種怪味，我則搶著回答：「可能是發粉（酵母粉）落得太多吧！」

吃飽後，各人都在船上拿了一支槳幫著划，楊伯把一張床單掛起來做成風帆，這時吹著東北風，風力越來越大，小船如箭一樣向南漂去。大概八點鐘左右，經過龍穴島，據傳說那是海盜張保仔的藏寶之地。楊伯樂觀估計午夜時分就可到香港。我們沒有指南針，也不知道方向。

但是過了午夜還看不見陸地，我們心裡開始發毛。午夜兩點，左方出現一座山形的海島，楊伯說我們被風吹到中山那邊了。海上的風浪越來越大，小船灌滿了水，不划船的人就拚命舀水。小船好像要沉了，有人打手電筒向島上求救，但那邊沒有反應。小船已經被吹到海島的南方了，無可奈何，只好折頭向東划去。

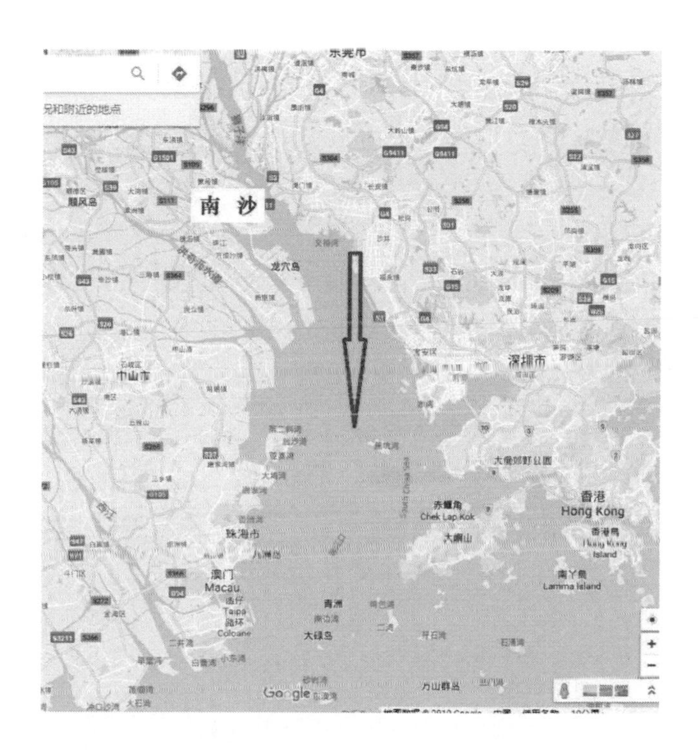

在黑沉沉的大海漂浮，我已經毫無感覺，聽天由命了。突然右前方出現一盞燈，我們還沒有反應過來，一個龐然大物如山湧現，幾乎撞到我們的小船上。回頭一看，正是一艘向北航行的貨輪，大船上的探照燈齊亮，船員的叫罵聲不絕。千鈞一髮，只要遲一秒，我們就全都要葬身魚腹。死亡離我是如此之近，但我很平靜，對父母我已經盡力了。

天邊漸漸發亮，海上出現幾艘華麗的漁船，桅頂上亮著花蕾形的燈，漁民指著遠處的群山向我們示意。楊伯大叫：「我們有救了，前邊是大嶼山！」這是伶仃洋，波濤洶湧，一葉扁舟，載著九個死裡逃生又疲憊不堪的人，用作風帆的床單已經被吹成碎片，隨風飄舞。

遠望大嶼山，好像荒無人煙。小船慢慢靠近，轉過一個山坳，看見很多房子。我們在一個鋪了石階的碼頭上岸，時間是早上8點，距離沙灣出發整整20小時。上岸後看見一座古廟，抬頭一看，赫然四個大字「楊侯古廟」。我們九個人裡就有兩個姓楊，冥冥中難道真有神靈在庇祐他的子孫？這是大嶼山最南端的大澳，日期是1971年9月19日，我真的踏上香港的土地了。

彩虹那邊，也不盡是人間樂土。往後的日子有人飛黃騰達，也有人貧窮潦倒，大多數安分守己的人還可以過著體面的生活。殖民地時期，港府有遠見地推廣廉租屋計劃。「安得廣廈千萬間，大庇天下寒士俱歡顏」，唐代大詩人的夢想在這裡實現了。我的父母也可以安享晚年，過著衣食無憂的日子了。回首往事，我十分感激大朗公社石下大隊的村民，在那一段艱難歲月，給了我生存的空間！

二〇一七年二月修訂

（本文選取自張鳳群自傳《飛越彩虹》一文）

張鳳群在美國近照

少輝，你在哪兒？
一代人的痛史

陳克治

【作者介紹】陳克治，廣州市第五中學（66）屆高三學生，1968年11月下鄉廣東博羅縣。1973年7月16日，在懸掛九號風球的颱風「黛蒂」的吹襲下，用繩子拖拉著女友（後來的夫人），奮力游過大鵬灣，到達自由的彼岸。

（一）立碑悼亡友

人到晚年總有很多回憶，我們一群偷渡老知青，總忘不了年輕時鋌而走險的經歷，以及痛失朋友的傷痛。初抵港時，每逢清明或重陽，邊境禁區開放，都會有人到邊境，向北拜祭當年攜手走險遇難亡友。多年來，我們都很想為難友建義塚、立墓碑。經過多年努力，得到吉澳某村村民義助，於2014年5月1日找到吉澳一處遠離民居的山頭，立了一塊石碑，我們命名為「知青碑」，紀念當年偷渡遇難的知青朋友，了結了多年的心願。碑文：「越山越水越界　越海英魂永垂」。此義舉未經政府許可，屬違法，也因應政治氣候，所以沒有刻上立碑日期，也沒有公開碑石所在的具體位置，亡魂應會明白立碑者的苦心。幾年後，立碑地方最終也暴露，那地方名「鬼吊角」。

立碑全由我們親力親為

我和原廣州第五中學校友鄧裕祥都是立碑參與者，立碑當日，天氣預告陰天多雲有雨，出乎意料之外，整天風和日麗，老天助我們立碑。對我們這班長者來說，立碑絕對是強體力勞動。那天，從搬運碑石、水泥及鐵枝等物料，到開墾碑地立碑，及最後泥水修葺，全過程由我們親力親為，無假手他人代工，合眾長者之力一氣呵成。

因為擔心石碑會受天然或人為破壞，立碑同年的重陽節，我和鄧裕祥及黃東漢等一眾六人，由村民協助申請禁區通行證，再次登上立碑地。慶幸碑石仍安然屹立。我們用水泥加固了石碑和祭台的基座，再在碑的背後用石頭和水泥砌成拱形的支承墩，護著石碑。遇上暴雨，支承墩也可將洶湧而下的山洪分流，傾瀉去兩旁，不致直接沖擊石碑。我們一群立碑者用心良苦，祈盼有一天，此碑會成為合法的紀念碑。

石碑沒有刻上日期，2014年重陽節再去加固石碑。

知青碑前風平浪靜的大鵬灣

石碑前一望無際的大鵬灣，她曾經溫純地擁抱過精疲力盡的偷渡者，又會忽然變臉，頃刻之間以巨浪旋渦吞噬年輕的生命。

我們遵守與村民的協議，立碑一個月後，才低調向其他知青朋友公開立碑義舉，以及公開當日的照片和視頻。公開後，引起知青圈內很大的回響，勾起了偷渡知青的集體回憶。我們「老三屆」的同學時有不同場合聚會，談天說地，立碑一事都或會成為聚會時的其中話題。

2015年年底，我在廣州五中海外校友群組發起到紅磡海逸皇宮酒樓茶敘，反應熱烈出乎意料，二十多位不同年代的校友，大都是久未謀面、有些更是從未謀面。馬拉松式的聚會由早茶至午飯後，再延續到下午茶收市。話題天南地北，都離不開學生時代及離開母校後的往事。一些有相同經歷的老三屆校友，話題都圍繞著當年的共同記憶：下鄉、偷渡、回城。我和鄧裕祥都是偷渡知青，當年都有身邊的朋友偷渡遇難，因此熱心參與立碑及第二年（2015年）5月1號再拜碑。鄧裕祥是文革時新一（3）同學，他的交友面很廣，很熱心校友之間聯絡，他的朋友圈內，很多都是當年經歷多次投奔怒海的人，都曾有過與難友生離死別的悲痛記憶。傾談起來，想不到在座還有幾位同學，都有參加五.一拜碑活動，因為那天參加拜碑的人太多而大家沒有留意到彼此原來同是五中校友。

一位初見面的學弟呂俊義很感慨，他回憶起一位當年「起錨」（即偷渡）後至今杳無音訊的朋友。他那位朋友名叫李少輝，文革時和俊義是同級同學，俊義初二（3）班，李少輝初二（2）班。

俊義回憶，他是最後見到李少輝的少數幾人之一，1970年初，他們一夥志同道合的知青朋友分頭串聯，覓得一處很「堅」（「堅」在粵語中是可靠的意思）的「埋堆地」（「埋堆地」是指偷渡起程上山的最後集結地，地點要盡量接近香港邊界，要容易隱藏，方便接收乾糧及其他偷渡物資，然後立即上山亡命。），地點是東莞縣寮步的知青窩，該地點先後接應了好幾批五中校友，大都能成功。

為免目標太大容易暴露，所以每次只能接應三至四人，次數也不能太頻密，以免被民兵察覺。他們商議後決定分兩組，陳興偉、馮家基、吳維忠第一批先行，三人都是新制一年級同班同學，吳維忠和李少輝又是同大隊不同生產隊知青；第二批是李少輝、呂俊義及陳興宏（陳興宏是陳興偉的哥哥），李少輝和呂俊義身體強健，陳興宏外表精瘦，三人下鄉後常聯絡，是很好的搭擋。李少輝和陳興宏更是從小認識，交情深厚有如親兄弟，誓言共生死同進退。

俊義很迷信一位人稱為伍伯的武術師傅，伍伯長期在廣州河南（此河南並非河南省，廣州市被珠江河東西橫貫，分成河南河北。）古剎海幢寺教武術，懂占卜。他預言俊義在五月龍舟鑼鼓響時，獨行會成功。俊義信到十足，也因為不想久等「埋堆」安排，終於與李少輝、陳興宏兩人分道揚鑣。

結果是，1970年中第一批先行的三人成功抵港，俊義受到鼓舞，1971年初夏獨自起行，那次不幸被捕入獄。出獄後找到寮步的知青朋友打聽，才知道李少輝和陳興宏兩人九月初曾途經寮步，但最後「埋堆」地並非寮步。那時俊義仍被關在獄中。

已成功到香港的陳興偉等三人知道李少輝和陳興宏已「起錨」，但兩人不是按原計劃到寮步「埋堆」，十分焦慮地盼望見到兩人，從年中等到年尾，都一直落空。大陸這邊，該段時期由「格仔」（「格仔」指專門囚禁偷渡被捕人士的拘留所）放出來的朋友也沒有見過兩人，同生產隊的知青也沒有兩人消息。年底，知青都回廣州探親，少輝的母親四出走到和少輝相熟的知青家裡打聽。先找到少輝的同班同學、同生產隊知青彭勇陽，及另一位又是老街坊又是同生隊的知青陳已曦，再由勇陽陪同，找俊義和興偉家人了解詳情。大家都心知，少輝兩人已凶多吉少，但又不忍心向少輝母親直說。

俊義知道後，帶上一籃雞蛋到少輝家裡，安慰少輝媽說：「少輝叫我帶這籃雞蛋給您，他忙，遲下再回來。」說起這一段傷感記憶，俊義說：「幾十年了，當日少輝母親憂傷的神情仍歷歷在目，無法忘懷！」

一籃雞蛋，在所有食品都要憑證配給的物資貧乏年代，固然是一份很厚的心意，難得的是俊義那份有如女兒家的細心。

俊義提到的陳興宏、陳興偉兩兄弟，一直在旁細心聆聽的鄧裕祥原來也認識。想不到各自不同的朋友群體與群體間，原來互相會隱藏著令人意外的連繫。

鄧裕祥也談到幾位和陳興宏兄弟相識的兒時玩伴：「我雖然不認識李

少輝，但和陳興宏、陳興偉兩兄弟很熟，我的街坊有好幾人和興偉是同班或同級的五中同學，另有個外號叫『摸子』的街坊，和陳興宏又同是廣州42中同學。他們兩兄弟家在同慶路，但和我們一幫小港新村電訊宿舍的同齡街坊走得很密。『摸子』叫梁能模，腮邊有顆墨痣。他的門路很多，認識很多不同學校、落戶不同地方、曾經偷渡或準備偷渡的『各路英雄』，也曾經為不少同路人策劃及搭路『埋堆』。但他們在1973年後失去音訊，不知他們和李少輝有沒有關聯？」

（二）少輝與我惺惺相惜

很巧合，呂俊義所憶述的李少輝，也是我一位深交朋友，俊義所提到的李少輝身邊的朋友我大都認識。我和李少輝曾擊掌為約：「我們會在香港見面！」

回想李少輝和陳興宏兩人偷渡的日子，正值林彪事件發生時期（1971年9月13日），邊防軍對偷渡者的攔截特別兇狠，兩人莫非撞到槍口上了？我們無從聽得到李少輝兩人的口述，只能憑我們這群當年在少輝身邊的親密朋友的回憶，互相傾訴與少輝的昔日交往，整理出少輝那段不幸經歷。

1968年，在上山下鄉的高壓氣氛下，我和幾個要好同學計劃以「投親靠友」方式，找一些有利偷渡的地方插隊。本來，母親一直寄望我能上大學，一場上山下鄉運動令她希望落空，對她打擊很大。她不甘心我一下子失去城市戶口而淪為知青，所以也鼓勵我找機會偷渡。沒有經歷過那個年代的人很難會理解，一位母親怎會同意、甚至鼓勵她剛成年、而還未涉足社會的兒子鋌而走險。

學校安排的去向是去海南島軍墾農場或到博羅縣插隊，後者是我的最後選擇。11月某天，母親抵不住壓力，拿著我被安排到博羅縣插隊的通知書，哭著到派出所註銷了我的廣州市戶籍。其實當時我心裡很亂，只想等到最後一刻才割戶口，要取消戶口應該由我自己去，由母親親自去替兒子註銷戶口，很殘忍！看到母親拿著戶口簿，哭著從派出所回來，我心如刀割。

母親從派出所回來不到兩小時，高三（1）班何萬福同學匆匆趕到我家，說已經找到關係，可按投親靠友政策到萬頃沙插隊。萬頃沙位處珠江口，與東南面的香港互相遙望，兩地距離只有二十多海哩。我沒有告知母親，我錯過了這麼好的機會，免她後悔傷心。果然，憑著優越位置，一年後，何同學便和他的女朋友及另外幾個知青、當地農民成功划艇越過伶仃洋抵達香港。

1968年11月13號傍晚，我們一批100多位廣州五中同學回到學校集合，無奈地在胸前掛上大紅花，不情願地被敲鑼打鼓歡送，分別上了幾部「解放牌」開蓬大卡車，載到了大沙頭碼頭，再登上花尾渡（內河船），被遣送到廣東博羅縣鐵場公社插隊。之前一晚，母親徹夜未眠，為我執拾行裝，離別時母親異常冷靜，只送我出家門，不像別的家長那樣送子女上車上船，叮囑我保管好那張香港親戚的聯絡名單，叫我「別牽掛」，找機會去見三姨。「別牽掛」這句話本應該是由我對她說。我一再回頭，不捨地回望著站在家門口向我揮手的白髮蒼蒼母親。

第二天早上，整船人在鐵場公社石灣大隊上岸，石灣與鄰縣東莞的石龍鎮只隔一條東江河。石龍是九廣鐵路中途大站，事前了解過，石灣、中崗、鸞崗等大隊較富裕，亦最近石龍，交通方便。我們都希望能分配到這些大隊，方便日後回廣州探親。抵達前，公社已安排了各個有關大隊的農民來等候接收。很失望，我們心儀的幾個大隊都沒有配額，而全被安排到佛嶺、赤瀝、九潭等又偏遠又窮的大隊。我和幾位高三級同學與公社幹部交涉，堅持要到中崗或鸞崗大隊落戶，說是我們以前曾到那裡農忙勞動，也是下鄉前學校的承諾，但訴求不獲接收人員接納。最初有好幾十人堅持不走，午飯後走了一些，到傍晚只剩下二十人與公社接待人員相持不下。最後算是妥協，我們被安排到石灣船廠暫時棲身，等候再安排。當晚，公社幹部和接收知青的農民全部撤走，停止了膳食供應。

這二十人之中，以高中、特別是我們高三級同學為主體，好幾對是大哥帶著弟弟，哥哥帶著妹妹。我也受兩位家長託付，帶著兩位學弟，一位是初一（3）班的李邦耀，他是我一位同班同學的弟弟；另一位是初二（1）班的關平威，關平威性格內向，是我家對門一對退休老夫婦的晚年獨生子。這些十六、七歲同學的家長相比高年級同學的家長，更多一份擔心。下鄉前關平威母親千叮萬囑，叫我好好帶著平威。可惜我抗拒分配時，平威害怕而不肯跟我滯留石灣。我苦勸無效，他服從公社分配，隨大流去了佛嶺大隊落戶。一別以後我沒有再見過這位小學弟、小街坊，每次回廣州探親都沒有遇上。他下鄉後一直憂鬱，後來政策有改變，獨生子可以回城，他回城後結婚，卻又走上自殺之路。

入夜，各人揹上自己的行李，到了石灣船廠，船廠工人招呼我們到一個放置雜物的木閣樓住宿。我們沿著又窄又陡的木梯爬上閣樓，昏暗的閣樓尚算寬敞，各自打開舖蓋分開幾排睡在地上。大家情緒都很差，久久未能入睡。各人身上所帶的錢和糧票（那年代出外食飯，除了鈔票，還要政府配給的糧票，兩者缺一不可。）都不多，真不知道能堅持多久。最憂心的是，沒有通信地址和廣州的親人聯絡，令分隔兩地的親人互相擔心。

我們高三級的同學早已相識，一些不同班級還未認識的同學互相自我介紹，大家很快熟絡。初三（1）班的張志勳同學解開自己的行李包，拿出一把二胡，熟練地調好音調，拉起一首二胡名曲《江河水》，樂曲高低起伏，如泣如訴，把壓抑在我們心中對廣州親人的思念，悲傷地傾訴出來。那是下鄉的第一晚，難忘！

第二天我很早醒來，我有早泳習慣，不分寒暑。石灣船廠就在東江河邊，因利成便，天剛發白，我一頭躍進東江河，沿岸逆水游了六七百米。上岸時見到李少輝和彭勇陽正在河邊草地徒手練拳，兩人同是初二（2）班同學，是學校武術隊員，又一起拜師學武，跟海幢寺的伍師傅學太虛拳。太虛拳大有來頭，是清朝宮庭內家拳，伍師傅父輩伍翁榮從咸豐皇叔處習得此拳，初時秘不外傳，至伍師傅才開始選擇性授徒，少輝和勇陽都是他們的愛徒。少輝的家庭成份是國民黨軍官，勇陽的家庭成份是資本家，文革時因為相同的「黑七類」（文革時地主、富農、反革命、壞分子、右派、資本家、黑幫稱為黑七類，是共產黨政權的階級敵人。）家庭背景而受打壓，感情更比其他同學深厚，兩人形同手足。他們正在互相攻擊防守，對練武術中的「橋手」。兩人身手敏捷，速度由慢而快，互相進逼，打得虎虎生威，英氣迫人。少輝體格高挑壯實，腰細肩寬，更覺矯健。

我是學校體操隊員，也即興露兩手，在沙地上跳躍翻騰，玩了一串自由體操動作，也算利落，眾人為我喝采鼓掌。

我讚少輝：「打起架來，你可以一敵三！」

少輝回讚：「你有體操根底，如習武，更無敵！」

彼此惺惺相惜。

隨後，各同學都來到河邊，先是高三（2）班的梁之鋒，我和他很深交，初中三年都已經是同班同學。他也是武術痴、咏春迷，好鑽研，對武術理論有很深認識，對少輝影響也很深，很受少輝崇拜。他在我們這班人之中是較早的成功者，到港後繼續玩咏春，有點名氣，是香港咏春國術會有銜頭的人。梁之鋒一來到便接替彭勇陽，與李少輝對打。跟著，高三（5）班王耀輝及李豪紳及他們弟弟李豪朋、高二（5）班的鄭如健和陳已曦，初三（6）的黎灼明都陸續來到，這群人大都有強烈的偷渡念頭，特別投契，話題都毫不避諱離不開偷渡。我們所在的位置是東江河的北岸，對面是東莞縣的石龍鎮。該段河道有一分支流向西南，形成一個寬闊的三叉口，清澈的河水在那三叉交匯處，有一條明顯的分界線。我們憧憬那是海水和河水的分界，分界線的西南可直抵港澳。

河邊的泥濘上擱淺了一條「疍家艇」，那是水上人家起居勞作的所謂「連家船」，船身僅長五六米，寬一米多，低矮的船蓬下、被擦得光亮的船木板上豎起一幅毛澤東像，像前擺放一盆稀飯一盆蕃薯，不知算是早飯還是正餐，船家和兩個小孩在狹小的船頭跳起「忠字舞」，向毛像鞠躬後，再鑽進船蓬內進食，自得其樂，看得我們直搖頭。

老一輩廣東人很歧視水上人，稱他們為「疍家佬」、「疍家妹」，傳統上，水上人比岸上人低一等，通常岸上人都不會降格和他們通婚。文革前有一套很受歡迎的電影《南海潮》，有一片段描述一個水上人踩著木屐上岸，被岸上有勢力人士斥罵，要他們即時脫下木屐，因為水上人踏上岸不可穿鞋只可以赤足，那是對水上人地位很真實的寫照。

梁之鋒笑說：「他們現在比我們好多了，真羨慕他們，沒有戶口限制，一家人可生活在一起。」

李少輝插話：「如果我是他們，不出一個月，我會帶上一家人把船划到香港！」滿臉自信。

有人建議到石龍逛街，眾人都說好。大家所在位置往西幾十米便是渡頭，有「横水渡」（搖櫓或雙槳划動的小船）接送過河，每人收兩分錢渡船費。早上是繁忙時段，等候過河的人多，要等船。我好勝，也為了節省兩分錢渡船費，於是沿著淺水處步入河中，單手把乾衣褲托起，游泳到對岸，比其他同學還先到石龍。

上了渡頭便是石龍的主街道，沿著那條路可通往火車站，馬路狹窄，兩旁是兩三層高的舊樓房，騎樓房都跨蓋著行人路，建到馬路邊，風貌很像廣州五中附近的同福東路接近市二宮路段，令我們感到親切。

中午選了一間小飯店午膳，石龍的飯店多，吃飯比石灣便宜。話題仍離不開偷渡。

李豪紳說笑：「阿陳，憑你的泳技，如果能夠抵達海邊，整個世界就屬於你了！」

梁之鋒：「以阿陳和少輝的身手，成功的機會肯定比我們高。」

少輝：「偷渡是賭命，靠運氣。」

我同意少輝的說法，命運弄人，命運的安排不會考慮人的本領高低，成功的機率是三分本事，七分運氣。

傍晚回石灣，我仍舊游泳回去，不過是讓少輝他們幫我把乾衣物帶過河。

滯留的第三天，知道廣州五中的學生當日會到中崗、鷺崗農忙勞動。我們相約去石龍火車站，會一會這批文革後復課的母校學生，或許還會見到我們認識的老師。上午九時多到達火車站，剛好廣州的列車到站，幾百學生魚貫下車，亂哄哄地站在鐵路旁等候安排。人群中我一眼認出鄰家女孩燕萍，文革前的小學生被荒廢幾年學業，一下子跳升為初中生了。我家和燕萍家的鄰里關係很好。那時，我的幾個哥哥姐姐都已成家遷出，家裡只有我和弟弟與母親同住。1966年母親退職，依循「頂替接班」政策，可安排一位子女頂替母親的空缺，當時是很珍貴的留城就業機會，我讓給了弟弟。他進了照相機廠，逃過了後來的上山下鄉惡運。及後照相機廠遷到市郊夏茅，我們兩兄弟常不在家，鄰家燕萍三姐妹常幫我母親做家務，諸如到公眾供水站挑水、到煤店買煤、到糧店買米等粗重家務全都包下來。我喊了幾聲「燕萍」她才認出我。「治哥，不見幾天，你消瘦多了，你媽很想你，我見她整天在嘆氣哭泣。」我腦海浮起離別時母親異常冷靜，送我出家門的情景，燕萍的話我至今記得。

少輝聽到我和燕萍對話，有點感觸，原來他也有一位年齡和燕萍相若的妹妹，及一位患病、曾做腦部手術而休學的哥哥在家。說到少輝兄長，勇陽插話，其兄名李少山，1963年在五中高中畢業，手術後閒居在家，潛心研究辨證法和唯物主義，頗有心得，筆記本寫得密密麻麻。他寫了好幾篇有關社會科學的論述文，都得到當時中山大學教授的好評。少輝受到他哥哥影响，對辨證法亦有體會，當時已懂得唯物辨證法的三大規律為：一，對立統一規律　二，量變質變規律　三，否定之否定規律。並認為毛澤東只講一、二，從不講三，忌諱被否定。我很驚訝，李少山學長和眼前兩位學弟有如此高深的社會科學理論水平，這方面我猶如白痴。

少輝母親早已知道，少輝有偷渡的心思，但反對少輝付諸行動，畢竟，少輝只有16歲，同樣的父母心，如果少輝的年紀大一點，他母親或許會和我母親一樣，鼓勵少輝去爭取自由。

黎灼明有一位表姐名陳賽甜，和梁之鋒也很熟，是鸞崗大隊1964年廣州下鄉知青，後來，我們借用她的通信地址和廣州親人互相通了信。打後的十多天，我收到陳賽甜轉來母親的兩封回信，字裡行間顯露出母親對現實無奈、對兒子的牽腸掛肚。

陳賽甜那一輩知青大都是被動員或自願下鄉，有些人還獲得政府承諾，數年後可回城，所以比較馴服，較少人偷渡。後來受到我們這群新來知青影響，開始醒悟，眼看政府的承諾不會兌現，對前景很失望。我們這群新知青的到來，擊活了他（她）們被消磨的活力，很多人都走上偷渡之路。兩年後，陳賽甜第一次跟隨黎灼明偷渡，失敗後再分頭起行，結果在她表弟之後成功抵港，現居美國，此是後話。

口袋裡的錢和糧票越花越少，為了節省，每天仍然游泳過去石龍吃飯。隨後，好幾位同學都跟我一起游泳往返。有次水流太急，陳已曦和另外幾人被沖到下游上岸，要步行一段路回碼頭和其他人匯合，又累又餓，結果那頓飯要比平時破費，要添加白飯填肚。一直挨到月底，抗爭終於有了結果，11月28號，我們隨五中另一批知青一起，被安排到了黃西大隊，命運安排我生命的另一半也在這批知青當中，是天意，也是緣份。

鐵場公社的地理位置本來就位於博羅縣最西端，黃西又處於鐵場最西端，與增城縣的三江公社相鄰，與中崗大隊或鸞崗大隊相比，還要富裕，交通也很方便。

黃西大隊由四條自然村組成，田頭、埔腳、關扎、西頭四村，分處東南西北四角，每村都可遙望對角的另外三村。埔腳是第一大村，第一至第四生產隊都在埔腳，分配的知青最多，李豪紳、王耀輝等大多數高三同學都在埔腳，大隊召開群眾大會通常在埔腳的大地堂。關扎和田頭都是小村，各自只有一個生產隊，分別是第五和第八生產隊，我和一班十五、六歲的學弟學妹共十三人到了田頭。西頭是第二大村，包括六、七兩生產隊，後來六、七兩隊合併為第六生產隊，田頭便改為第七生產隊。李少輝和梁之鋒等偷渡欲最強的人恰巧又分配到一起，到了西頭六隊。

初到黃西十多天，我們被安排的農活還不算太累，晚飯後我們曾在石灣滯留的一夥「老資格」知青都會到埔腳聚會，與新一批知青傾談甚歡，閒聊的知青中夾雜很多農民，我們少談偷渡。我喜歡拉小提琴，跟張志勳一起拉二胡，和他很咬弦。張在農村逗留的時間很短，不到一年便「走後門」進了工農兵大學。1970年我當了民辦教師，搬到學校教師宿舍，他回埔腳取回私人物品，順道到學校探我，才知道他哥哥和當時鐵場公社革委會主任祝萬清的秘書李××，是當兵時的老戰友。我祝賀他能這麼快便可以離開農村。他憑的是私人關係，我們後來走的是涉險賭命，千方百計都是要離開農村。什麼「知識青年到農村去，接受貧下中農的再教育，很有必要。」全是屁話！

漸漸地，日間太勞累，晚上聚會少了。偶爾開群眾大會，往往是傳達新政策或慶祝新的「最高指示」出爐，難得有機會不用出田幹活，我們又會聚在一起。通常，那些大會的政治氣氛很濃，有附近駐軍代表參加。每每遇到這種場合，我和李豪紳等高三級同學有意無意打扮得很頹喪，褲管捲得一高一低，左腳「元寶殼」（短筒水鞋），右腳解放鞋，外套的鈕扣又上下扣錯。我更常常一連十多天不剃鬚，大家互相對望暗自苦笑，默默地發洩屈在心中的不滿情緒。李少輝和其他學弟看見我們的樣子都忍俊不禁，大隊幹部卻對著我們皺起了眉頭。

有一次，是宣傳毛澤東什麼「四個偉大」集會，又是在埔腳的露天地堂舉行，我們幾個又是暮氣沉沉的模樣。有個年輕的、高個頭駐軍代表走到我跟前，操著帶鄉音的普通話以教訓的口吻：「革命青年怎這麼沒朝氣？」我沒心情理睬他。

少輝擠到我和軍人之間：「老陳，露兩手給他們看看誰沒朝氣，如果你和他單獨比試，我買你贏！」

我笑說：「少輝，不如由你上，和解放軍打架，輸了被當階級敵人，打翻在地再被踏上一腳。贏了更慘，變成現行反革命，立即槍斃！」

不知那軍人是否聽懂粵語，他望了望少輝，又望望我，很不高興地走開，有點悻悻然。

少輝他們所在的西頭村，顧名思義，是在黃西大隊最西端。第六、七生產隊的農田與增城縣三江公社的農田連成一大片，一條牛車路穿過西頭通往三江墟，是往三江和增城縣城的必經之路。從西頭步行往三江墟半小時，再到石灘滘火車站（石龍往廣州的下一小站）也只須一個多小時，騎自行車就更快捷。三江有醫院、郵局，每星期都有墟日，很熱鬧。我們常去趁墟，常碰到落戶三江公社的廣州知青，彼此雖不相識，但也交談甚歡。少輝他們就住在牛車路旁的一棟洋樓，那是以前大戶人家兩層高的獨立古建築，是黃西唯一的洋樓。此樓可算是位處全博羅縣最西端、又是博羅增城兩縣交界廣闊平原的一個制高點，被通俗稱為「炮樓」。登上「炮樓」頂四顧，真有望盡天涯路的感覺。「炮樓」又被老一輩有學問的村民稱為「西樓」，初到石灣那晚，張志勳拉一曲《江河水》催人淚下。「西樓」也曾令知青觸「名」生情。「西樓」前有一棵古老的龍眼樹，意境令人想起南唐後主李煜名篇《相見歡・無言獨上西樓》，「無言獨上西樓，月如鈎。寂寞梧桐深院鎖清秋。剪不斷，理還亂，是離愁。別是一般滋味在心頭。」作者抒發出離鄉去國的愴痛，知青何嘗沒有思鄉的苦澀？

「炮樓」近影

「炮樓」（以下仍以「炮樓」俗稱）有兩層，每層一廳一房，廳中放置四床，房間另有三床，各層都可以很鬆動地安排七位男知青入住。下層的房間後面還有一個雜物房，雜物房堆滿生產隊以前釀酒酒窖的舊瓷瓶，雜物房內有樓梯直通天台，二樓的出入口在後巷，有獨立樓梯上二樓再上天台。少輝和之鋒等人又在地下牆角窗口邊，架上一把木梯，剛好和後巷上二樓的獨立樓梯的中段接上。因而，從下層上二樓就不必繞經天台，兩層更可直接相通。由於樓內四通八達，外來知青到來投宿，他們大都沒有由所屬公社或大隊發出的出外證明，遇上黃西大隊的民兵檢查，也可輕易躲過。

大凡偷渡者都有點迷信，「炮樓」矗立於兩縣交界的平原之上，座西向東，一派紫氣東來、祥瑞降臨之氣勢。「卒友」（廣州人以中國象棋術語的「督卒、過河」暗喻偷渡，「卒友」指偷渡的同路人。）都祈求由「炮樓」出發，會沾上好兆頭，順利好運。

六、七兩生產隊的男知青分住一樓和二樓，少輝他們住在下層，在樓下那張通往二樓的暗梯前面，少輝和之鋒安裝了一個木人樁，一來可用以練拳，二來可遮蔽暗梯。自此，他們起居活動自成一國，不受農民干擾。慢慢成了知青們到增城、三江趁墟或往返廣州途經的聚腳點，也成了外來知青或本大隊知青密談偷渡經驗、交流偷渡最新訊息的大本營。一些外地「卒友」從廣州出發「埋堆」前，好常到「炮樓」歇一晚，以「炮樓」為中轉站，「炮樓」內經常留有幾部自行車備用，這些車一是從廣州黑市買來、或是已成功的卒友留下的。他們經常接待外來的同道中人，俊義不是黃西知青，也常在那裡留宿，所以和西頭知青都很熟稔。

西頭的外來人口有三類人，五中知青有十八人，汕頭知青三人，另有清理階級隊伍運動而被遣送來的一家四口。三類人都有人涉偷渡，曾經「起錨」（偷渡）的有十三人，大部份是五中知青，成功的有七人，只有一人（李少輝）失踪，加上另外幾條村的本大隊知青及外地知青，經由「炮樓」輸出的成功卒友，不下二、三十人。「炮樓」，有如偷渡知青的「起錨」根據地。

那時男女知青之間很拘謹，還帶著學生時代的靦腆，甚至碰面也不主動打招呼。各隊知青很早就「分煲」（即知青由集體煮食改為兩三人一組自由組合，結成煮食搭擋。）唯獨六隊七男三女知青長期同伙，沒有分煲，這要歸功於老大哥梁之鋒，他很有凝聚力，是第六隊知青的領袖。七位男知青都曾在石灣逗留抗命，十分團結。三位女知青：潔馨（她後來跟我偷渡，成為終生伴侶。）、小萍（1969年遷去附城公社，1974年在港和我們相遇，至今仍保持密切聯繫）和月怡都是初二級同學。放工後，女知青煮飯，男知青到自留地種菜，合作無間。

1970初，大隊從每村選派一名知青到博羅師範學校培訓，培訓後再回黃西小學教書。我和潔馨都各自被所落戶的村選上。剛好那段時期，李少輝的妹妹從廣州來西頭探少輝，因為小萍已遷往附城，而潔馨又去了師範，少輝的妹妹便由月怡熱情招待，互相結為朋友。那年暑假，月怡邀潔馨為伴，到廣州去探訪少輝妹妹，潔馨和月怡是很親密的朋友，現代潮語是「閨蜜」，察覺到月怡對少輝傾慕，月怡人長得漂亮，是大隊宣傳隊員，身材樣貌與少輝都很登對。

李少輝廣州的家在海珠區近大基頭的敬和里，陳已曦也住在附近。那天李少輝不在家，他父母見到兩位與少輝同生產隊的女知青到訪，顯得很開心。李少輝父親很開朗健談，母親少言，卻表露出知書達禮，很有教養。如果不是文革和上山下鄉，該是一個很美好的家庭。

李少輝對月怡也有好感，但他心思在偷渡，負了一段好情緣。潔馨跟我說到她和月怡到少輝家探訪的那段往事，令我遐想不已：如果上天安排少輝和月怡有我和潔馨一樣的運氣該多好！

1970年中，我和潔馨及另兩位知青由博羅師範回黃西小學當民辦教師，我教初中班物理化學兼體育；潔馨教小學五年級語文兼任班主任，對教學都能應付自如。我們的收入與大隊幹部同級，月薪三十二元，在當時算是很高的收入。年底，我們互相欣賞並選擇了對方，成了親密的男女朋友。那年寒假我帶她回家見母親，初次見到潔馨，母親很喜歡，很欣慰。傾談間，母親知道我們和潔馨兩家同屬海珠區二龍街派出所管轄區，住得很近，母親退休前的工作單位和潔馨母親也同屬海珠區飲食系統，早已間接認識，母親更覺親切。

第二天母親問我：「潔馨知不知道你打算偷渡？」我回說「未和她談

及」她勸我打消偷渡念頭：「你現在的待遇已比耕田好，聽街坊組長說，早幾天有人來街道調查你，據說是入職國家幹部的政治審查，你有可能轉為正式教師。現在有了女朋友，就安於現狀吧，你要有始有終，不要因為她女兒家膽子小，不敢跟你偷渡而分手。她是家中𡥧女（家中最小的女兒），就算她願跟你去冒險，萬一出意外，你怎面對她家裡人？」母親也是為潔馨家人著想，她和潔馨母親都了解偷渡的風險，夜間翻山越嶺會遇上毒蛇野獸，到得邊境又要逃避邊防軍和軍犬追捕，泅渡大海並不單憑泳術和體力，有可能會遭遇鯊魚和惡浪吞噬的厄運。仔細思量，兩位母親都不忍心我倆走險、賭命。我明白她的心情有矛盾，其實她始終希望我脫離知青群體，不要一輩子留在農村。我內心也始終堅持：不會在農村結婚生兒育女，不會讓我的下一代留在社會最低層。

之前一年，在博羅楊村農場的大哥剛結婚，大嫂是寶安縣龍崗人，我正考慮要和大哥大嫂商議，由他們在龍崗接應我們偷渡。但大哥文革時受到衝擊，剛「解放」（解除審查管制），弄不好會連累大哥大嫂，所以還沒有將我的想法透露給潔馨和母親。

回想起來，初到黃西小學的頭兩年，是我在知青生涯中最甜蜜的但又很短暫的一段日子。一方面，沉醉於初戀，我們相戀受到學校老師和高年班學生很正面的祝福；另一方面，我正備受公社器重，我在創建小學新增的初中班物理、化學課程中所取得的成績，得到公社教育組肯定。而且，我發揮了我的體育專長，把黃西小學的體育氣氛搞得十分活躍，因而受到賞識。1971年元旦前後三天，我和潔馨（她中學時是學校田徑隊主力隊員）帶隊參加一年一度在石灣小學舉行的鐵場公社中小學校學生田徑運動會。賽前，我已和學生打成一片，指導學生進行各參賽項目的練習，和學生一起練基本功，陪跑陪跳，親身做示範。結果，那次比賽黃西小學的成績名列前茅，取得建校以來從未有過的好成績。某些項目還超越鐵場中學，令鐵場中學、也是鐵場學界最權威的體育老師（名黃業漢，文革前廣州師範學院體育系畢業。）刮目相看。後又培訓出一名黃西小學初中班學生，代表鐵場公社參加省中學生運動會，取得佳績後留在省運動隊集訓。

公社有意將我轉為公辦教師，送我去參加高中師資骨幹培訓班學習，並派專案人員到廣州調查我的家庭背景，作轉公職政治審查。我家的街道幹部將此事告訴母親時，令母親感到榮耀。

黃西小學在田頭和西頭兩村之間而較接近田頭，每天下午放學後，至晚上教師集中備課時段有約兩小時空間。晚飯後我常常和潔馨散步返回田頭或西頭，找知青聊天。有次，剛過了夏收秋種農忙季節，在「炮樓」碰到少輝和已曦、勇陽等人，少輝取笑我：「阿陳，你現在只顧拍拖（談戀愛），改變初衷啦！」

我回說「我和你打賭，看誰先到香港，我約你在香港見面！」他們以為我說笑。也笑著和我擊掌為約，胸有成竹地答我「一言為定！」那是我最後一次和李少輝見面，並和我們留下了永遠不能達成的約定。

1973年7月初在寶崗泳池最後一次「操兵」（練習），是離開大陸前最後一次照相。明知此去路茫茫，難以歡顏驅恐惶。

（三）少輝與衆命運各異

幾天後天氣很差，傍晚沒有去散步，後來，陳已曦告訴我，那次交談後，李少輝單騎出發，起程後第二天刮起颱風，有點出師不利，少輝的出發時間和呂俊義的回憶脗合。

1971年初，母親被確診患上鼻咽癌，是晚期。她身體一向很好，年近六十，體型精瘦，行動伶俐。記得文革期間，我在家當逍遙派，偷偷借了很多黑膠唱片在家播音樂，母親會隨著圓舞曲跳起華爾茲或探戈舞，跳得還輕盈。她年輕時很新潮，是一所外國人辦的醫科學校婦產科的畢業生。不料在我下鄉以後，幾年間健康急劇轉差，變得很蒼老，患上癌症。我總覺得母親是因我下鄉受打擊，潛伏在體內的癌病基因被誘發出來。

我對母親多了一層牽掛，只好將偷渡念頭暫時擱置。

在我沉醉在學校的初戀期間，我們那班早已立心偷渡的知青，經過一年多四出串聯探路，已陸續行動。雖然組合和路徑不盡相同，但他們行動前都會互相知會，成功與否都能盡快知道消息，並互相照應。率先成功的是與我同生產隊的吳維忠，與他同行的赤瀝大隊知青陳興偉、馮家基都是李少輝的好朋友。1970年中，李少輝從陳興宏那裡得到他們成功的好消息並轉告我，大家都很振奮。幾天後我收到吳維忠父親的來信，向我查問他兒子的近況。吳父是廣州市藥材公司的幹部，我常受人所託，求他買藥，所以我和吳父很熟。不知他為何還未收到他兒子報平安的消息，於是我把從少輝那裡得到的訊息轉告他，請他放心。

王耀輝的弟弟也很早成功，耀輝卻從1971年開始，連續三年失手被捕，被剃光頭押回。而第一個被剃光頭押回的人是鄭如健，他們還未「埋堆」就在佛山旅店被捕。其實是有點冤枉，主要是他們沒有到佛山的通行證明，投宿時遇到搜查而被拘捕，開了倒霉的先河。王、鄭兩人詳述自已的經歷，提點別人不要犯同樣的錯失。他們也談到在「格仔」內與其他偷渡犯交流所取得的經驗：「起錨」除了要有信心，也要有隨時被捕的准備，被捕時登記身份並不會很嚴，可預先備好假資料「報流」（虛報假的身份資料），既可消除該次偷渡紀錄，也可在轉去下一站收容所時再伺機逃走，減少被囚時間。最好是冒充已成功抵港朋友的身份，更容易蒙混，不會被識破真正身份。黎灼明和彭勇陽後來都曾用這一招「報流」逃脫。耀輝和如健兩人雖然最終未能成功，但他們的經驗幫助了別人。

繼吳維忠成功之後，1970年黎灼明第一次起行，黎灼明經廣州親人介紹，認識東莞塘廈一位女知青李艷萍，塘廈也是一個很好的「埋堆」位，位置優於寮步。黎灼明單騎從「炮樓」出發，李艷萍在塘廈預備乾糧物資等候，順利於約定時間會合，入夜後上山。單車就留在塘廈知青點，那輛車後來加速了黎灼明第三次「起錨」，下文再提。兩人都是第一次，沒有經驗，上山行了一晚，第二天就在觀瀾被捕。

因為是初犯，或因為那段時期被捕的卒友太多，兩人很快被押返各自的知青點。塘廈這個「埋堆」位已暴露，暫時不可再用，只有另覓地方。

後來，黎灼明留在塘廈的那輛單車被另一男知青騎了回廣州，因為單車太舊，車牌號碼又不清楚，又沒有單車執照，被街道治安人員扣押，要重新登記。黎灼明知道後，找到陳已曦陪同，去派出所認領。對卒友來說，單車是一件很貴重的偷渡工具。他們來到荔灣區的逢源派出所，黎灼明登記了個人資料進入，在一個停放了十多輛單車的暗房內認出了那輛車，但派出所要黎灼明出示公社或大隊證明才准許領走，兩人無奈，只好暫且放棄。

表姐陳賽甜知道黎灼明剛失敗了一次回到廣州，立刻上門探望，並告知，她已經和兩位1964年下鄉樟木頭的男知青準備起錨，已籌備得七七八八，他們預算容納多一人，黎是陳的親戚，有一次失手經驗，又比其他三人年輕力壯，是最佳選擇。

之後，黎灼明多次往返廣州和西頭，進行籌備工作，每次回西頭見到李少輝，李都向他取經，詢問那次偷渡的路徑和失敗的細節，交談中知道黎準備再「起」（起程偷渡）第二次，問得更詳細。那一年由春耕到夏收，李少輝都有意光著頭不戴帽、赤膊出勤。整個人被晒得黑黑實實，再穿上唐裝衣服，外表與當地的青壯農民無異，他們透露會在夏收後起行，因為農閒時農民遲開工早收工，在山上時會較少碰到農民。人說「智者千慮，必有一失」，但他們沒有想到那時段是風暴季節。

1971年深秋，陳賽甜和黎灼明等四人分兩車從石灣出發，表姐弟兩人一車，另兩人一車，因為天氣轉冷走水路很危險，他們準備走中線翻越鐵絲網。初段很順利，由黎灼明領頭，經橫瀝、常平、樟木頭、塘廈直抵深圳腹地筍崗。可惜就在那裡迷了路，與另兩人走散了，又斷了乾糧，兩表姐弟躲在甘蔗林裡，啃甘蔗充飢。甘蔗林望出去便是九廣鐵路，鐵路旁有一條村，另有一排鐵路員工宿舍。入黑，兩人潛入村內找食物，結果被捕。第二天被押解去深圳拘留所，原來那片甘蔗林距離深圳河已很近了。在深圳收容所拘留了兩天，第三天被押去樟木頭，上囚車前忍不住往南偷偷望向那一河之隔的香港山頭——那片心中向往的自由地。冷不防招來押解民兵迎頭幾下棍棒，他本能地舉起手去擋格，避得了頭破血流，手背卻剎時紅腫一大片，脹痛了二十多天。那次在樟木頭關了很久，跨越1971至1972兩年，飽嚐飢餓寒冷虐待。「格仔」內環境惡劣，「出格」（出獄）時身體消瘦了幾個碼，全身患上濕疹。回廣州調養了一段長時期才痊癒。那次起錨時已知道，李少輝已早他一個多月先行，但在大陸已經失聯，估計他或已成功又或已遇險。所以黎灼明第二次被捕後即用李少輝名字「報流」，在押回鐵場公社後成功逃走。

陳已曦因為個人原因，不急於偷渡，最終也沒有偷渡。但多次協助朋友偷渡、接應失敗者逃走，都義無反顧。我們和李少輝、梁之鋒、黎灼明及彭勇陽等人下鄉前已認識，下鄉後更密切，經常陪他們回廣州練兵，到越秀山登山練氣，到珠江河游泳練水，長途往返游去石門，單程十多公里，每次都游雙程。

早於黎灼明第一次「起錨」之前，陳已曦已多次協助梁之鋒、黎灼明等人探路，有次陪同黎灼明去清溪探訪，準備那次如有機會，黎灼明會即時「埋堆」上山。兩人一車，赤足騎車到了寮步，在路邊吃了碗沙河粉。

當時有民兵走近，帶著懷疑的眼光打量，看他倆光著腳丫，捲起褲管，很像趁墟樣子才沒有上前盤查。那時的知青，如果沒有出外證明，在非落戶地區留宿，被查獲便會被收容遣返。他倆發覺已被民兵留意，吸取鄭如健在佛山被捕的教訓，也避免暴露清溪這個「埋堆」點，於是放棄繼續行動，折返黃西。因此，黎灼明對幾個熱門「埋堆」地點的路徑摸索得很熟悉，後來單人到塘廈與李艷萍會合，也很順利，只不過那次因缺乏經驗而最終失敗。

1972年中，黎灼明仍在廣州休養期間，收到兩個訊息，一是梁之鋒年初走中線，已成功抵港，並留下了在港的通信地址。隨後又收到黃西大隊知青通知，說有人調查知青在廣州偷單車，涉及他那輛扣押在逢源派出所的失車。為免日後麻煩纏身，黎灼明決定即時再起行。急忙中沒有像前兩次那樣，預先約好同伴「埋堆」接應，憑著對沿途路徑熟悉，他決定單騎直闖邊境。

他家對面是某國營單位宿舍，常常擺放很多公家單車，有些並沒有上鎖。1972年8月8日清晨，黎灼明輕易取了一輛公車（自行車），直上廣汕公路。中午途經增城，急忙買了個大冬瓜，再取道經三江回到西頭「炮樓」躲起來。傍晚，陳已曦和彭勇陽等人收工回來，幫助挖空大冬瓜，藏上鞋、水泡、指南針和乾糧等物品，再將廣州騎回的單車換上之鋒留下的單車。之鋒那輛車的車尾架較大，很象當地農民用車。他在車尾架上橫放了一對竹簍，一邊放上雜物房取來的舊瓷瓶作掩飾，另一邊放上那個大冬瓜。已曦和勇陽再協助她們打扮，找來少輝和之鋒的剩餘衣物，穿上唐裝衫褲、戴上可遮蓋眼額的小圓帽，外觀與當地農民無異。天未發亮，黎灼明握別摯友上路，村民都不知道他回過「炮樓」。

一出「炮樓」，向東越過乾涸的排洪渠，經鐵場邊再迂迴地按熟悉的路徑前進。很順利，傍晚到達龍華，在一處偏僻路邊棄掉單車，抱起那個大冬瓜躲進草叢。取出冬瓜內的物料，穿上鞋襪。天還未入黑，見四下無人，便急不及待地竄了上山，再依照指南針指引向西南奔逃。天快亮時，估計已接近大小梅林，山腰的雜草叢中有一個棺材洞穴。一連騎了十多小時單車，又走了一整夜山路，疲憊不堪，更感覺膝關節脹痛得厲害。一頭栽進洞裡，也不管蚊蟲叮咬，便呼呼大睡。一覺醒來，已是黃昏，要不是下雨，可能會繼續睡下去。身處的位置已可遙望深圳河，河邊有一個碉堡，周邊是一大片稻田。想起上次在深圳被捕，押解去樟木頭時，因為偷望對岸而挨打的情景，心情又激動又緊張，激動的是香港近在咫尺，可興奮地盡情地望；緊張的是，眼下連接深圳河的一大片稻田都在碉堡的監視之內，要越過這片稻田，難度很高，況且身體已精疲力竭，賈盡餘勇，信心仍不大。

待到天黑，吃了點乾糧，他開始下山，山腳便是一小塊接連一小塊的稻田，一直連接到河邊。晚造的水稻長得還不到一尺高，很難藏身，反而稍高的田埂長滿了野草可作掩體。他靠著田埂邊，身體俯貼水田，抓緊田埂邊的野草，像蛇一樣向前爬行。動作就像軍訓時側身匍匐前進，但軍訓時是在陸上，水田上做那樣的動作就倍加吃力。他乾脆去掉全部物資以減輕負擔，反正已到最後關頭，成功與否，這些物資已屬多餘。那季節水田中很多水蛇，晚上覓食後會盤踞在田埂上「打霧」（睡眠），爬行中不時觸碰到一團軟軟的東西，人和蛇都受驚嚇而各自退縮。有些受驚逃竄的蛇會反咬一口，他頻頻被蛇咬，被咬的地方陣陣刺痛。水蛇雖然無毒，但傷口內會留下蛇的細牙齒，十分難受。

約二百米的距離，很吃力地迂迴爬了一個多小時。接近碉堡時，聽到內面的男女民兵在談笑，幸好正下雨，他們沒有走出來巡邏。終於爬過了最危險的地段，到了水田的盡頭。河邊長了一大片一人多高的荊棘叢，小心翼翼地鑽了進去，驚喜已有先行者開出了一條荊棘路！踏著荊棘路順利到達河邊。河對岸便是英界，有探照燈射過來，借著探燈光看到河面很窄，鼓起最後勁頭，一口氣游過了對岸。最後的障礙是一堵兩米多高的鐵絲網，鐵絲網頂部橫向捲成圓筒狀的尖刺。疲乏的身軀不知何來一股神力，一下子便翻越過去，只是雙腿至今仍留下被鐵刺深深刮破的疤痕。黎灼明於1972年8月8日清晨從廣州出發，10日晚已成功抵港，也算奇蹟！

一進港境，便以「非法入境」罪被拘留調查，被扣查期間，早餐有牛奶麵包，午晚餐有菜、有肉、有水果。回想上一次在樟木頭被囚跨越兩年的慘況，香港的拘留所和大陸的「格仔」真有天淵之別，被囚人士仍有做人的尊嚴。

黎灼明在拘留所完成調查登記後，獲發車資去自尋親人，他大哥住港島英皇道359號三樓。按地址找到，見是一間名為「金菊園」的酒樓。他摸上去問侍應，被告知並無三樓，他以為記錯了地址，於是轉去找之鋒，之鋒比他早一年到港。原來那棟大廈下面兩層是酒樓，三樓以上才是住宅，各有獨立升降機上落，灼明上錯了非住宅升降機。

1972年8月，黎灼明抵港後寄回西頭的立體明信片，鼓勵後來者一帆風順。那時，這種立體明信片大陸還很少有。

之鋒住筲箕灣明華大廈，找到之鋒比找大哥順利。兩人分別不到一年，各自經歷不同艱險，有幸能在香港安然重逢，恍如隔世，激動得相擁而泣。互相詢問別後少輝的下落，知道兩邊都無消息，估算已經遇難，不覺悲從中來，為少輝的不幸惋惜。

1973年中，也是夏收農忙時段，下著雨，彭勇陽起行前和陳已曦道別，已曦想起兩年前年少輝起行前也是在風雨中最後見面，不覺黯然。暗自祝禱勇陽起行順利，幾天後天氣雖然已經轉晴，陳已曦心中仍然忐忑不安，在焦慮中又過了二十多天。一天早上出工前，聽到一名生產隊幹部發牢騷：「真不合時，農忙時候又要派人去公社。」他透露，收到公社電話，要派人到鐵場接回兩名偷渡被捕的西頭知青，一人是黎灼明，另一人是黎洪業（黎洪業兩兄弟和父母一家因清理階級隊伍被疏散到西頭），已曦立刻猜到是勇陽借黎灼明的名「報流」，當即找到黎洪業之弟黎洪雲去接應。兩人分騎兩部單車，趕在黃西大隊幹部之前到了鐵場。已曦認識兩位五中同學，他們很早被上調到公社，做一些抄寫文件、宣傳政策等文職工作。他們消息靈通，告知近期被捕押回的偷渡人士都被送到九潭臨時勞改場，當日會有一批遣送回原大隊。兩人聽後，又急速趕去九潭，抵達不久，見到勇陽兩人剛好從勞改場逃了出來。已曦向兩人吹口哨打眼色，兩人意會，分別跳上已曦和洪雲車尾座架，四人分兩車沿河堤壩奔向石龍。不久發現後面有人背著槍追來，可能是勇陽兩人前腳走，黃西的大隊幹部後腳到，發覺要領返的人逃跑了，勞改場的民兵立刻持槍追捕。民兵輕裝，已曦和洪雲分別負載著勇陽和洪業，速度較民兵慢。還未逃出九潭，眼看民兵越來越近，快要被追上。坐車尾的勇陽和洪業當即跳下車躲進河堤壩邊的草叢，已曦和洪雲則繼續騎車向前飛奔，引民兵緊追，最後把民兵甩掉。草叢中的兩人看到追兵經過後，游水過對岸。其實兩人偷渡路徑和時間並不相同，只是各自被捕後在「格仔」相遇，成了逃獄的同路人。兩人渾身濕漉漉爬上岸，已進入了圓洲公社區域，沿路躲躲藏藏，徒步又走回到鐵場石灣，找到黃召真，黃是剛被抽調到石灣糧油站工作的西頭知青。黃招呼兩人吃飽後，勇陽打算返廣州，洪業選擇摸黑回西頭，潛匿家中避風頭，兩「逃犯」暫且分手。黃召真騎單車送勇陽到石龍火車站，趕上了最後一班往廣州列車。

勇陽回到廣州後不敢直接回家，住到紡織路區啟邦家裡，區是勇陽的同級同學，赤瀝大隊知青，又是多次被捕卒友，區的一家都很好人，常招待落難知青在家裡暫住。區後來與勇陽的姐姐有一段離奇經歷，最終抵港，為免扯遠，暫且打住。勇陽在區家住了一星期後回到生產隊，他和洪業都沒有被追究。農民和基層幹部都心知肚明，知青的到來，其實是分薄了他們固有的土地資源，如果知青偷渡成功，正合他們心意。

1972年9月新學年，潔馨被調回生產隊，原因是早一年學校換了新校長，新校長姓陳，曾在公社的不同大隊學校當正、副校長。此人與當時掌管公社教育組的領導班子，都是五十年代廣東南海縣師範學校的畢業生。眾人都稱呼新校長為「陳主任」。那時「主任」的稱呼比「校長」尊貴高級，地區的最高領導職稱都是某某（單位）革命委員會主任。他們對「陳主任」的稱呼很受落。早已聽聞此人倚仗與上層有很深的人脈關係，行事專制，容不得逆他意的人。最要命的是，他私心重而品格差。曾經被揭出，有位民辦女教師被他長期性侵犯而啞忍的醜聞，他都只是被調職，之後仍然以自私而專橫的手段管治學校。被各校教師冠上「順者昌逆者亡」的惡名。（我離開學校後，醜聞被證實屬實，他才被降職。）

他帶上老婆和三子女到任，剛好那年學校新增加了兩位知青教師，要加建教師宿舍，他一家要了兩間大套房，又要求大隊解僱了已多年為教師煮飯、很稱職的廚房阿嬸，由他老婆接替。他老婆也不避嫌，公私兼顧，一邊為教師煮飯一邊為自家煮小灶，教師伙食變差了，但沒有人敢哼一聲。

為了顯示他上任後學校的新面貌，「全校學習解放軍」，他要求全體教師跟隨當時政治氣候，清晨到操場集合步操，然後呼喊著當時流行革命口號，分成四小組到四條村去接學生回校上課，沿途又要引領學生高喊革命口號。一些領取國家工資、教職相對穩定的公辦教師對他的行徑大都敢怒不敢言，個別則逢迎諂媚，事事迎合。我們這些教職不穩定的、特別是一些已教書多年、體力已衰退、很難再幹農活的民辦教師，如要保住飯碗，最「明智」的辦法便是馴服地任由他操控。

我覺得陳主任簡直是把教師當作小丑，沒有理會他的新規定，也沒有聽從女朋友（潔馨）的勸告，不把新規定當一回事。性格使然，我堅持自己每天早上的生活習慣：六時起床，二十分鐘徒手體操，三十分鐘沿著鄉間小路跑步，然後冷水浴，早餐後精神抖擻地到校務處準備上課。我開了對抗的頭，一些老師也變得消極懶散。學生家長對新安排也有意見，通常年紀稍大的學生上學前都要幫家裡做點家務，諸如餵豬、到自留地澆灌等農活，上學前都很忙，不想提早上學。再且，很多農民都已討厭動輒就呼口號表忠的舉動，不到一星期，陳主任想營造的新面貌便無疾而終。他從未如此丟臉，他的惡權威受到了從未有過的衝擊。

一些其他學校的教師知悉此事，都好心提點我，那人報復會不擇手段。果然，不久我便成了他很想拔除但一時又拔不掉的眼中釘。因為我可能轉為公辦教師的傳聞正甚囂塵上，他對我無從下手，便轉向我身邊的人開刀。其中有一位自黃西小學建校就從外鄉招聘到學校任教、姓駱的中年民辦教師，駱老師桃李滿黃西，很受在校學生、已畢業學生、學生家長和學校同事尊敬。只因他和我比較談得來，校務例會上的表態又常常和我一致，而我們的觀點又常與陳主任的觀點相逆，駱老師因此而招禍，盡管當時學校因缺人手而剛剛增聘了老師，駱老師仍莫名其妙地被辭退。他家鄉很窮，回老家後再靠體力農活為生，經濟收入驟減，境況淒涼。陳主任的狠辣手段取得了殺雞儆猴之效，我雖感覺愧對駱老師，他是被我連累，但我照樣我行我素。

陳主任可以肆無忌憚任意妄為，除了因為一貫弄權手段到家，還因為得到主管文教的大隊幹部張某撐腰。張某與我早有過節，那是下鄉的頭一年冬天，公社壓下任務，各大隊要派一定數額的民工到小金（博羅縣山區）修水利。那些苦差事無人願去，於是，我們知青和地主富農子女便被派去充數。黃西大隊的民工由張某帶領，我們背著舖蓋步行，張某騎車先到小金。工地的環境十分惡劣，張某的安排橫蠻無理，潮濕的低窪地上舖上稀疏的禾草，上面拉一張塑料膠布，便是住宿地，四面通風，那時已是冬天。地主富農子女不敢吱聲，知青中我年紀最大，遇到不平事我都是出頭鳥。我和張某頂撞，那時他雖然是大隊幹部，卻沒有直接管我們知青的權利，莫奈我何，但已留下牙齒痕。後來我當了教師，直接被他管，便對我處處找碴為難，幸得上一任校長秉公維護，也不能把我怎麼樣。

卑鄙招數接踵而來，一進學校，因為由我主管新增的理化科和體育科，我曾因公或利用寒暑假的私人時間到廣州購置大批化學科教學器材和體育器材，創辦了化學實驗室，在操場加建了標準的籃球場及雙單槓等設施。我利用自己在文革期間自學的木工手藝，再購置一套木工工具，親自動手制造安裝了好些器材，大如籃球架及單雙槓的支柱，小如化學實驗室的試管架，為學校節省了一筆開支。公社教育組的領導人員來巡視，我得到高度評價，因而很受教育組器重。駱老師走後不久，剛巧遇上學年度查帳，負責財務的姓劉女教師將我經手的全部、包括不屬於該年度的購貨單集成厚厚的一大疊，由張、陳兩人監督，逐單核對實物。那天，某星期六下午學生不用上課。在教師宿舍對開的空地上，全部教師都到場，我把放在我房間的化學科教學器材，諸如燒瓶燒杯酒精燈等玻璃器皿及化學藥品，以及一箱木工工具全部搬了出來，連同校務處的其他教學物品，雜物房的足球籃球，堆成一大攤，那些器材大部份都經我手購買，所以由我協助一一核對。其中幾張國營化工原料商店的購貨單列出有硫酸、硝酸、鹽酸、鎂條、石蕊、酚酞等化學品及檢試劑，有些甚至不寫中文名稱，只寫上化學分子式，他們根本不懂。化學科的三酸兩鹼是化學實驗課的最基本物品，都有很強腐蝕性，我要很小心拿出來對單。越核對下去，他們就越顯得不耐煩。本打算挑出骨頭來整治我，但帳目一清二楚，抓碴不成，反顯得我對任教科目的默默付出。兩人滿臉尷尬，啞口無言，顯得灰頭土臉，眾人都知道所謂查帳，其實是衝著我而來。結束時，我對著兩人怒目而視，鄭重宣告，今後再不兼任採購，我房間的公物不再保管，全部搬回校務處。不久，原本我保管得很好的物料，很多被陳主任老婆損壞或私用，那把木工專用的鋒利的斧頭，被拿去砍柴，變成一把崩口斧頭，化學實驗用的圓形玻璃水槽，也被拿去廚房私用……

報復沒有罷休，潔馨又被借口只有初中學歷而將她調回生產隊。其實，當時校內初中學歷的民辦教師還有兩人，那兩人的學歷是鄉村學校的初中生，沒有受過師範培訓，長期任教一二年級。而潔馨是廣州市一級中學的初中生，下鄉後不怕吃苦，勞動出勤率高。又常被派去公社，代表生產隊開會，再回生產隊傳達會議內容，都能勝任。所以被原生產隊極力推舉，進師範培訓後再到校任教。她是學校最年輕的教師，一進校便根據當時政策，被委任為學校領導小組成員，任教五年級語文兼任班主任。又因為她在學生時代是田徑運動員，性格活潑，課外和學生玩在一起，深受學生喜愛。她任教的那班學生的整體表現，在全校各班級評核中被評為好班級，因而再被上調短期培訓。她的教學潛能比很多鄉村教師都高，卻因我而失去了民辦教師職位。

不恰當也要講一句：他們兩人基於同一私怨，狼狽為奸，但冷靜下來，其實我應多謝張陳兩人，是他們促成我早點「起錨」。

我越過大隊文教部，直接向公社教育組反映陳主任上任以來學校出現的不正常狀況，對張陳兩人不合理的所作所為作出投訴。我思考，學校的現狀並不適合我，繼續留下，處身那種混賬的政治環境之下，是在虐待自己，乾脆辭職以引起公社教育組對事態關注。反正，我有氣有力，倒不如重回生產隊趕牛犁田，心情遠較在學校勾心鬥角輕鬆。最主要的還是，我偷渡的念頭從未消失過，學校相對優厚的待遇並不值得我留戀。

回想起來，當了幾年教師，其實是我偷渡歷程中的一段彎路，如果不走這段彎路，我會提前「起錨」，或者會與少輝結伴，或者得以讓兩位母親在有生之年看到自己的兒子抵達自由彼岸，是命運！是天意！

1972年過了中秋節剛好一個月，母親去世，我再無牽掛，我要把母親下鄉時的叮囑付諸行動，讓母親瞑目！

我把我的想法和潔馨商量，她雖膽小害怕，但為了兩人及將來兒女的前途，決意跟隨，我們的想法也得到她母親默許。1972年至1973年寒假，我得到大嫂幫助，開出往龍崗路條，曾經兩次單獨到龍崗探路。之前，與我同生產隊的學弟鄒仔（他與前文提到的李邦耀同班），被調到廣汕公路邊的長寧旅店工作。鄒仔，義氣仔，人面廣，知我想偷渡，幫我找到一張地質學院出版的地圖，我如獲至寶，把中港邊界的位置牢牢印記在腦內，再把地圖交還給鄒仔，留給別的同路人。

我確定在坪山（龍崗東面偏南）「埋堆」，位置比寮步和清溪優越好幾十倍。坪山向南已很近海邊，按地圖比例尺計算，直線距離只有十多公里，都是山連山，預計翻山越嶺，即使走偏了方向也只需兩晚。而且那裡的正南方是一望無際的南中國海，距離香港離島的海程很遠，估計很少人會在那裡下水，可以估計陸上防守較鬆。東南面有東坪洲，島形窄小；西南面有曲島（後來抵港才知香港地圖標示為吉澳），曲島在大鵬灣海中呈東西方向。我心中暗自確定了明確路線，最終要在曲島最東端上岸！只要成功「埋堆」上山，在山上遇到邊防軍和民兵的機會幾近零。「埋堆」日期定在學校暑假，預算我和潔馨從廣州騎一輛自行車輕裝出發，大哥大嫂帶著剛滿一周歲的兒子（我侄兒）也預備一輛自行車在惠州大嫂的兄長家裡等候。因為一出惠州便有很多檢查站，盤查極嚴，特別是出惠州十多公里的佛子凹那一關卡，有一個大麻臉檢查頭目，很眼利，無數知青卒友栽在他手上，卒友給他起了個外號「豆皮佬」，有人發狠話，如果在廣州遇上他，要取他狗命！大嫂是當地人，滿口客家土話，到時大嫂背著小孩與我同一輛車，潔馨會戴上大嫂預備的、帽緣有花布簾圍繞的客家大涼帽，換上大衿花衫，裝扮成客家姑娘，與大哥騎另一輛車。有大哥大嫂和侄子掩護，估計可以避過檢查。抵達龍崗後，再由大哥的岳父母帶上乾糧和其他偷渡物資接應，到時兩老騎一車在前，我倆另一車在後，到達坪山後再找到隱蔽的地方上山。兩老再一人一車折回，那時一輛舊單車也很值錢，如果學黎灼明那樣棄車很可惜。

探路回來後，我向學校辭職，拒絕學校和大隊文教部張某的極力挽留。張某其實也明白，接連幾位好教師離校，是學校的損失，他也難向上頭交待。六月底我領取了最後一期工資，回廣州和潔馨會合。潔馨對游泳欠缺信心，我天天加強催谷，先在泳池，再到珠江河，用麻繩拖著她和一個救生水泡，在市區到石門的珠江河道來回操練。

1973年七月初，大哥大嫂再一次到廣州，和我們再次交談行動細節，約定行動的確實日期。我們訂於7月11號傍晚到達惠州，在大嫂的哥哥家中會合，歇一晚，第二天中午到龍崗公交車站，大哥的岳父母帶上偷渡物

資接應我們去坪山。兩老要早一天備好乾糧，12號那天一定要提早到車站等候，因為我們不是當地人，又沒有證明，不可久留，否則很容易暴露。細節談妥後，大哥大嫂先回龍崗，把我們的偷渡用品帶去，物品主要是指南針、救生圈、藥品、和一條約兩米長的麻繩。麻繩預備在海上用，我和潔馨在珠江河實踐過，我將麻繩一頭打個死結套在肩膀上，另一頭綁緊救生圈，我奮力往前游，潔馨在後面攬緊救生圈，配合我的蛙泳節奏蹬腿，幫助推進，居然可追過前面的泳者，游到石門。天氣好時，河上很多長途泳客，都是卒友在練兵，大家心照，見我倆游得快，都稱讚「好方法，好體力！」麻繩也是翻山越嶺時的備用工具。那時候，攜帶這類物品便會犯下偷渡嫌疑被捕，大哥大嫂有往返寶安的證明，大嫂又是地道龍崗客家人，被查的機會小，他們所冒的風險較小。

從我家到惠州足有一百五十多公里，如果載上潔馨騎車需要十多小時。為了避免太早過量消耗體力，我約好鄒仔到他那裡歇一晚。10號早上我和潔馨在母親靈前上香，拜別母親。我騎上單車載著潔馨正式起行，從河南（廣州海珠區）到沙河廣汕公路起點有十多公里，再到廣汕公路邊的長寧旅店八十多公里，傍晚順利到達，當晚鄒仔備了一桌蛇宴，為我倆餞別……

隨後的經歷，一直到達坪山「埋堆」之前都很順利，都能成功地完成事前所構思的步驟，只是低估了翻山越嶺的艱難險阻，圖標十多公里的距離竟消耗了五日時間，以至斷了兩日糧，要挖農民的蕃薯充饑。於16號晚深夜抵達海邊又遇上暴烈颱風「黛蒂」。後來才知道，下水時「黛蒂」已轉為九號烈風。憑著我母親的庇祐和潔馨母親的祝禱，終能化險為夷，逃出生天，17號清晨登上吉澳島澳背塘村。

1976年，陳克治回吉澳島，探望三年前收留過自己的阿婆

（四）少輝，你在哪兒？

到港後很快和相熟的偷渡知青聯繫上，已先後抵港的吳維忠、梁之鋒、黎灼明等人都沒有少輝的消息。但黎灼明曾經聽聞，當時少輝被解放軍發現，不理喝令，繼續逃跑而被開槍擊斃。以此推測，當日除了李少輝和陳興宏兩人，可能還有同伴。我們曾經多年打聽，可惜一直仍未知是否確有其人。

大家談起昔日經「炮樓」進出的卒友，都或成功抵港，或安然返回，只可惜失了李少輝。他是「炮樓」內體力最好的人，即使農忙時候，各人都很累，他早晨仍堅持把自製的木人樁當作模擬敵人，操練橋手，有用不完的精力。黎灼明第一、二次的「起錨」的伙伴李豔萍、表姐陳賽甜及另兩名男知青，最終都能到港，至今或仍留在香港，或已入籍美國，生活安逸，互相之間一直有保持聯絡，他們曾笑言：我們都沾了西頭「炮樓」的吉祥瑞氣！

一晃眼幾十年，我圍繞當年李少輝身邊的朋友寫下這篇記述，文中提及約三十人，絕大多數都是我直接認識。徵求過相關人士意見，文中大部份姓名都作了技術性處理。

陳已曦很念舊，幾十年來，他和李少輝家人的聯繫從未間斷。從他那裡知道，李少輝的大哥和父親已相繼去世，難得的是少輝母親仍健在，89歲了。少輝的妹妹結婚前後都一直伴隨母親同住，至今已三代同堂。我們這班朋友都已年過花甲，外貌體力都不復當年，但少輝在我們記憶裡仍然是青春少年。我們常聚會，談到當年下鄉與少輝的交往，勇陽嘆息：「下鄉前我早已經和少輝及他們的家人很熟，下鄉後一直和他們同住同食，知青『分煲』後仍與他們結成同伙煮食，直到失聯。」陳已曦為人重情，當年的點點滴滴都記憶細微，其中幾件事最深刻：「一，石灣抗命，我們二十人逗留十多天，最後一起到了黃西，其中梁之鋒、李少輝、黎灼明等核心人物都到西頭六隊，交情特別深厚。二，『同煲』半年，西頭第六隊男女知青，其中尊夫人（指潔馨）在內，同食了大半年，這歸功於梁之鋒的凝聚力。三，三江送醫，那次李少輝發高燒，我和勇陽連夜送他去五六公里外的三江醫院就診。陪伴過了一晚，翌日退燒再一起回生產隊，少輝曾因手指甲有甲溝炎導致截了一小節。」圍繞著李少輝，大家都有傾訴不完的記憶。

2016年3月初，陳已曦在微信群發話：「臨淵羨魚，不如退而結網，趁少輝母親健在，我們去探望她老人家，以解我們對少輝的思念。但人數要精簡，盡量不要撩起老人家的傷心事。」他的建議道出了大家的心意，約定2016年3月15日，一起去探望李少輝母親。

我和潔馨及呂俊義提早一天從香港上廣州，在約定的日子早上，會同彭勇陽和陳已曦，五位粵港兩地的當年少輝好友，一同上到李少輝的母親家。他們敬和里的舊居已拆，遷到鳳凰崗革新路沙園舊城區，住三樓，無電梯。少輝的妹妹和妹夫很熱情地接待我們。少輝母親的健康狀況遠比我們預想的好，89歲的高齡仿如七八十歲，難得的是起居飲食仍能自理。勇陽慨嘆，她幾十年前的容貌輪廓仍在，改變了的是，她以前的白皙的膚色和修長的腰枝。青少年時，少輝體型外貌酷似他們母親。反而，老人家已認不出眼前這幾位李少輝少年時的玩伴，但又清楚記得各人的名字，連勇陽的花名「�」也記得。提到以前的舊街坊，她特別開心，整個上午傾談甚歡。直到中午，我們一起出外食火鍋，老人家胃口很好，不擇食，不戒口，難得的是她上落樓梯不用別人攙扶，比起我這個膝關節勞損退化的晚輩顯得還要輕鬆。少輝有這樣一位高壽而健康的母親，應感安慰。

午飯其間，少輝的妹妹提到一件令人不解的舊事，1976年知青陸續返城，街道的專區幹部來她家作人口調查，詢問李少輝的下落，不得要領之下，放下一句話「誰說李少輝走了？李少輝仍在！」此話不知會不會給少輝的母親留下懸念：少輝尚在人間?!

我不忍心動搖老人家心中對少輝的祈盼，我知道的現實是，她和我母親一樣，她們有生之年都看不到自己所記掛的兒子到了自由世界，此恨綿綿，長留人間！

我不忍心告訴老人家，2014年我們在吉澳島鬼吊角立碑，紀念偷渡遇難知青，每年拜祭時我會默默呼喚：「少輝，你在哪兒？」

陳克治夫婦探望李少輝母親

（五）後續：逝者無語真相續尋

2016年4月20日，我和鄧裕祥及另外幾位老知青，在上環一酒樓商議5月1日到吉澳再拜祭知青碑事宜。一見面，還未進入拜碑正題，鄧裕祥就告訴我，他已找到最後見到李少輝的人。原來去年聽過呂俊義口述，他覺得，既然李少輝和陳興宏是生死搭擋，而「摸子」梁能模與陳興宏又是早已認識的老朋友、老同學，兼且又是各路偷渡知青中的活躍分子，推測梁能模與李少輝應該相識。加上兩人失蹤時間相近，有可能同是那次遭遇不測的一伙不幸者。

近半年來，鄧裕祥從「摸子」身邊的朋友找尋線索，「摸子」的朋友也大都是鄧裕祥的朋友，雖然已各散東西，他們大都是小港新村電訊宿舍從小玩到大的老街坊，感情深厚。

線索從香港追尋到大陸，再追到海外，終於尋找到一位失聯近五十年的兒時玩伴。他名叫羅瑞燊，現居加拿大，是他最後送李少輝、陳興宏、梁能模等四人到清溪「埋堆」。後來發現梁能模的屍體，其餘三人音訊全無，此事令他愧疚。自責是他「送走」了他們，至今仍然耿耿於懷。

鄧裕祥把羅瑞燊的加拿大電話號碼給了我，叫我直接和他通話，了解詳情。並已預先向羅瑞燊作了介紹，告訴他，我想將那段歷史記述下來。2016年4月22日下午，我接通了羅瑞燊的電話。

我：「羅瑞燊你好，我是鄧裕祥的朋友，聽說你認識李少輝和陳興宏，你又是最後見到他倆的人。之前我聽另一校友呂俊義說，他倆本來計劃在寮步上山，因為陳興宏的弟弟是走那條線成功的，我很想知道他們最後的遭遇。」

羅瑞燊向我細訴：「我和李少輝、呂俊義都是五中同年級校友，都下放到博羅不同地方，因為偷渡而常走在一起。命運安排他倆一成功、一遇難。而我一共偷渡十一次，失敗十次，第十一次在1989年，用另一種方式成功到了加拿大。相比李少輝、呂俊義兩人，我和陳興宏、陳興偉兩兄弟更熟稔，我和阿宏自小在同一托兒所長大，他父母對我很好，把我當兒子看待。」對方的聲線洪亮，不似六十開外的人，但說到興宏父母，聲音明顯減弱了。

他續說：「他們那次起行還有另外兩人，一是我的一位姓梁的老街坊，因為腮邊長了顆墨痣，被街坊起了個外號，叫『摸子』，另一人我已記不起他的名字。我落戶湖鎮，那次他們四人先在湖鎮集中，我再和另外三位當地農民一起，送他們四人到清溪『埋堆』。『摸子』門路很廣，清溪那條路是由『摸子』搭通的，而且，『摸子』已先後引領過十多位知青從那裡上山，都能成功。那天傍晚，我目送他們四人躲到山上，才和三位農民折返湖鎮。」

「清溪位置確比寮步優越，這麼好的路，那時你為什麼不跟他們一起走？」我忍不住問了一句。

「我那時第七次失敗被捕，剛剛出『格』（出獄），身體很弱，手臂還帶著傷，不想要他們沿途照顧，拖累他們。」

「送走他們幾個月後，我遇到一位與我同樣倒霉、常常進出『格仔』的同大隊知青，那知青剛剛又在邊境失手被捕，被囚禁了兩個多月後被放出來。他告訴我，在邊防被拘留期間，一天早上，被民兵押去收屍，在邊界海邊發現『摸子』的屍體，看樣子死去不久，死狀並不難看，仍然是熟悉的面孔、熟悉的腮邊墨痣。」羅君說到此，突然無語，停了片刻。

我：「那位知青能夠為難友收屍，功德無量！不知他還有沒有見到其他相熟知青的屍體？有沒有留意『摸子』是溺斃還是被槍擊斃？」

羅：「那知青對我說，當時他和另一被囚人士，把『摸子』的屍體抬上一輛平板車，推到附近一條村邊的一個停屍間，再抬下『摸子』屍體便即時被民兵喝令離開。停屍房間內很昏暗，剛一進入，片刻間感覺眼前一片漆黑，眼睛適應後，隱約見到地上一字形排放了十多具屍體，根本不能細看屍體的容貌，無從辨認出少輝等人是否在其中。屍體沒有防腐，隔一兩天會被運去深圳火化，不會一一核實身份。」

他繼續：「年代久遠，我已和那位插隊湖鎮知青失聯多年，已無從考究陳興宏和李少輝是不是也擺放在停屍間內。也無須考究『摸子』他們是被槍擊斃還是溺斃。反正是我送別了他們。因此我一直內疚，無法面對陳興宏父母，幾十年了，再沒有去見兩老。只是後來到了香港，才把此事告訴陳興偉。」說到此，對方哽咽，停了下來。

跟著，羅瑞燊又補充了他對陳興宏的回憶，他們兩歲在同一托兒所，四、五歲又一起跟師傅練武，練習北派武術。陳興宏外形瘦小，但很靈活，很喜歡與人『講手』（比試，切磋），比試時，常以跳躍翻滾動作左閃右避，一下子會突然反擊取勝。他的前、後空翻技巧，可達專業武術水平。讓他上了山，便有若脫兔，很難捕捉。

而我認識的李少輝，進攻型的武術高手，他曾經試過扎起馬步和農民角力，兩個精壯農民也未能把他推移。我相信，如遇追捕，憑他的健碩體格和武術技巧，可反制等閑的民兵或軍人。至於『摸子』，他和鄧裕祥、羅瑞燊都是從小玩到大的街坊，都公認他外表眉精眼企、內裡足智多謀。他們幾人，絕對是當年的偷渡知青中本領高強之輩，是偷渡精英。他們那次結伴，絕對是成功機率極高的組合。但卻「鳥飛無痕」，令人唏嘘。上天安排李少輝等人罹難，他們無言地替同路人領受了命運的不公，承受了倖存者的厄運。

今年（2016年）是五一吉澳拜祭第三年，頭一年（2014年）立碑，有五十九位長者知青參與；去年（2015年）拜祭，租了一艘一百三十人的船，結果因參加人數太多，要冒險超載；今年（2016年）再拜祭，租了一艘二百人的大船，有老知青專程從國內及海外到來，有人帶同妻兒參加……大船不能直接停泊立碑地鬼吊角，只能停在海中，再用舢舨接送拜祭人士。我和去年一樣，放棄乘坐接駁舢舨，徒手游去立碑地，往返全程蝶泳，雖難與當年在黑夜中、九號風球下海中搏鬥相比，畢竟已是奔七的老人。游上拜碑地時，除了還有一絲當年成功的喜悅，更感觸的是，冥冥中罹難朋友為我們承受了沒頂之災、為我們背負了不幸。

拜祭時，身旁幾位都是五中校友，一位第一次參加紀念活動的女同學陳小微，她很感慨地說：「很難得這群有心人的情義，死難者的親人都未必能到來拜祭。」

另一位男同學、「卒友」陶秦華回應：「對那些遭遇不幸的認識和不認識的朋友們，每每想起他們無聲無息默默葬身大海，尸骨無存，心裡都有深沉的痛楚，四十多年來仍揮之不去，自己能活下來只是上天的恩典。今後只要有生之年能走動，我都一定來拜祭，是責任也是義務。」

我見到陶秦華眼淚奪眶而出：「張國源、何厚培，你的同學來看你們了，你的校友來看你們了。以後每年都會來看你們！」肺腑之言，訴盡心中酸楚。

陶秦華是性情中人，他呼喚的張國源、何厚培和他本人，是高中同班同學，三人也是我高中時同級的鄰班同學，我們幾十年前已相識。初到香港，陶秦華經常夢見兩位遇難同窗。他本身信仰伊斯蘭教，但仍請了兩位台灣尼姑，按佛教儀式做了一場法事，超度兩位同學，希望他們安息。

多年來，陶秦華仍致力追尋兩人遇難前後的真實情況，有心記下他們經歷。問遍以前同班同學，亦無人可回答片言隻語。意想不到，這次拜祭活動之後現了眉目。陶秦華結集了當日拜祭時攝下的一些照片，制成了一輯相冊，加上旁述，旁述提到張國源和何厚培兩人的名字。相冊一放上網，立刻引起一位遠在多倫多、原廣州一中姓梁的同學回響，原來梁君當年與一位叫霖哥的一家，同住廣州舊居吉祥坊二樓，霖哥是張國源舅父，而張國源又是梁君在一中的初中同學，自小就常上他舅父家和梁君玩。張國源高中轉去五中，大家都經歷了1966年文革、都逃不過1968年上山下鄉的命運。1972年約4月底張國源和最年幼的弟弟，僅兩人「起錨」，此事他們有向舅父（霖哥）說，但不清楚他兩兄弟走什麼路線，曾有人說他兩兄弟遇鯊魚、遇溺，但終無證實。不久，梁君到了香港，受到霖哥所託，繼續訪查兩人下落，都無結果，他兩兄弟在山或在海中遇難都無人知曉。後來，霖哥夫婦二人因女兒阿冰嫁到多倫多市，最終也入籍加拿大，早幾年病逝，臨終都找不到兩位自小愛錫（粵语：疼爱）的外甥下落，抱憾終生。為此，梁君也一直耿耿於懷。

張國源有兄弟四人及一最細妹妹，其中一位弟弟張國正（和鄧裕祥也相識）早年成功抵港，以難民身分入籍美國，也在近年去世。至今僅他二弟和細妹二人在世，居於紐約。陶秦華正設法聯絡他們，以了點點心願。

一輯相冊，又再勾起了梁君對朋友幾十年都放不下的追思，盡管大家都是有心人，他也要越洋向素不相識陶秦華說聲謝謝！也代表張國源仍健在的兩弟妹的謝意。

今年五一到吉澳拜祭之後，群內有人建議收集偷渡遇難知青名單，再仿照華盛頓「越戰紀念碑」形式，樹立大理石墻，刻上他（她）們的名字。此建議敢情是我們的共同心願，希望罹難者在他們當年向往的地方有一處安息地。但現在要實行可能難度太大，第一，現在的政治氣候不容許，大陸主導的知青歷史要迴避知青偷渡一頁，而香港新界鄉事的政治勢力，取向都緊貼大陸的官方氣候，如果太張揚，恐怕連現有的知青碑也保不住。第二，我們立碑，與傳統的鄉村風俗有抵觸，因而會被阻撓。我們曾構想，在石碑旁再立一塊祭文碑，為此，今年初與吉澳某村長在大埔某酒樓聚會，他回覆，叫我們放棄再立碑，說現有石碑已與原居民的風水習俗有抵觸。他提到，有村民認為，我們2014年立碑之後，加重了附近的陰氣。儘管石碑隔山隔海遠離村民居地，儘管生老病死是自然規律，但近期有老年村民去世，他（她）們的後人也怪到我們所立的紀念碑上。當時我回應，我們的行為是為了不讓罹難朋友的經歷被湮沒，是義舉，不是陰氣，是正氣！

我們一班倖存者已屆垂暮之年，不能預測我們親手樹立的知青碑能否永遠屹立。這是第一座、也是目前唯一的一座紀念偷渡罹難者的紀念碑，有生之年，每年我們都會去立碑地拜祭。中國的知青歷史不應以「無悔」為主流，我們的經歷應由我們自己來寫。筆錄、口述，補回被迴避的篇章，是我們的責任，也是對罹難朋友的道義。希望後人知道中國有過那麼一個荒唐的年代，一代年輕人曾經有過如此悲痛慘烈的經歷。

2016年5月16日

陳克治撰寫的悼念亡友的詩：

友

記否

文革後

下鄉放牛

無奈作楚囚

意相近成摯友

共籌謀高飛遠走

陸路大兵軍犬守候

投奔怒海身處鯊魚口

無畏懼押上生死賭自由

曾思量同路攜手瞻前顧後

步凶險踏驚濤前遭逢丁母憂

終失時機未能與君同步走

握別時相約香江再聚首

一別無音訊上天不佑

悲愴愴苦盼幾十秋

同凶險未共自由

戚戚然心愧疚

再上孤山頭

清香苦酒

訴離愁

聽否

友

2016年4月17日

塊肉餘生話「撲網」

黃東漢

【**按語**】本文的主人公胡向坤，與另外兩個同行，為了逃出那個吃人的魔窟之國，撲向鐵絲網……結果，兩位同行將生命留在了兩道鐵絲網的中間地帶，僅胡向坤獲得了自由。

右為胡向坤，左為黃東漢

當年衝向香港的千千萬萬偷渡大軍，有走東線的（大鵬灣），有走西線的（後海灣），有走「中線」的，所謂中線，就是東起沙頭角，西至羅湖福田一帶，橫亙在這條線上的，是貫穿整個中英邊界的約二十餘公里長的鐵絲網，中方、英方各有一道，並排而立。中方是兩米多高的高架鐵絲網，英方是俗稱「滾地網」的鐵絲網。

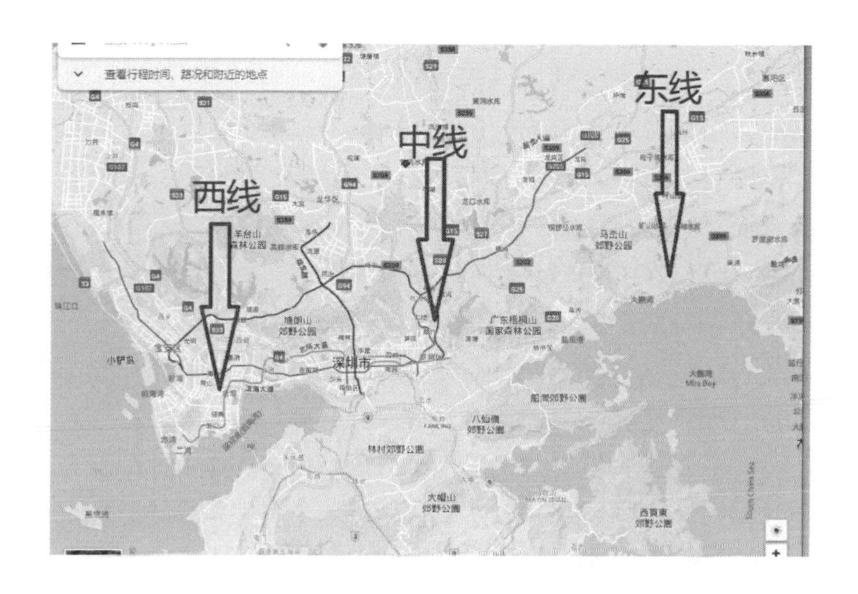

中方在臨近鐵絲網前的地方設有哨卡，平均約五百米有一個，另外在鐵絲網上拴了很多空鐵罐，逃亡者抵達此處一不小心就會弄出響聲，引至被捕。一般人的理解，鐵絲網是最後的疆界，因而一旦幸運的鑽過了這道鐵絲網，便放鬆了應有的警惕。想不到的是鐵絲網建在中方一側稍後的地方，離真正的邊界——一條小路（國防公路）還有約60米左右的距離，鐵絲網後面才是重兵之所在。在這個區域設有重兵防守，真是用五步一崗、十步一哨來形容也不為過，故而在那個年代，逃亡者很難在中央陸路突圍成功。筆者的孫表兄1968年12月第一次「起錨」就中了這一招，當他們鑽過鐵絲網後，就以為到了香港，只高興了片刻，便遇上了狼狗與士兵，束手被擒。

胡向坤，1954年生於廣州，在家中排行第三，上有一兄一姐，下有一弟兩妹。「新中國」一成立，時在潮汕農村被評為工商業地主的爺爺和父親作錯了一項決定，本來他們當時可以把家安在香港，但那時香港的環境也不大好，最後他們決定先在廣州停留下來，先看看再說。這一停留便鑄成大錯，令到他的家庭家破人亡，四分五裂，胡向坤最後也要歷經九死一生，才得逃離。

父親1958年因牽涉家鄉人一宗冤案——鄉民本來是正當購買開山炸藥的，被亂安罪名定為「反革命分子」，胡向坤父親受牽連，一家人登時成了政治賤民，陷入絕境，妹妹要送人，長兄無錢醫治病亡。1969年7月，胡向坤十五歲，上山下鄉來到博羅縣楊村柑桔種植場務工（農）。

在農村做了幾年，1973年時年已十八、九歲的胡向坤，動了偷渡去香港的念頭。

這一年的七月，胡向坤通過廣州親友的介紹，認識了一個博羅縣的農村青年，雙方一見投緣，便馬上結成團夥起程。他倆一早先從廣州坐汽車到博羅縣城去，在博羅縣城會合了另外兩個博羅縣的農村青年，四個人再用證明坐汽車來到一個叫陳江的地方。因為那三個人都是當地人，地形熟，一下車四個人很快就鑽進路邊的甘蔗地裡。鑽進甘蔗地的目的有兩個，一是為了躲避追捕，等到晚上好上山，二是他們還要在這裡等他們的同夥送乾糧來。好一會兒，那三個博羅農村青年見送乾糧的人久候而不至，忍耐不住，走出了甘蔗地，而胡向坤此時偏偏尿急，在甘蔗地裡撒了泡尿，等到他追出甘蔗地時，發覺他的三個同夥正給幾個持槍民兵押著走，他連忙縮回甘蔗田裡。躲過一劫的胡向坤只得放棄行動，逃回廣州。

然而在廣州的日子也不好過，他不敢回家，先到朋友家裡住幾天。在那艱難的年代，在城裡什麼都要憑票，雖有朋友收留，但時間一長也不是辦法。然而回到自己的家日子更難過，本來家裡窮，經濟緊張，金錢方面欠缺還好說，一家人勒緊一下褲帶就過去了，最要命的是他的家庭成份，在文革中階級鬥爭最瘋狂的年代裡，他的家早就在街道成了嚴密監視和重點打擊的目標。他剛回家休息了幾天，就收到風，說派出所將要抓他調查是否和偷渡有關，嚇得他連忙逃回農場去。

博羅縣楊村柑桔種植場，前身是個勞改場，有不少留場職工是前勞改犯。所以執掌權力的人對於鬥爭特別熱衷，鬥起人來特別狠，拳打腳踢、五花大綁、跪碎玻璃是常事。有一次胡向坤因事被隊長認為是得罪了他，加上偷渡之事，隊長要組織千人批鬥會鬥爭胡向坤。胡向坤只得倉皇逃走，並且決定逃向香港，這個時候是1973年12月，正是寒冬季節。

與胡向坤一同偷渡的，是一個外號叫「孖仔」的姓何的知青。他倆先在廣州乘汽車到惠州，然後出了城在郊外爬上了一輛南行的貨車，再換上了一輛滿載甘蔗的貨車。他倆藏在甘蔗堆中，隨著貨車南行了幾十公里，連闖幾道關卡，傍晚時候在一個叫鎮隆的地方外圍停了下來。他倆趁沒人的時候跳下車，因為他們知道再前行就要靠雙腳上山了。他倆下了車先找個地方躲起來，等天黑了才竄上附近的山，憑藉指南針的指引和星月暗淡的光芒摸黑南行。經過了四日四夜的跋涉，他們倆終於在一個夜晚來到了大鵬灣的海邊。他們出發的時候天氣還很暖和，然而一股強大的寒流也隨著他倆同時抵達海邊。那晚天上不停的下著寒雨，人還未下水就已全身濕透，冷得瑟瑟發抖。冒著寒風冷雨，他倆挺著發抖的身軀慢慢走入海中，剛一開始的時候感到還可以，但當海水浸泡到腰部時，冰冷的海水令他倆清晰的意識到，如果今晚勉強下海夜泅，不被淹死也會凍死在海中。為了保存性命，他倆退回岸上，並冒著寒風冷雨重新退回了山上。

時值12月，天氣大寒，從水路偷渡幾無可能了。在山上他倆重新檢查裝備，幸虧剛才下水時沒有扔掉乾糧和指南針，這些東西對後面行程還有用，只是乾糧已不多，且已部份被海水浸濕了。這時胡向坤對「孖仔」建議，把所有糧食留給他，讓他一個人繼續闖關，而「孖仔」則回去。他的理由是自己是「反革命」的兒子，農場時刻都在找機會鬥他，他回去無疑自投羅網，冒死一拚或有成功的機會，而「孖仔」家庭成份好，回去沒什麼大不了。但「孖仔」反對這個提議，理由是自己已外逃三次，回去也沒有好出路，加上邊境已來過三次，情況比他熟。經過商量，兩人還是決定繼續一齊逃亡。多年後的胡向坤還在懊惱，假如不是如此堅持，那麼今天與「孖仔」就不會陰陽永隔、生離死別了。

在寒風冷雨中白天他倆躲在梧桐山的茅草中，晚上才緩慢地向西行。梧桐山有一個特點，就是大石頭多，茅草也多。山上到處佈滿大約一米多高的石頭，而石頭之間則長滿茅草，那些茅草長得比石頭還高。夜間看起來白色的是石頭，黑色的是草，夜間被人追捕時如果從一個白點跳到另一個白點，稍有不準，就會跌落旁邊一米多深的草叢中，很容易弄傷自己，但這樣的茅草對逃亡者來說又是個躲藏的好地方。

那幾天正值寒流南下，晚上氣溫降至幾近零度，在山野間行走，寒風刺骨。向西行了三晚後，他們斷糧了。在澈骨的寒冷和饑餓中，胡向坤病倒了，整天發高燒，人也就昏昏欲睡迷迷糊糊了。他們不是沒有想過放棄，但是一想到回到以前的日子就不寒而慄，覺得要再堅持一下。幸虧西行第四天白天出了一會太陽，胡向坤找到一些乾草，他們隨身帶有針線，於是把兩件背心縫起來，中間塞滿乾草，製成一件乾草背心。穿上這件特製背心，也頂點作用，直到要鑽網了才把它扔掉。

第六個晚上，他倆在一處山坡的草叢中潛行時，突然發現在他們下方約廿米處有一個士兵休息的帳篷，這一驚非同小可，他們改變方向向上行，不料，在黑暗中他們竟然在不知不覺中觸到另一個帳篷。在帳篷裡躲懶的士兵突然大喝一聲：不許動！一把帶刺刀的步槍先從帳篷裡伸出來，跟著一個士兵嘴裡不乾不淨的罵著粗話走出來，拿著手電四處亂照。胡向坤倆人身體本能地向下一伏，立刻向旁邊的白點跳去，在石頭旁邊草叢中躲起來。那晚實在太冷了，又下著毛毛雨，那士兵追了幾步見不到人，又鑽回帳篷去了。

他們小心翼翼爬離了帳篷，躲在草叢中休息時，胡向坤突然覺察到有一個身影爬向他的朋友，胡向坤以為那人是民兵，便悄悄的跟在那人身後爬，一躍而起，把對方按倒。對方哆嗦著說：別動手，我也是偷渡的。胡向坤一聽對方也是廣州口音，便放開了他。大家一交談，原來這個廣州仔，七個人一起來的，卻與其他六個人走散。廣州仔背著七個人的乾糧，還有藥品，這對於胡向坤倆人可說是貴人了。吃了東西，三人組成新的團夥，向邊境作最後的衝擊。

從大鵬灣折返的第七天，也就是遇到「廣州仔」的第一個白天，他們躲在梧桐山上較為高處的山坡上的茅草中。他們觀察到在他們下方平均每隔五百米左右就有一個邊防軍的帳篷，而帳篷後面不遠處就是鐵絲網。為了避開守軍，他們決定改變下山的路線，晚上從兩山之間的山溝底部穿過去接近鐵絲網。

夜幕來臨，他們三人很快就順著山溝爬到鐵絲網前，盡量不碰到那些串在一條鐵絲上的金屬罐。他們沒有帶工具來剪網，但他們知道這道鐵絲網下方一定會有很多前人剪開的洞口，果然他們只是隨意的找了一下，就在茅草遮蓋下的地方找到一個破洞，三人分別鑽了過去。

胡向坤三人鑽過了中方的鐵絲網後，馬上感覺到網前網後的草明顯不同，網前的茅草有一公尺多高，人不容易暴露，網後的草很短，很明顯全都經過人為的修剪，人很容易暴露，只是草是不斷生長的，他們爬離了鐵絲網大約廿米，找到一處稍為凹下去，草稍為長一點的地方，全身伏下，頭緊貼著地面先躲起來。三人這時看到了真正邊界的景像，一盞強力的探照燈從幾百米遠的大營房頂向四處亂照，強烈的光柱不時掃過他們躲藏的地方。在光影中他們看到了將要越過的最後邊界——一條小型公路，還看到了他們所處的位置剛好在兩個小營房之間，不時看到士兵牽著狼狗來回巡邏。從鐵絲網到公路是一片約60米左右開闊的平地，而公路之後就是一個約45度的碎石斜坡，這個斜坡他們估計就是傳說中的三不管地帶，約有150米長，斜坡盡頭是一條小水溝，水溝旁邊就是英方的球形鐵絲網。

此時是半夜一點鐘左右，三人伏在地上一動也不敢動，前面有40多米寬的開闊地和公路，滾過那大斜坡才算成功，而這時狼狗和士兵是他們衝關的最大障礙。說起梧桐山鐵絲網前後的狼狗，那時它真的惡名遠播。由於它視覺、嗅覺敏銳，牙尖爪利，加之速度飛快，所以傷人無數，往往把人咬住了好一會，士兵才趕到，發現和抓住逃亡者建功的主要是狼狗。胡向坤平時在做準備功夫時就知道，早上七時正，士兵換更，他們會把狼狗短暫的拴起來一會，他們三人只有在那一刻迅速衝過公路，才有成功的機會。

那一晚胡向坤終於有機會見證了梧桐山邊界狼狗的利害，躲在草叢中的幾個小時，他就親眼目睹和聽到多起狼狗咬人的事件，有一次甚至就發生在他們身旁。被咬者痛苦的慘叫聲呻吟聲，聲聲入耳。那麼近的距離沒理由狼狗不會發現他們，原因可能是一來他們運氣好，二來那些狼狗實在太忙了，無暇顧及他們。

天漸漸亮了，在晨曦中他們果然看到最近兩個營房的士兵正在換更，狼狗此時正被拴起，如果此時不衝，那麼稍後光天化日之下他們將會無所遁形，三人一齊跳出草叢，向40米外最後的邊界——那條公路衝去，可他們絕沒想到，這一衝往自由世界的勇敢行動，竟要以生命作為代價。

由於事出突然，等他們衝出了十幾米，守軍才發覺衝出來攔截，他們來不及放狼狗，也沒有開槍，胡向坤回憶說，如果那時軍人開槍的話，他必死無疑，可能軍人自信可在公路上攔住他們，可以生擒就盡量少開槍以免讓英方聽到。三人之中廣州仔跑得最快，胡向坤回憶說，當時已看不清他是如何滾下斜坡的了，「孖仔」先他一步衝過公路，他清楚記得「孖仔」開始時是坐著滑下斜坡的，然而巨大的衝力令到他後來是翻著跟斗滾了下去。三人之中因為胡向坤大病剛愈，跑得最慢，在公路邊一個士兵剛好同時追到，那士兵伸出手來抓他，在千鈞一髮之際胡向坤突然一蝸身，閃過那士兵的手，也滾進了路邊那三不管的斜坡。

那斜坡約45度傾斜，由坡頂到坡底約有150米，坡面全是大大小小容易滾動的石頭，寸草不生。胡向坤由於是衝著來起滑的，所以下滑速度很快，巨大的衝力令到胡向坤十分害怕，在急速的下滑中，他把背脊和頭部緊貼坡面，盡量防止身體翻滾，然而強大的衝力令到他多次幾乎控制不住。在他們下滑的過程中，山坡上大大小小的石塊也跟著下滑，不少的石塊更砸在他們身上，一塊籃球般大的石頭擊中了胡向坤的腰部，他即時暈了過去……

天光大白，不知昏迷了多久的胡向坤終於甦醒過來，他發覺自己身在坡底，雙腳插在坡底的水溝中，而水溝邊就是英方的球型鐵絲網。不知是水溝的水冷醒了他，還是坡頂的狼狗狂吠聲叫醒了他，這時他感到全身上下，特別是背部和腰部劇痛，原來他下滑時由於背部緊貼坡面，背部的衣服盡皆磨爛，全身上下尤其是背部有多處擦傷，血跡斑斑，（其被石塊擊中的腰部，來港後醫治了幾年才治好）。他張目四處一看，發覺他的好友「孖仔」就躺在離他約十米遠處，一動也不動，他艱難的爬過去一看，「孖仔」頭顱破裂，七孔流血，早已氣絕身亡。再看一下看到廣州仔倒在離他二、三十米處，他隔遠清清楚楚看到廣州仔的一條腿跟身體分了開來。胡向坤再也沒有力氣爬過去看望他了。此時坡頂上狼狗叫聲甚急，他鼓起最後的力量，慢慢的爬向英方的滾筒型鐵絲網。英方的滾筒型鐵絲網剪不開，只能爬過去，可一平方寸的網眼就有兩根半寸長的尖刺，整道鐵絲網就是一道佈滿尖刺的墻。當他一躍而起爬那滾刺網時，雙手還好可以手指直接插到網眼裡，傷害不大，身軀要緊貼尖刺，但因還有破爛的衣服遮擋一下，只受了小許傷，最慘是雙腳，第一腳踩下去，右腳紮了七個洞，忍著劇痛再踩第二腳，左腳紮了十幾個洞，等他爬到網頂滾下鐵絲網時，雙腳早已鮮血淋漓，血流如注，血肉一片模糊了。當他還在奮力向上爬時，一雙友善的手伸向了他。事後香港警察對他說，當他倒在鐵絲網前時，他們就已注意到他了，當發覺到他能自行爬過鐵絲網，就立刻趕過來營救他。

傷痕累累的胡向坤終於衝破了藩籬，到了香港，而他的兩位同行，卻永遠留在了那兩道鐵絲網中間，化成了骸骨。此後二十幾年，胡向坤將「孖仔」的母親當作自己的母親，侍奉至孝，直至老人逝去。而那位不知名姓的「廣州仔」，只能在心中懷念了。

（2011年10月15日寫於香港）

六比一：失敗的方向
我的偷渡經歷

口述者：杜敬津

偷渡的艇上，一個人說應該往這個方向走，另外六個人堅持：那邊才是香港，一個人拗不過六個人，結果……

我叫杜敬津，生於1948年，文革時，我老家所在的地方叫廣東南海縣鹽步公社白沙大隊，與廣州市荔灣區隔江相望。雖然身在農村，我卻屬「城鎮居民」，即是有口糧配給，可是要拿錢來買。我讀完小學就輟學了，家鄉附近有「東風」和「南海」兩大藤廠，村民、居民都有手藝，或在工廠工作或接工夫回家編織，生計比純農業的地方要好。1968年11月，知青下鄉大潮，南海縣趁機把人口稠密地區的人疏散到地多人少的地區。我家就在白沙大隊，我有謀生手藝，卻不顧我就近安置的願望，把我以「知青」的身份安排到了南海縣丹灶公社插隊，為何一點人性都不講？這不是以管理集中營的方式來管理社會嗎？

有人會問：一定要去嗎？不去可不可以？問這樣問題的，一定未在毛澤東時代生活過。你不去，它就停你口糧，不單止停你口糧，家庭其它成員也要受影響，農民的扣工分，居民的停工作扣口糧，日夜給你辦「學習班」。這一招太厲害了，有了這一招，毛時代出這麼多傷天害理的事也就好理解了。

知青偷渡大潮興起，不能不影響到我身邊的人，不能不影響到我。自1972年起，我數次去偷渡，卻無一次成功。下面我把自己多次偷渡的經歷講出來，先講一講1973年的兩次偷渡吧。

(一)

1973年4月左右，同村兄弟有人說，有個叫「勝哥」的番禺南沙人，願意幫助他人偷渡。南沙，就在珠江口，從水路南下，就是香港啊，有當地人「接局」，是最求之不得的好事，心動啊，但是，在哪裡能找到船隻呢？

我把目光投向我的下鄉地丹灶公社，丹灶是近代名人康有為的家鄉，地處南海縣西陲，靠近肇慶地區，河汊縱橫。我與堂弟回到丹灶，在一個傍晚，偷到一條小艇，連夜划向廣州，那時年輕，也不知哪來的力氣，划起來飛快，一路上向過往艇家問方向，從南海水道，過順德水道，兜兜轉轉，終於在第二天來到廣州芳村花地。

到了花地，自然事先安排好有人接應，先把小艇上下檢查一遍，裂縫孔洞填上桐油灰，艇身髹上漆油，特別是在船幫立兩個木柱，用以作搖槳的支點。至於船槳，能買則買，買不到就偷，卒之把事前功夫辦妥。

勝哥來了，勝哥一米八幾的個頭，人極謙和，他負責把艇划回南沙，約好我們何日何時在南沙何處見面，就把艇划走了，當然啦，酬金是要給的，也不太多。

「起錨」日子到了，細點人數，竟有七人之多。我與親大哥，還有堂弟，我家就占了三個人，其餘都是同宗、同村兄弟。就我來講，在香港並無親屬接應和照顧，偷渡純屬為追求一種更好的生活。

我們坐班車先去番禺市橋（縣城），再搭船去黃閣，從黃閣走路去南沙海邊，說起來輕鬆，那時節一天才幾班車幾班船？從廣州去市橋都有三個渡口。一路上我們分散行動，免得引人注目。終於在傍晚時分趕到南沙，找到了勝哥。

入夜，勝哥把艇划出河涌，指示了船行方向及注意事項，我們就登船。七個人上了船，好傢伙，人多船小，水面距船幫頂部不足十公分，險象橫生，只得小心翼翼保持平衡，還要不停往外戽水。好在七個人都是壯年小夥，氣力無窮，七個人八支槳（其中一人搖雙槳），猶如賽龍舟一般，眾人用力，小艇像出弦之箭，向珠江口外海進發。

划到半夜，發現不對頭，怎麼好像回到早前的地方，後來才知道，這是珠江口有名的海潮迴旋處，海流其實在打轉。七個人雖然孔武有力，卻難敵洶湧海流啊，月黑星稀，我們哪辨西東？勝哥又不在身邊。此時我們爭論起來，搖雙槳兼把舵的阿波，認為應順那條水流前進，而其餘六個人，卻眾口一詞，認為該向另一方向進發，結果阿波拗不過大家。

晨光微露，我們在朦朦中驚訝地看到一個大島逼近，原來，這就是有名的大剷島。正在手足無措間，一個船隊逶迤而來，打頭的是艘拖船，後面拖著多條無動力的貨船，我至今仍記得拖船的船號，是東風202，他們喝令我們停下。我們還想逃跑，東風202就解下其它貨船，徑直向我們追來，艇仔如何跑得過機船呢？東風202把我們押上他們的船，移交給島上駐軍，島裡面駐有邊防軍，有檢查站。

下午，我們被押送至回廣州的貨船上，直接送到廣州起義路的廣州公安局。開始，公安局以為這麼大的一個團夥，會不會有更大的背景？訊問過後，才知是一個以農民為主的普通偷渡案，於是把我們送到黃華看守所，關押一星期後，轉送南海縣看守所，審查數日，各自由公社領回。

再次見面，那位一不敵六的阿波，半是自嘲半是埋怨地對我們講：「當初要是聽了我的話，今天不是在香港翹著腿歎咖啡了嗎？」

大家唯有苦笑，唉！誰知道呢?!

（二）

都出來後再碰頭，眾人都不服氣，以為僅僅是棋差一著，略欠一點運氣而已，有人提議再試，眾皆響應。

距上次失敗的偷渡不足一個月時間，七個人再次啟動偷渡行程，時間約在1973年5月吧。

還是由我與堂弟回丹灶偷艇，又是重複上回的過程，把艇划回廣州芳村花地，填灰髹漆，船幫加上支柱，再次找到八根木槳。

這一次，決定不找勝哥了，由我的大哥帶著一人，把艇划到南沙。也真虧得我大哥有本事，這麼複雜的水道，他是如何找到路徑的？當時我們正是人生的壯年，除了力氣，就是有天不怕地不怕的膽量，再加上對美好生活的那麼一點憧憬，使得我們無畏無懼。

一切按計劃進行，我們又是先去番禺市橋，再坐班船到黃閣，接著走十幾公里路到南沙，與大哥接上了頭，一切好像很順利。

小艇又像箭一般向珠江口進發，大家略為調整了一下方向，竭力避開上回的迴旋海流。儘管這樣，畢竟人生路不熟，何況在茫茫大海中呢。到了淩晨三點多鐘，朦朦然見到我們正靠近一座海島，究竟是香港的海島，抑或還是「社會主義祖國」呢？無人知曉。已經臨近天亮，隱約見到海島海岸線不遠處就是山，山上有林木，於是眾人議決：先把小艇用大石壓沉水底，全體人員躲到山中樹林去，假如此處並非香港地界，那麼過了這個白天，晚上再繼續行程。

我和另一個人抱著八支船槳上了山，其餘五個人在海岸搜尋大石，用以把小艇壓沉水底。

正在作業間，朦朧中出現一隊武裝軍人，眾人慌了手腳，卻是無處可遁，只得束手就擒。我兩個人雖然在山上，亦是跑無可跑，被後續的部隊搜出，全部人馬被押送到前面的軍營。原來，這個島就是大劏島，不過，我們靠岸的地方是島的後端，而碼頭、檢查站、軍營都在島的前端。

在押送我們回廣州的航程上，第一次觀察到大海，無邊無涯，浩瀚澎湃，原來大海大得這樣可怕，再想起我們所用的一葉小舟，船幫幾乎貼近水面，心裡才有點後怕。

這一次把我們送到廣州水上派出所，關了一個星期，轉送到南海縣看守所，因為有幾次偷渡的經歷，把我關押一年多，到1974年7月，判我「強勞」（強制勞動）一年，送到順德仙塘勞改場，勞動改造，直至1975年7月才獲釋。從1973年5月被抓算起，足足失去自由兩年多。

（三）

下面講述我其它幾次偷渡的經歷。

我第一次偷渡是在1972年夏天，那時真的十分盲目，僅僅聽人家說過偷渡的約略情形，就決定「起錨」，從東莞「入局」。

我與堂弟兩人，拿了幾件衣服，各人帶了一條「大碌竹」（挑夫所用竹竿）就上路。為何如此簡單的行頭？首先是不想惹人注目，你想啊，身上著帶指南針、浮水球膽之類，一看就知道你所為何來啦；再就是對自己泳術的自信，我們家鄉就在珠江邊上，自小就在河涌出沒，說自己是浪裡白條也不為過，以為游水過香港頂多就是三幾千米，根本不在話下啦。

結果在廣州的省汽車總站就遭遇檢查人員，檢查所帶物品，並無異常，正想放行。有經驗的檢查人員拿起大碌竹，起了疑心，往地上撴了幾下，藏在裡面的炒米就漏了出來。不用辯解了，就是偷渡人員。

我們先被送到竹篙巷的越秀區收容站，再「解局」轉送南海縣收容站，由丹灶公社保衛組把我們領回。

（四）

第二次偷渡還是在1972年，我有位堂兄（同宗兄弟），插隊落戶在東莞石排，他答應幫我「埋堆」，條件是帶著他們的親妹一起去，我答應了。

堂兄替我們準備好偷渡用品，例如炒米、指南針、浮水球膽、藥品等等。我們先到東莞落腳，堂兄先行把我們的物品送到山上藏了起來。我和堂妹在堂兄的指引下入了山，取了物品，堂兄又詳細指示了方向及注意事項。我們的計劃是這樣的：先翻過大山，估計要幾日時間，一旦到達清溪平原，就利用晚上快速衝過去，然後再入山，翻過山後就是大小梅沙一帶，再尋機下海，游向香港。

我們行走了一晚，第二天白天隱藏在山上一片雜樹草叢中。在我們上方，還藏有一男兩女，也是偷渡客，大概有位女的崴了腳，正拿出紅花油搽拭，濃烈的氣味彌漫開來。正巧有幾個「土佬」上山斬松枝，靠近樹叢，聞到氣味，立即喝令我們站出來。看到他們長長的砍刀，我們不敢反抗，跟著他們到了清溪派出所，再被送往有名的樟木頭收容站。在樟木頭收容站審查一個星期後，用「大羅馬」鎖住兩個人，一對一對的押送到廣州沙河收容站，又是轉送南海縣收容站，再後由丹灶公社把我領回。

（五）

我最後一次偷渡，是在1981年，為何我已經如願從丹灶遷回家鄉白沙，有了穩定收入，還要冒險走這一步呢？

原因是我的好友周世湘，文革中無端以「反革命偷渡集團罪」被判刑10年，其實之前他根本沒有偷渡，甚至連偷渡的想法都未有過（周世湘是南海縣鹽步人，50年代初全家自香港歸來，卻陷入無邊苦海之中。周於

1967年被判刑坐牢，1974年被減刑釋放，事隔三年，1977年再次被收監，服完刑期。周世湘的經歷見本書《我這個「反革命偷渡集團為首分子」》一文）。周世湘服刑期間，結識了一位阿明，是中山坦洲人，以及一位新會縣的阿榮。1979年周世湘出獄，到中山石岐酒樓打工，見到這兩人。其中阿榮已經定居澳門，他答應周世湘，如果你到了澳門，他負責接應，而坦洲的阿明，則答應幫助「埋堆」。

這樣我們才動了偷渡的念頭。

我們兩人坐班車到了中山石歧，在車站外與「單車佬」講好價錢，把我們載到坦洲。結果，兩個「單車佬」把我們直接車到石歧派出所。派出所打開我們的隨身物品，乾糧、指南針，又無須多辯解了。

這一次，我們先被送到中山的「金鐘」收容站，然後直接送南海的石灣收容站。

放人亦簡單，親屬來交60元錢，立即放人。唉！社會也就在這方面有了進步，鎮壓打擊有所鬆動，懲罰亦放寬，改認鈔票了，有錢則靈。臨行偷渡前，我早已經將60元託付大哥，假如偷渡失敗，這60元用於贖人。

很快，我就回到家中。

如今我老了，這些經歷成了我抹不去的記憶，若問我有什麼心中的話？我痛恨我所經歷的時代，痛恨那個陷人於苦難的社會。

（2016年9月）

（記述者：周繼能）

我的「六板」

口述者：盧炳

盧炳（右二，上方有標記者）與眾卒友

從1979年到1981年，不到三年內我前後走了六板（次），一再失敗，直到第六板才終於成功。你問我為什麼偷渡？我父親是工人，雖然有些歷史問題，對我影響不大。我加入過共青團，一向也比較積極，1972年高中畢業，當年分配到英德縣龍頭山水泥廠。戶口遷出廣州，基本上沒有回城的可能，連每次回廣州探家都要申請批准，還不得不看領導臉色，收入低微，僅夠溫飽，留下來沒有前途，不如放手一搏。

我起錨六板，每次失敗都不甘心，又從頭來過……

第一板：上錯車、錯入港、烏龍一場

1979年2月中國打越南，估計打仗了，邊防一定抽調人力去，或者防守會鬆懈，正是好機會。

我們四人中有三個同一間廠，另一個「老兵」早兩年失敗過，聽說我們計劃扒火車，便加入來。

我們之中有一人任職工廠調度，知道哪班火車的水泥會過境運去香港。我們事先燒焊好一鐵架，隨身搬上火車。水泥包很重，鐵架架住堆疊，留有空間，我們叫做「堆位」，可以藏人，最後埋堆的一個人拉過水泥包蓋住入口，外面看不出來，但是路途上如果遇到崗哨檢查，可能用鐵筆插入，非常殘忍。

那次沒料到發車前會有檢查，來人試圖打開車門，幸虧調度冷靜，指揮大家死死撐住門，如被撬開就死定啦。

剛逃過一劫，火車開動了，誰知情報有誤，這趟車其實是開去廣州黃埔港碼頭卸貨裝船的，並非過筍崗入香港。我們從水泥包中爬出來，滿身泥灰，人不似人鬼不似鬼，別人以為是裝卸工人，我們大搖大擺走出港口大門，然後到廣州火車站乘火車溜回工廠不動聲色照常上班。

第二板：上對車、錯失風、敗走麥城

第一次失敗後不甘心，好在未暴露，回廠後不久又再從頭來過。這次與我一同去的是一個在英德工作的街坊兼同學，出發前看清車去筍崗，上車後有人幫忙從外邊關門，我們兩人埋好堆。中途在一個中轉站停車太長時間，天氣酷熱，忍不住打開門看看，結果被值班發現，帶警抓人。

在冬瓜舖派出所，民警是廣州人，一眼就認出我是附近英德水泥廠宣傳隊吹笛子的，記下口供之後即刻放人。宣傳隊的人白淨斯文不像壞人，大概他們也有幾分惻隱，不過口供還是入了檔案。不久工廠開除通知寄到家，上面寫了幾日幾時扒車逃港。

第三板：走陸路、遇反解、功敗垂成

1979年5月中旬是我的第三次嘗試，這次和同廠同事和他的一個老表結伴，走西線，在東莞太平「埋堆」，打算從後海灣過海，預計走要一周。

同路工友有一親戚是廣州某企業做供銷的，他開出証明四人齊去東莞太平出差。

船到太平，岸上有警察抽查，我們隨身攜有浮水泡、指南針、雞仔餅，雖然驚險卻也過關，但同事的老表卻被嚇壞了，提出打退堂鼓。那就各行各路吧，我與同事說死人都要去，所以我們兩人決定按計劃起步。入夜避開民兵，摸上山開始操路。一路有驚無險，只是第三天下大雨，晚上工友病了。天亮遇一個廣州仔，他說原先六人同行，被追散，他今次已是第六次，沒有一次能到達水邊，他加入我們，自此開始三人同行。再走兩天，第五晚繞過水庫，聽見輪船聲，看見探照燈，前面就是香港了吧？不敢再往前走了，第二天天亮，一個農民看見了我們，開始我們很緊張，他安慰我們不用害怕，他上山來只是為撿拾偷渡客落水前丟棄的物品。他告訴我們這裡已是邊境，游過去就是流浮山、青山，他還教晚上七點前還未有軍人上崗，可以衝過去。他還說家中有幾個仔，無論失敗成功也都想過香港。我們把雨衣和指南針什麼都送給他，農民指引我們在白石洲紅樹灣下水。

傍晚五點多衝下山，沿路遇見農民，他們不理也不攔，可能司空見慣了，看得開。六點多我們衝過國防公路，沒見有軍人，趕緊脫衣衝向海邊。沒想到這是蠔田區，每行一步腳板像被刀割一樣，步步有血浮上。由於水淺，不能游水，只好爬行，身上割傷疤今天還可看出來。事後聽一當年當過民兵的人說，蠔田是專門養種來阻攔偷渡者的。好不容易爬到水深至大腿，才可以游泳，又遇上巡邏艇，趕緊潛水……

這趟行程光是爬山足足走了五日五夜，落水前兩天已經缺糧，只得靠挖田裡番薯充飢，當時真的非常疲倦，但既然勝利在望當然不退縮。從後海灣游過去，游了三、四個小時，十點多鐘在流浮洲現今深圳灣大橋腳附近上岸，這時廣州仔已失散不見了。累極，休息一會，上山走了二十分鐘，其實半山上早已有兩個英軍啹喀兵用紅外線望遠鏡發現我們，正埋伏守候。那時已經封關，「抵壘政策」施行，非法入境者未入市區者不獲頒身份，我倆倒霉，在邊境被抓到就只有返解一途了。

半小時內同一地方又捉了三人，而廣州仔一小時後也解到，雖然他也失敗，至少我不再擔心他被喂鯊魚。當晚，整個差館陸陸續續有六、七十人關進來。三天後解到深圳，入得收容站，見有幾百人是從香港解返的，可載成千人的長牛棚車送偷渡客到樟木頭，關兩天後解到廣州沙河的省收容站，幾天後再轉送到清遠收容站，又關了幾天，最後解到英德。到英德後民政局大樓管事的估計是廣州下放幹部，下令全部放人。這人好相與，他們說：你哋咁唔好彩，幾多人去咗香港，下次醒目D啦。（你們運氣真差，幾多人都去到香港，下次打醒精神啦）

縣城離廠還有二十幾公里，身無分文，乞錢買火車票，沒人給。中途截手扶拖拉機，再走路終於回到水泥廠。因為離開時沒人知，偷偷回宿舍，問工友借錢，用草帽遮住光頭，換了衣服返回廣州。這已經是1979年5月，一直等到10月被正式開除後，回廣州申請重新入戶，卻連續三次遭到派出所的拒絕，生活無著。當時很多港客帶手錶、錄音機和衣服回來找人代銷，我就靠做小販、轉手買賣等維持生活兩年。期間一次在西湖路被捉，罪名是走私，拉我入市公安局，落口供時恰好進來一個警員，他是我幼兒園同學，我說沒戶口沒飯吃沒辦法才出來賺些使用。正是他的出現，我被即刻放了出來，但錢被沒收了。我一直沒有忘記我這個同學，近年我與他重新聯絡上。2017年他負責我們中學（廣州29中，現西關培英中學）的校慶活動，我專程乘飛機回校參加，作笛子獨奏表演。

第四板：趴船底、抵澳門、又遭反解

1980年10月底香港政府取消抵壘政策，意味著即使過去了也無法取得身份，我暫時死了條心。直到1981年年中聽聞澳門將大赦，因積壓大批無證勞工，商家要求政府特赦無證勞工。此時有人搭了一條路，是乘船偷渡去澳門，不過，要支付五千元，這在當時是一筆很大的錢。剛好這兩年我幫一個香港朋友做成與大陸國營企業之間的生意，他一直未付傭金，我提出請他支付這筆錢，他答應了。於是我和另外四人每人付中間人（實質是蛇頭）100元，由他帶領我們乘車到斗門近海邊一條村，當做探親住下。等接近深夜時來到海邊，一隻帶有馬達的木船已在等著。我們五人上了船，中間人打道回府，船開了幾小時，我們都趴在船底，在澳門離島氹仔上岸，在蛇頭屋過夜。第二天五人分兩堆帶過澳門市區另一間屋，成大屋人都是等候親友贖身的。幾天後朋友帶錢過來贖身，終於踏足澳門，本來是安定了，但我們惦記著其他人的下落，一天我們相約在一間咖啡店見面，可能有人「報寸」（舉報），談話間突然被一群警察包圍，我們被帶回警局，身份敗露等候遣返。當時是1981年年中，因為香港已經封港，轉投澳門的人突然增多，而澳門政府仍未決定特赦無證勞工，所以一被警察抓到，等待的命運只有被遣返。

第五板：不甘心、再撲網、狼狗無情

遣返過境送到珠海山場收容站，香港友人聞訊過來為每人付一千元，將我們贖出來。這時面臨兩個選擇：一是回廣州，一是即刻回頭再搏多一次，不用走那麼遠。

兩人決定再搏，天黑後向山走，突遇民兵，我們兩個跑散了。最後我一個人來到澳門和拱北交界的鴨涌河邊，半夜摸到鐵絲網邊，網有三、四米高，頂部有鋒利的鐵絲刺頭，即使手被刺破滴血，還是咬牙堅持，眼看只要翻過去就是自由世界……這時聽到狼狗吠，軍人遠遠喝：看到你了！我捧下來逃跑，跳入水田，被狗撲住。軍人過來惱罵：叫你停你不停，害到我全身濕。他指住我，讓狗咬住我不放，當時那疼痛簡直無法形容。狼狗鬆口後我都走不動了，至今大腿仍有被狼狗咬的深深的牙印。2009年專門去那個傷心地回訪過，還拍了幾張照片。

到了軍營，那晚關押了十個人，接班的一位軍人講國語，自稱來自廣州，見我戴眼鏡，像個好人，問我為什麼流血？還說他們放狗咬人是不對的，不應該虐待犯人，他給我拿來藥。第二天我被送回山場收容站，被即時剃光頭（俗稱摸頂。在整個偷渡生涯中，被剃過兩次光頭，另一次在清遠收容站）。那天有個廣州仔放出去，給我家報信，我媽當場血壓高到二百，由此她的高血壓病一直維持到她去世。

我因廣州沒戶口，如果我被解到廣州，恐怕會很長時間都不會放出來，有同倉的江門仔同情說：你這種情況，不知會關到幾時，不如你「報流」跟我去江門啦。他把地址給我，讓我報住江門。我們一起解到江門，他家人來贖他出去後，他連夜乘船，天亮趕到廣州，但我哥已上班，他在我家等了一天，我哥下班後和他趕夜船到江門，花300元將我贖出。自此與江門仔結成患難之交，一直我們都有聯係，回國時常去看望他。

第六板：充港人、藏地盤、絕處逢生

回廣州休養了一段日子，一天一位相識的中山石歧仔來找我，說澳門將大赦，這是最後的機會。於是我們兩人用假證明乘車來到邊防地，準備走山路。兩個人先從石岐乘車到下柵的前一站下車，然後向山邊走，繞過檢查站，途中遇到四、五個農民，好在那時是1981年年中了，已比較開放，農民只是叫我們小心前面有邊防。走農田和山邊繞過檢查站後，在下柵的下一個站再上車，到香洲再轉車到拱北。澳門朋友帶來冒充回鄉証的外殼膠皮套及港人衣衫，下午四、五點鐘，兩人冒充澳門居民，搭小巴去到海邊一個為澳門人興建的商品房銀海新村建築工地，假裝下車入去找人，問地盤門口值班的是否知某某人，答此人已不在，我們假說：哦！回了澳門，應該回來了吧？藉口自己進去找，進得工地就乘機躲了起來。門衛見我們久不出來，就報告了派出所，即刻有兩人來查，查了幾間空房，查到埋身邊，講話聲都聽見，就是偏偏沒走入我們藏身那間……真是上帝無形中保祐！

傍晚，6：40跑出去，趁天黑邊防軍上崗前跳下海，在黑暗中泅游……偷渡的經歷很冒險，很心酸，明知道很多人已魂斷大海，只有拼命游，才能保住自己的性命。當時心中只有一個念頭：向前游，前面就是彼岸，就有希望…….

由珠海水灣頭游到澳門黑沙環，本應該一個小時，怕碰上水警，先游遠再彎過去，花了兩個小時。上岸就被黑社會「打蛇」（靠收留偷渡客牟利的人）的人接走，他們應允打電話給我們的親人接人，但每個「人蛇」要收兩千圓，這在當時是很大一筆錢。當晚人人熟睡了，我倆踮手踮腳跨過一屋人，逃跑出去，剛好遇的士，將我倆送到朋友家……

後來聽說蛇頭暴跳如雷，一連幾天開著車到處追查我倆。

幾天後到澳門碼頭找到一個朋友，他立即帶我到他家住下，香港小妹接到我通知後讓她男友拿錢給我，自此暫時安頓下來。

後記：踏足澳門、移民澳洲，人生大改變

第六次成功後，很快迎來澳門政府特赦無證勞工，登記時每人獲發一張有照片的聯根，幾周後再轉換為期三年的臨時居留證。本來是1985年到期的，但1984年澳門政府突然宣佈提前換發永久身份證，同年9月取得回鄉證。第一次返廣州，帶兩大包衣物，自已到派出所報戶口，這一次是以「港澳同胞」的身份回來的，揚眉吐氣。

當初獲發臨時居留證，我找到一份電子廠的工作，由於我感恩知足，工作落力，香港老闆見原來管工不負責任，決定由我打理。那是間二十多人的山寨廠，工人大多是偷渡客。某天有位中山女來見工，本來已人滿，

她訴說已沒有工作，我破例收入。後來這位同樣是偷渡出來的女工就成了我太太。

1983年澳門水泥廠投產招人，我因有水泥廠機械工作的經驗而被聘用，人工比先前高一倍。

1985年大女兒出世，同年中英談判，港人90%不支持回歸。見許多朋友陸續移民澳洲，我也作出人生的另一次抉擇，決定離開。

1987年獲批准移民澳洲，身懷一萬圓存款，購買機票及立足安家後所剩無幾，又重新打拼……

起先從華人餐館最低級做起，後來一步一步上升，到若干年後轉行時已在一間五星級酒店任職高級廚師，並主管亞洲菜式部門。

初到澳洲英文只是ABC水準，後通過業餘時間上課以及函授等方式，經七，八年的努力，先移民課程，再獲職業英文證書，最後完成了機械工程的高級文憑課程，加入了澳洲工程師協會，進而轉行到工程行業工作，收入更加穩定，時間更加靈活。

先前提及的我的吹笛音樂特長，在我離開中國後同樣有機會發揮，在我到達澳門幾年後有機會應徵被聘用加入一個職業民樂隊，到澳洲後更長時間活躍在舞臺上，曾到國外演出，更參加過幾次國內外的音樂節或藝術節並獲獎。

到澳洲不久便成為基督徒，基督教的愛和感恩的理念對我影響很大，我堅信施比受更有福。在我最艱難的時期，曾獲很多人的幫助，現在我已經安居樂業，兩個女兒也大學畢業，有穩定的工作，我真的非常感恩。當我有能力時更應該回饋給社會，我加入澳洲世界宣明會的全球助養計劃，至今已經長達二十年。起初助養過兩個中國少數民族女孩，其中一個從小學一年級到中學畢業，近年助養過的女孩，分別來自蒙古、印尼和緬甸。

1987—2019，眨眼三十二年了，時間真快！人只要活著，只要有命，就有希望。扒火車——游水——撲網……樣樣都試過，幾次與死神擦肩而過，前後被關過七個拘留所……記得第五次失敗，小妹為我哭了幾日幾夜：怎麼這麼滯運?!如果不是石岐仔那次鼓動，我都打算放棄了，就在廣州等戶口批下來，然後像大多數同學、朋友那樣，勞碌幾十年，然後「下崗」，拿到兩、三萬「買斷工齡」的錢，然後……

你問幾次功敗垂成，為甚麼不放棄又沒崩潰？

我性格堅強，在工廠一直堅持冬泳，到澳洲長年洗冷水澡，堅持健身，相信人只要堅持信念，沒有甚麼做不到的，最後終於成功！

總結六次偷渡，先後與十人／次同行，最後成功的連我在內是三人，其餘八人一直留在國內。其成功率與非官方的統計整個偷渡潮差不多。至於死亡率，民間有人估計大約百分之五。我認識的死者就有四個：兩個同事，兩個街坊。作為過來人，我更加不會忘記這段慘痛的歷史，更珍惜人生的一切。

（採訪記錄者：阿陀）

我離香港三十米

口述者：梁業海

（一）逐出廣州

我叫梁業海，1946年生，我初中畢業後就輟學在家，工作未有著落。我家地處廣州郊區，屬「東圃人民公社」，全家卻是城鎮居民戶口，吃商品糧。我家在「解放前」是做小生意的，土改時成分被評為「小商」，大概經營得法，也算殷實之家，建起了東圃算是最豪氣的住宅（當時水準），青磚鐵閘，水泥地板。政權鼎革之後，百業凋敝，「冇得撈」（沒有生計），父親亡故後，經濟拮据。住宅被政府相中，有心用來作銀行營業。一家人搬離居所，將宅居出租。可是租金不敷養活一家人，母親只得做「走鬼」（街頭小販），幫補家用，艱難養活五個兒女。

1966年5月27日，街道以「光榮務農」名義，把我及一百多位街道青年，敲鑼打鼓戴大紅花，送去海南澄邁縣的和嶺農場。場面看似光鮮，實則無奈，街道的人上門動員時，稱：如果我不服從安排，我的已經找到工作的姐姐和弟弟，要立即卷席回家。這一招厲害，以個人是否就範來要脅一家人的生存，這種「大殺器」成為共產黨統治術的一部分。這種手法至今仍在使用，特別是在農村，我見到有不服從拆遷安排的，只要家庭成員有捧「公家」飯碗的，都要打爛。故此你見三幾個月一座座高樓拔地而起，所謂經濟發展快，全部的秘密都在這裡。

當時實際上是在清除城市「富餘」人員，兼有階級鬥爭的考慮。我們農場除了我們一百多人，先後又送來幾批人，更有五花大綁押來的。除了欺騙就是強迫，你能想像，這樣「光榮務農」的人能有什麼積極性？兼日日做夜做，所得還不夠買包煙。後來有首歌的歌詞說「人於天地中，似螻蟻千萬」，道出了我們的生存境況。趁「文革」混亂倒流回城，進而謀劃偷渡香港，這是許多同代人不約而同的選擇。

（二）首戰告敗

我頭尾三次偷渡，無一次成功，其中第二次離香港一步之遙，折戟沉沙。

我第一次偷渡是在1973年四月間，家人亦支持，出錢出物。同行三個人，一人一部舊單車，「子彈」則由「接堆」的朋友代為準備，無非是豬油、米粉、砂糖混合炒成的乾粉，又稱「老乾」，還有指南針、「山水畫」（地圖），統統是根據偷渡「前輩」指引而準備的。

一行人用假證明買車票到了東莞，有一位落戶東莞石排的街坊兼同學「接堆」，在東莞過了一夜。第二天騎車到大嶺山，然後「飛拐」（棄置單車）「埋堆」（入山）。由於準備不足，僅僅行了兩三天，乾糧就告罄，向偶遇的惠陽仔討要了些乾糧果腹。在山嶺中轉來轉去，不出三天，我們幾人已是鳩形鵠面，衣衫襤褸。一天下午，在「羊台山」一帶，被堵截的民兵發現，我們三人事先約定，有事各自逃命，不必理會他人。我自己也給自己立下一條，就是不作過度反抗，留得青山在不愁沒柴燒。跑不了幾步，我被抓獲，經樟木頭收容站轉解廣州沙河的省收容站，在沙河收容站三個人再碰上面，我因屬海南知青，被轉解海南。

收容轉解過程，毫無人格尊嚴可言，首先是饑餓的折磨，他們不會給飽飯我們吃的，我們戲稱「三兩二錢七」，形容入肚之不足，見到蟑螂木虱爬過，都想塞入口中。有一天抓的人多了，「爆倉」，有位「仁兄」不肯入內，抓住鐵門不放，管教警告無效，竟然用力將門扇一扳，生生把他四個指頭夾斷，看得我目瞪口呆。還有就是打架鬥毆，可謂無日無之。我被一夥「韶關仔」欺負，強令我睡馬桶邊，還惡言威脅我，後來轉解場所，我遇到熟人，仗著人眾，反過來把他們打了一頓。

（三）我距香港如此之近……

第一次偷渡失敗後，蟄伏了一年，1974年7月又重新上路。

這一次是兩個人同行，我與東圃石溪一位姓劉的朋友，這一次，不是「撲網」不是「著屐」，不是「攬泡」更不是「老橡局」（分別是扒鐵絲網偷渡、乘小船偷渡、抱充氣球浮水偷渡、乘橡皮艇偷渡），而是──「無網」。

什麼叫做「無網」呢？

在我倒流回廣州期間，日日如是找人交流偷渡資訊。有個偷渡方式引起我的注意，就是說在中港邊界，有若干個邊民耕作區，中方的農民，可以越境到港方的田地去耕作（或者說這些田地的所有權屬中方）。這種「耕作區」，是沒有設網的，但是一定有重兵把守，水銀大燈當頭照，哨所廣設，守衛森嚴，狼狗兇猛，生人勿近。

通過這條線路偷渡香港，免卻翻山越嶺、長途跋涉、大海無情、鯊魚兇惡之險，算是直接快捷之徑。自然，機會有，風險亦大，不過轉念一想，既然都有風險，又何妨一搏？聽聞老虎糞便可以抵禦狼狗，據說動物園的老虎籠都被人接連光顧，為的是偷些老虎屎，我們沒有這種門路。

我們兩個人行動，就是為目標小一些的緣故。結果剛到寶安的布吉，就被民兵追截，我們分頭逃跑，民兵抓住了我。我報上假姓名，聲稱是寶安某公社某大隊的人（事先準備好說辭），並嗡出幾句客家話來。民兵說：先回隊部查核，如屬實就放你。

三個民兵背著槍，推著單車，要將我押送回隊部，此時是下午四時許。我心想，一定要找機會脫逃，否則捉回去又是一番牢獄生涯。他們押著我走的是鐵道邊，此時有一列貨車臨近，我揪准機會，把最近的那個民兵的車頭一下子扳倒，「呼」的一聲跳過鐵道就跑。他們見貨車隆隆開近，不敢隨之追過來，隔著鐵路「呯呯呯」的向我開槍。

我不顧一切，鑽入簕竹叢，氣不敢喘，只聽得三個民兵一路追了過去。我到天黑才敢爬出來，口中那個渴呀，捧著田頭的水就喝了起來。

所帶的「山水畫」（地圖）、指南針都被搜掠去了，怎麼辦呢？不過我已經緊緊記牢指引：沿著鐵路右邊前行，何處拐彎何處涉水，就會到達「無網區」。

半夜時分，估計到達預定地點，我躡手躡腳走近一間房屋，見屋內有燈光，想向農戶乞點食物，醫一下肚，否則無力前行。我爬高往窗戶裡一望，嚇得趕緊縮了回來，馬上逃走——原來裡面關著幾十個人，橫躺豎臥，此處應該是個臨時收容所，躺著的都是被捉的偷渡客，就等天明將人解走。

我像幽靈一樣摸近一戶農家，被一中年男子發現，我哀求他：大佬，我是廣州來偷渡的，你不要捉我，我把手錶給你，你給我些吃的吧。漢子接過手錶道：吃的就沒有了，你偷渡就向那個方向走吧。

我聽人說過邊防軍五點半收崗，於是抓緊前行。果然，遠處是一片開闊地，是割過禾的稻田，再遠一點，電燈柱一根接著一根，水銀燈發著慘白色的光。這就是傳說中的「無網區」了吧？

忽然，不遠處狗吠聲大作，伴隨著男男女女呼天搶地的呼救聲，「救命啊救命啊……」一定是那邊的邊防軍出動狼狗抓人了。幸好我一個人目標小，趕緊趴到水田中去，匍匐爬行。水田那邊就是國防公路，人家說跨過國防公路就是香港地界了，如此說來，我與香港就是幾十米的距離了。

可是實在太餓了，渾身無力，只能一寸一寸挪動。一不小心弄出了響聲，突然一支強光手電筒照向了我，再一聲斷喝：「起來，站起來！幾個人？」原來是三個邊防軍人。我慢慢的站了起來，倘若有氣有力，我就會選擇向前衝，橫豎他的槍未必打得准。可是此時此刻只能就範，軍人用槍托一下砸在我身上：「你跑哪，你再跑幾步就是香港。」我被打倒在地上，朝剛才被發現的地方看了看，估計離香港就是三、四十米開外。

軍人把我押到拘留室，十幾個男女血肉模糊地躺在地上，身上不停滴血。原來剛才呼救聲就是他們喊出的，身上的傷口都是被狼狗咬出來的啊，慘哪慘哪！怪不得我沒有被狼狗襲擊，原來狼狗都到那邊咬他們去了。

早晨，我與另一個傷勢較輕的被叫了出去，「走！去飯堂清煤灰！」進了飯堂，我們兩個兩眼放光，在灶頭、地面、潲水缸撿起飯焦、菜頭、麵團就往嘴裡塞。喂飽了肚，清完煤灰，還包了一大包回去分給那班可憐蟲。見到軍人牽著狼狗過來，狼狗的舌頭彷彿還滴著血，立起來一人多高……

（四）知難而退

自收容所出來之後，我心心不忿，我曾經離香港是如此之近，倘若肚中有幾兩米飯，我不就衝過去了嗎？

我不服氣，一個多月之後，我一個人上路。我到了東莞樟木頭，所見氣氛大不相同，關卡多了，背槍梭巡的民兵亦多了，到處是「打一場反偷渡的人民戰爭」的大標語。我碰見熟人，他們說難哪，今時不同往日，堵截嚴得很，還是等下次吧。我只得作罷，打道回府。

如今我老了，固守東圃幾十年，閒時到茶樓坐坐，玩玩「私夥局」（一種民間樂隊），幸得兒女孝順，衣飯無憂，偶爾回望一下年輕時的人和事，似乎很遙遠了啊！

（2016年6月5日）

（記述：周繼能）

梁業海與記錄者

魔窟餘生，逃出生天

黃東漢

黃東漢（左）與盧舜平（右）

（一）一腳踏入煉人爐

1961年年中，盧舜平在廣州重點中學廣州一中初中畢業了，原本他可報考高中的，但這時他的家庭經濟出了問題。他父親每月的工資從1956年公私合營時的350元，經過歷次政治運動後降為99元，而十二、三歲時盧舜平又大病了兩場，花去了父親不少的積蓄。為了減輕父親的壓力，16歲的盧舜平毅然放棄了讀高中的機會，到廣東農業科技研究所當臨時工，賺取微薄的工資。這個農科所隸屬華南農學院，盧舜平在這裡幹了一年多，跟那裡的專家教授學了不少有關柑桔栽培的技術。1963年夏，廣東修建東江水供港工程，18歲的他早已聽聞有不少人趁工程做工而「督卒」到了香港，便抱著一窺究竟的心態，辭去了農科所的工作，加入到修水庫的民工大軍中。在水庫工地幹了幾個月，他發覺原來偷渡也不容易，便放棄了此想法，回到了廣州並加入了街道服務站工作，先解決生存問題。

1964年年中，全國有一個上山下鄉高潮，街道居委會對時在服務站工作的盧舜平進行不斷的動員，盧舜平父親的單位又把他父親抓起來關了一個多月，以此來逼盧舜平就範。面對政府如此卑劣的手段，盧舜平屈服了，他想，自己曾在農科所幹過，學了些柑桔栽培的技術，或者用得上，那就去博羅縣的楊村柑桔種植場吧。他絕對料想不到，他就此跌進了一個階級鬥爭的人間煉獄。

博羅縣楊村柑桔場，原先是個勞改場，1964年取消勞改場建制而把它轉為柑桔種植場，所有的勞改犯刑滿釋放後都留場作了老職工。農場的領導由上至下各級都由復員軍人擔任，這樣的先天架構就決定了它日後在文化大革命中，必然會成為階級鬥爭的重災區，是人鬥人的煉獄。盧舜平所在的生產隊有七十多人，就有廿幾個老職工——勞改釋放犯，這批人後來就成了場裡階級鬥爭中的主要打擊對象。盧舜平所住的宿舍，原先就是囚禁犯人的牢房。

農場由於剛開始改種柑桔，第一步先要上山砍樹開荒，砍了半年樹後，就要平整土地和挖樹坑，每人每天要挖七個1米深80公分寬的樹洞，這是一項多麼艱苦的勞動。待全部種上樹苗後，每人每天要從山下挑十六擔水，走五百米至一千米的路程澆灌，每天收工之後，人倒在床上累得散架。工作這麼艱苦，每天都只配給一斤一兩米，餓得兩眼昏花。要想吃肉，要等到隊裡自己養的豬長大了。盧舜平回憶說，每年只能吃二、三回肉。每逢有人生病吃不下飯，他的那一份就會被別人搶來分了。

文化革命開始了，盧舜平知道，凡政治運動對自己一定不會有什麼好事，所以他閉目塞聽，徹底逍遙。在兩派鬥爭最激烈的時候，他就跑回廣州去躲避，等到爭鬥止息了，才回到農場去。

1968年5月，開始了「清理階級隊伍」運動，農場的老職工的主體是勞改釋放犯，他們的惡夢開始了。這裡天天鬥人，鬥人的花招層出不窮，每鬥必打，被鬥者被五花大綁的綁起來跪在碎玻璃上，任人拳打腳踢。看到如斯鬼哭狼嚎血腥殘酷的場面，盧舜平感到心驚肉跳，不忍目睹。經過連番慘鬥，所有老職工幾乎無一倖免，超過80%的人被重新投進監獄。而那些當權者以及積極分子，鬥人鬥紅了眼，又將目光瞄準那些「家庭出身不好」的知青和那些與領導關係不好的人身上。

盧舜平隊裡的一個從湛江來的男知青，平日沉默寡言，最愛鑽研無線電，不過是裝勘了一部礦石收音機來聽，當時電影中的「特務」都是帶著耳機收發電報的，於是有些人就有了聯想，可憐這個人被七鬥八鬥之後，最後以「收聽外國反動電台，裡通外國」之罪名被判刑廿年。

另一個人更是冤枉，有一天有人發現茅坑裡有幾頁《毛澤東選集》的書頁，那還了得？農場如臨大敵，全場徹查。恰巧查到此人的那套剛好缺了那幾頁，便立即把他抓起來，盡管那人死不承認，說是有人要害他，然而在那個不講理又沒科學鑑証的年代，哪裡輪得到他解釋，以「惡毒攻擊罪」而被判刑廿年。

面對如此慘烈的一部絞肉機，盧舜平知道自己「家庭出身不好」，是這個國家的政治賤民，因而採取了明哲保身的策略，平日規規矩矩，老老實實，凡事從不出頭，然而即使這樣明哲但最終都保不了身。自從文革一開始，場裡就加強對「有問題者」實施特別的監視，盧舜平收到的每一封家書，都有明顯的被拆開過的痕跡，而且事後得知，有些信根本到不了自己手中，所以大家在信中都不談私秘。農場的民兵可以隨時任意的搜查他們的行李，沒收他們認為不妥的東西。一次盧舜平從廣州探親回來，發覺自己的行李被人搜掠過，他珍藏起來的一些家庭照片及一本唐詩被檢走了。

1972年年中，階級鬥爭的利爪終於伸向了盧舜平，由於他是初中畢業生，在隊內算是文化水準高的了，隊內平日開會都由他作記錄。有一晚，合該盧舜平出事，他寫著寫著，鬼使神差地在一張報紙邊上寫了「農村知青危機」幾個字。這幾個字料不到被一旁的隊長看個正著，馬上為他組織了幾場批判會，說他是「反對毛主席提出的知識青年到農村去接受貧下中農的再教育的偉大號召，存心破壞黨的上山下鄉政策」。盧舜平百口莫辯，就這樣被批鬥了幾個晚上，唯有承認自己出身資產階級家庭，資產階級思想濃厚，接受貧下中農的再教育不夠，對上山下鄉認識不足等來求得解脫。

超強的體力勞動，極差的伙食供給，再加上無時無刻的政治高壓，使得大家設法為生存而想點辦法。有人發現了一個在野外保存柑桔的辦法，那就是在山上泥土乾爽處挖一個洞，舖上乾草，然後放上偷摘下來不十分成熟的柑桔或橙，覆上泥土，泥土上面再放上石頭做記號。用這個土辦法可將果子保存兩三個月，可保障自己在一段時間內有水果吃，稍微填補一下瘦肚。

1973年冬，農場的柑橙剛收摘完畢，盧舜平也用此方法在山上藏起了一些。不過，做的人多了，難免就有「穿煲」的時候，東窗事發，領導把他和十幾個嫌疑犯送到場部關起來辦學習班，要他們坦白，不坦白就不放人。還有更厲害一招，柑桔場有個小煤礦，出產一些劣質煤供全場使用，凡是受懲戒的人都要送來此處。在黑暗的洞裡只能用手電和馬燈照明，人們佝僂著身體用鐵鍬和鏟把煤挖下來，裝進籮筐，然後像牲口一樣把煤馱出來。

眼看著就要被發配到小煤窯，盧舜平思前想後，終於定下決心，不顧一切逃走。他什麼都不帶，悄悄的推開了門繞過哨兵，離開了他曾流下了八年青春汗水的地方，離開了這個煉人爐，從此一去不回。

（二）最長的偷渡路徑

此時逃回廣州的盧舜平，一無戶口，二無工作，當時的中國人，無戶口即無糧食，他是個典型的黑人黑戶。在960萬平方公里的土地上，竟然沒有他立錐的地方，此時的他被逼上梁山，唯一的出路，就是外逃——逃亡到香港去。

1974年初，有心偷渡的盧舜平天天一早到越秀公園中山紀念碑下的百步梯進行體能操練。他們乘車和進公園從來不買票，原因是他們都是廿十幾快三十的人了，這個年歲還要回來吃父母，不能自己養活自己，心中本已有一團火，能省則省。那些售票員和門衛知道他們是知青，一來知道他們真的沒錢，二來也不敢招惹他們，任由他們出入。每天早上都有幾百知青在百步梯進行操練，盧舜平在百步梯上上下下的跑十幾個來回。在這個特殊的地方，他很快就認識了很多新朋友，所為何來？彼此心照。由於大家有共通的語言，很快就混熟了，彼此交頭接耳交換情報和籌組團夥。經過一段時期的操練與交流後，盧舜平和他的朋友對於逃港都信心大增，幾年後這些朋友，幾乎都在香港聚齊了。

除了在在百步梯操練，盧舜平就去練游泳，有時到珠江裡去游長途，從西郊泳場往返十多公里外到石門。經過數月艱苦的鍛煉和籌劃，盧舜平終於在1974年端午節後，開始了第一次的「起錨」。

第一次「起錨」，盧舜平和他的朋友一共四男二女，竟然選取了一條令人匪夷所思的路線，他們從廣東的江門市郊下水，打算游水到澳門去。端午節後的一天，他們算準了潮汐的時間，先一晚從廣州坐船到江門市，因為去江門買船票不用證明。白天他們就在江門市郊的河道四處溜達，尋找下水的地方。天黑之後，六人在江門市郊一處僻靜的河堤處摸黑下了河，六個人把衣服脫下來放進塑膠袋用繩綑紮好，與球膽一起拖著游。河水非常湍急，每秒起碼幾公尺，人在水中根本不用動手腳，水流就將你沖向前，這種情形反而弄得他們有點害怕了。但江門距離澳門實在太遠了，一個晚上無論如何也漂不到澳門去，就在天快要亮時，六個人找到一處林木茂密的河邊躲了起來。

他們上岸躲藏的地方是珠海縣的坦洲，那兒離澳門已不遠了，只要再順水多游兩個小時就能抵達澳門，但此時天已透亮加上已經潮水開始漲，他們只好找個地方上岸。頂著高溫炎熱、蚊叮蟲咬，在草叢中蟄伏下來。好不容易等到天黑，他們再次下水，奮力向前。基於安全的考慮，盧舜平與其他三人盡量靠邊游，而兩個勇敢的一男一女，則大膽游到中間的主航道去。結果那兩人很快就被水流沖到澳門去，成功上岸。而他們四人卻不幸陷進了一個近岸的迴旋區，在旋渦裡無論他們怎樣奮力拼搏，只能在原區打轉，在迴旋區裡折騰了二、三個小時，筋疲力盡的四人才藉著漲潮、水流改變方向之機游了出來，在晚上11時左右爬了上岸。他們上岸的地方恰好就在珠海灣仔檢查站旁邊，一上岸四人就遇到了邊防軍，同時被捕。

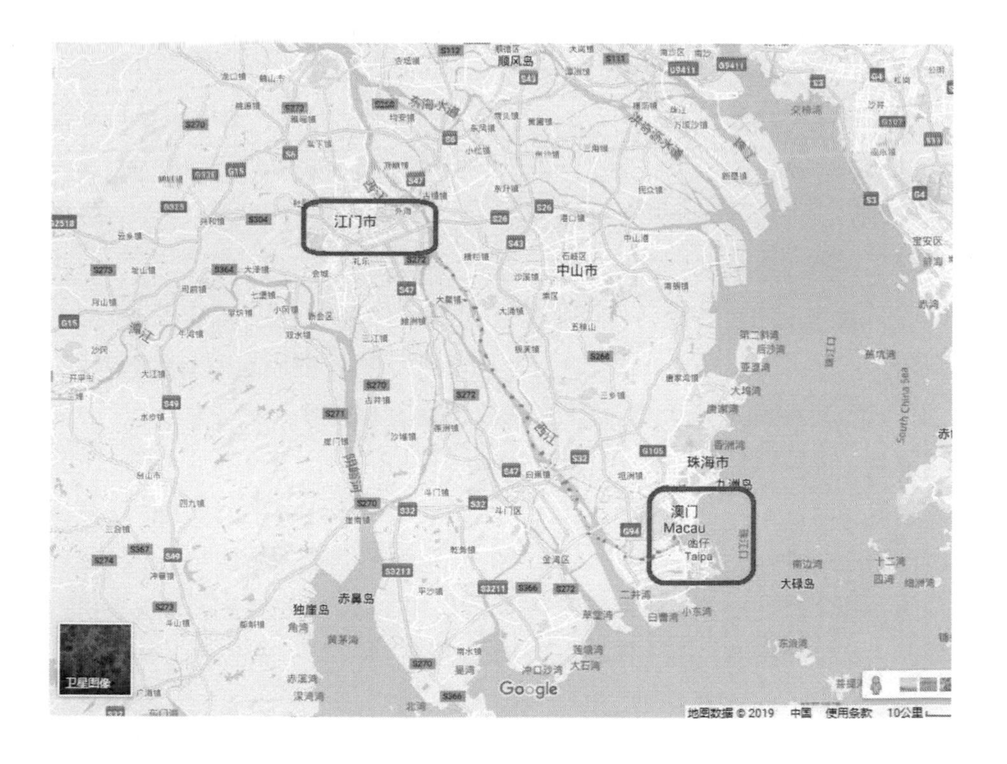

（三）地獄旅程，幸運逃脫

由於盧舜平被捕獲的地點是珠海，而他所報的工作單位是博羅縣楊村柑桔種植場，所以他被按序解回，先後歷經五個收容站，那就是珠海收容站—廣州沙河省收容站—東莞樟木頭收容站—惠州收容站—博羅收容站，一站一站，歷時36天，漫長的路程。

收容站生涯幾乎是每一個偷渡客都要歷經的，飽受煎熬。第一個是饑餓，有的收容站每天吃兩餐，有的就只有一餐，每餐每人只有一勺白飯，遇到好日子可能每人還有幾條青菜或幾片冬瓜，這麼少的食物有時還有酸餿變壞的。由於食物不夠，每個住進收容站的人每天都會餓得頭昏眼花，手軟腳軟，十天半月下來人自動瘦了一圈；第二個是擠迫、污穢不堪的環境，一個小小的倉，擠進四五十人，到處蝨子臭蟲，屎尿橫溢，臭氣熏天。有一次站方都怕瘟疫出現，下令全體脫光，用水喉強力沖刷。說起這幾十年前的一幕，盧舜平猶心有戚戚。

1974年7月的一個晚上，經過三十六天的輾轉押送，盧舜平終於被送回了博羅縣楊村柑桔場。等待盧舜平的，將是無休止的批鬥，批鬥完了之後，就放勞改隊挖煤，起碼要挖一年半載，然後就以「投敵叛國」者的身份歸入監督改造隊伍。

合該盧舜平交好運，被押送回到柑桔場那天晚上，場部只得一個人值班，而這個人正好是一個與盧舜平同期下鄉，新近提拔上場部當幹部的人。當負責押解的人員一離開，那人就吩咐盧舜平自己走回生產隊去，從場部到生產隊有廿多公里呢。此時不走，更待何時？盧舜平諾諾應承，卻大步流星逃離了場部，趁著夜色走向博羅縣城。一出場部就遇到了一個在場部附近生產隊的好友，那人帶他們回到自己的宿舍，請他吃了一頓飯，並借了幾元錢給他作路費。盧舜平第二天一早搭上了到廣州的班車。柑桔場派人去廣州抓盧舜平，這是後話。

回到廣州，盧舜平唯一的念頭還是「起錨」，因為他已經沒有了退路，雖然，父親因平反得到一筆補發的錢，每月給他20元，但對於一個年近三十的人來說，這樣下去終究不是辦法。此時他又要面對一個問題，一是街道不時「清理倒流人員」，半夜三更「查戶口」，（當時行話叫「旺格」）二是農場派人來廣州抓他。盧舜平居無定所，白天絕不敢露頭，晚上投靠親戚朋友留宿。一聽到門口有異響，即刻跑上天臺，作「空中飛人」跳過隔壁樓頂逃遁。有一次真的被堵在家門，被拉到派出所，寫下保證書得以脫身。

在這期間有一件事要提一下，盧舜平參加了1974年廣州白雲山「登高轉運」事件。當年重陽節晚上，眾多廣州青年男女不約而同登上白雲山，祈求「轉運」，轉什麼運呢？就是希望順利到達香港，整個山頭被人群佔據，幾萬人齊聲高喊「順風順水，直到尖沙咀！」聲浪震天。事後廣州當局將白雲山登高當作「政治事件」對待，在各單位、街道追查登記，捉拿為首份子。

（四）「老橡局」送上自由路

1974年重陽節過後，盧舜平又開始謀劃「起錨」了，這次「拍檔」是一位姓蘇的人，同一農場的知青，上次江門下水的同行，另一位是下鄉新會縣女知青，這兩人都是盧舜平的街坊，曾經在他被迫流竄時收留幫助過他，三人都是「資產階級家庭出身」。

這一次，他們策劃用橡皮艇走大鵬灣，這已經有成功的先例，他們在百步梯「碰頭會」上得知了這一方法。使用這一方法，可以略為不受天氣寒熱的制約。用這種「橡皮艇」偷渡，卒友間的流行說法叫「老橡局」，橡皮艇大約一米五長，八十公分寬，使用醫用膠布製成，四周用黏膠粘出儲氣筒，用以浮起重物，等於今天常見的遊樂浮床。這個方法流傳出去，市面上的醫用膠布一時斷了市。

盧舜平通過父親熟人的關係，在廣州醫藥公司搞到兩塊醫用大塑膠布，然後晚上在其中一人家中製作，先把塑膠布邊緣塗上膠水，再用熨斗把周邊壓緊，放進吹氣喉嘴，在家中進行多次反覆的吹氣檢驗，最後其中一人還把它帶回家鄉順德的河道進行試驗，竟獲成功。

這隻自製的橡皮艇摺疊起來體積也是不小，如何能平安的把它帶到海邊？而且沿途有很多關卡，這玩意是絕對過不了關的。不久，他們在百步梯通過朋友的介紹認識了一個「蛇頭」，那「蛇頭」開口要收取160元，他保証能把人帶到惠州起程，安全的通過新墟這個令人心寒的檢查站，把他們平安的送到寶安龍崗的山邊。雙方經過在百步梯多次的討價還價後，終於以130元成交，並約定事成才收錢。

1975年3月1日，剛過農曆新年不久，天寒料峭，他們出發了。至於他們為何選擇在正月裡這麼寒冷的時候出發？一來他們這次是用「橡皮艇」，需要有北風的幫助，而三月初還有寒流南下，可望有北風。他們買了從廣州到汕頭的車票，中午時分他們在惠州下了車，到了惠州碼頭，與「蛇頭」見了面，那「蛇頭」把他們幾個與另外的三位一起帶上了開往寶安縣龍崗的班車。車開不久就到了離惠州城南七公里的新墟檢查站，這裡有民兵重兵把守。每天從這裡拘捕的逃亡人士有幾十人。盧舜平一行目睹了一長串的被捕者，心中正在忐忑。一個持槍樣似隊長的人上車喝令所有人帶齊行李下車，這時那個「蛇頭」拿出一張證明出來讓那隊長看了看，說是新請回來修路的工人，結果他們七人都不用下車，就這樣有驚無險的過了關。至此盧舜平明白，檢查站的人是與「蛇頭」合夥做生意的。「蛇頭」將他們一行帶到了龍崗野外一處的地方，給他們指明了方向，收錢離去。

盧舜平他們三人在在公路邊的一處橋洞下躲藏起來，天一黑，他們馬上照「蛇頭」指示的方向前進。那晚行進過程中不知怎的驚動了鎮邊的狗，汪汪狂吠，惹得民兵出來察看。三人躲在鎮邊等了很久，直到天快亮了，狗也叫累了，瞅準這個時機，他們快速的繞過坪山鎮，撲進鎮邊的河。當他們游過約八十多米寬的河，爬上岸邊時，天已開始亮了，他們只好在河邊找個林草茂密的地方躲起來。不久有很多農民出來耕作，最近時離他們只有二、三十米，如果有人走過來小便，一定會發現他們。但他們很幸運，一直沒被人發現，好不容易等到晚上，他們就迅速越過那些小丘陵，竄上了梧桐山。

在大山中走了幾天，還未聞到大海的氣息，走到第五天，糧食斷絕了，加上時值三月初，寒氣逼人，令他們困苦不堪。幸好第七天他們終於見到了大海，但是不能立即下海，要等北風的到來。

第七天中午，遇到一個意外情況，一個上山砍柴的當地農民發現了他們，那人帶著一條狗，見到他們三人便起了貪財之心。那傢伙向他們揚起了砍柴刀，要他們交出所有金錢和糧票，面對如同強盜剪徑般的索要，雖然氣憤，但想到此去不管成功與否，那些東西對他們已沒有用，便把各人身上的錢幣與糧票都給了他。豈料那傢伙還不滿足，竟還垂涎盧舜平身上的羊毛衣，要盧舜平脫下來給他。那傢伙見他們面有反抗之色，便厲言警告：「你們千萬不要反抗，我有一條狗，狗一叫起來，民兵將會搜山」。盧舜平為了不壞大事，只好把身上唯一能禦寒的毛衣脫下來給他。那傢伙收到毛衣後假惺惺給他們指了路。

盧舜平他們躲在草叢中再多等了兩天，終於等到了他們所需要北風。強勁的北風夾帶著寒雨漫山遍野呼嘯而至，山林中躲藏的偷渡者都撲向了海邊。

一抵達沙灘，他們便輪流吹氣把橡皮艇鼓起來，然後拋棄多餘的東西，先後爬上那小小的橡皮艇，順著北風用自己的軀體作帆，半浮半沉奮力向自由的彼岸划去。在強烈的北風吹襲下，海上波濤洶湧，那小小的浮床說也奇怪，竟能承受起三人三百多斤的重量。雖然全身濕透，又冷又餓，他們三人拼盡最後一點力氣，奮力揮動船槳，乘風破浪全速前進。經過五個多小時和風浪的搏鬥，天明前他們終於到了一個無人的荒島。後來才知道，這個荒島就是英治的赤洲島。

一上岸他們就遭遇了一場暴雨，三人在沙灘上無遮無擋，任由狂風暴雨吹打，已經耗盡最後一點力氣的他們，只能聽天由命了。

終於接近黃昏時，一艘在附近作業的香港小漁船發現了他們。在漁船上他們終於吃到了自逃亡十多天來的第一頓飯。由於此時香港政府已實

赤洲島景貌

行界外即捕即解的「抵壘政策」，盧舜平他們此時還要避開警察，進入市區才算成功抵壘。船主晚上將船泊了岸，然後用車把他們運到大埔船灣淡水湖的山邊，把他們藏起來。船主與他們的親友講好價錢，每條「人蛇」700元，兩天後用車把他們送出了市區。那700元運「蛇」費，盧舜平此後用了一年才把債務還清。

抵港後的盧舜平，忙於「搵食」，主要是打工，也做過老闆，成家立業，育女成材，現時女兒為香港中學教師。夫婦兩人現時已退休，安樂茶飯，也算老懷安慰了。回首往事，在香港幾十年，所有艱辛一言難盡，但無論如何，再也沒有「階級鬥爭」的撕咬了。

盧舜平近年熱心逃港罹難者的紀念活動，目的就是為了追念歷史、警醒後人。

（2011年11月24日寫於香港）

2014年5月，香港逃港者立碑紀念罹難者，盧舜平出力甚多。

積極投身民主運動

我這個「反革命偷渡集團為首分子」

口述者：周世湘

（一）

1981年七月，我真的去偷渡了。

我與同鄉好友杜敬津一同上路，阿津曾經四次偷渡失手，我卻是「大姑娘上轎——頭一回」。我此前曾坐牢十年，在獄中認識阿明及阿榮，阿明是中山坦洲人，阿榮是廣東新會人。我出獄後又與他們見了面，其時阿榮已經偷渡去了澳門。他們兩個都鼓動我去偷渡，阿明說：你從中山「起錨」吧，我在坦洲幫你「埋堆」，阿榮說：到了澳門後，我來照應你。

我心動了，我心動的原因，很重要原因就是因為1967年我曾以「反革命偷渡集團為首分子」的罪名入獄。而實際上，此前我從未進行過偷渡活動，甚至連偷渡的念頭都未曾有過，卻被「無產階級政權」羅織罪名，伸出魔爪，捉將入去，坐滿十年的監——我心中不忿，豈有此理，今生今世，我就要偷渡一次。

我們兩個人，坐車到了中山縣縣城石岐，在汽車站門口，有幾個單車佬在兜客。我們講好價錢，租乘兩部，要他們把我倆載到坦洲。結果兩個「單車佬」的「階級鬥爭覺悟」十分高，直接把我們送到派出所。我這個「反革命偷渡集團為首分子」的第一次，也是唯一的一次偷渡，就是如此這般的開幕以及落幕。

其實，香港早在上一年10月就終止了「抵壘政策」，明令即使非法入境到達市區也不獲身份。而澳門雖對非法入境者即捕即解，卻未像香港那樣明令不頒授身份，事實上此後澳門曾多次赦免非法入境者，只是我們沒有這個福分而已。

周世湘在「文革」前夕

（二）

我是如何當上這個「反革命偷渡集團」的「首領」的呢？

1967年三月二十三日，這個日子我不會忘記，父親對我說，派出所李錦榮來找過你。我於是到派出所問問有什麼事，李錦榮見了我就說：你跟我去一趟佛山。結果，到了佛山就把我關進看守所。同監的人問我為何進來，我說：我沒犯法，很快就會出去的。大家笑了，有位「老行尊」模樣的訕笑道：「出去？入門三級石，出門九重天啊老弟，這個地方易入難出，風吹進來也要關十年八年！」

兩個月後的一天，我被五花大綁，押上囚車，送回我的居住地——南海縣鹽步公社。在公社中學的操場上，人山人海，原來是召開批鬥兼公捕大會。我胸前被掛上一個「反革命偷渡集團為首分子」的紙牌，站在臺上示眾。咦！怎麼回事？怎麼事先沒人跟我說？我怎麼會去偷渡？還成了「集團為首分子」？我不明所以，我掙扎著想要問個究竟，頭上就挨了一槍托。

人聲鼎沸，有人宣讀我的「罪狀」，突然，眼睛掠過遠處，我見到母親站在會場邊緣的一個角落，我想喊一聲媽。但我被身後兩人按成彎腰低頭姿勢，動彈不得。

大會之後，在等候押送回佛山的間隙，媽媽托人傳遞進來的衣服、棉被、牙膏牙刷以及一盒飯菜，送到我手上，我再也止不住眼淚，漱漱往下掉……

一年零五個月之後，判決來了，判決書是這樣寫的：

> 被告人周世湘，家庭成分自由職業，個人出身學生。被告出身反革命家庭，受反動宗教影響，思想立場均屬反動。
>
> 被告在史無前例的文化大革命中，對紅衛兵抄家不滿。被告刻骨仇視社會主義制度，刻骨仇視毛澤東思想，刻骨仇視無產階級專

政，刻骨仇視我史無前例的無產階級文化大革命。

被告和梁將將、周明、王堅環等人臭味相投，被告為首組織反革命偷渡集團。企圖冒充紅衛兵，在大串聯時偷渡出境。

被告在偷渡途中被抓獲。以上犯罪事實證據確鑿，被告亦供認不諱，犯罪情節嚴重，影響極壞。

現決定，判處周世湘有期徒刑十年。

這份「判決書」完全是胡說八道，判決書所稱的「偷渡集團」完全子虛烏有，既是「集團」，為何除我以外沒有一個人被抓？是我自己走進派出所而被抓的，怎麼說成是「在偷渡途中被抓獲」？

這一年我剛剛二十歲。

（三）

剛入看守所，我就得了急性腦膜炎，全身抽搐，不省人事，嚇得其他人遠離我。期中由兩個「犯人」抬我去了一趟醫院，歸來後就將我棄置在看守所一角，所方待我一旦死去，就拉出去燒。這樣躺了一個多月，後背都長出褥瘡來了。我未死得，仗著年輕，居然挺了過來。（注：1967年年初，全國出現流行性腦膜炎疫情。）

在看守所裡，我絕大部分時間是日夜帶著腳鐐度過的，原因是同倉有位青年農民阿潘，被辦案人員嚴刑拷打，要他承認自己是一樁兇殺案的兇手。阿潘招架不住，打算招認並一死了之。我力勸他，不是你殺的人就絕對不能認，結果阿潘翻案改供。辦案人員竟遷怒於我，用鉚釘下腳鐐拷起我，我總共帶著腳鐐過了十四個月的日子。

正式判刑後我被送到位於高鶴縣的「西安農場」勞改，勞動的繁重就不提也罷，饑餓的折磨，我只需講一件事就夠了：我們眾多「勞改犯」，在田頭抓住蚱蜢直接就塞嘴裡了，實在太餓了。出獄後有人問我，「文革」時期社會上兩大派又槍又炮地打起來，監獄裡沒有一點感覺嗎？我回答：是的，監牢裡秩序整然運行如故。

我在1967年三月入獄，到1974年三月，因「表現良好，服從改造」被提前釋放。在家中呆了三年，到了1976年十月，統治集團自己打倒了「四人幫」，據說是「挽救了革命挽救了黨」，接著又「抓綱治國」了，1977年七、八月，派出所又把我叫了去，一傢伙又將我送回監獄，說是補回未服的刑期。直到1980年年初才將我放出來。我累計足足坐滿了十年的牢，一天都沒少。

（四）

我的居住地是廣東省南海縣鹽步公社，這裡不是我父母的原籍，卻因何落戶此處呢？我父親當時在廣州，他是舊時暨南大學（上海）的畢業生，1949年中國政權易手之際，他認為自己僅僅在陽江縣政府當過三年建設科科長，不過是個文職小官，無須害怕新政權。而我母親在香港從醫，我們幾兄妹跟著母親在港生活，一家人分居兩地。母親的家族是香港的醫藥世家，生活本來是無憂的。

此時我的一個表姐出現了，她極力遊說我母親回大陸，她說中國共產黨偉大無比，新中國的前途一派光明，共產黨接著就要攻下香港，還不如現在就回去。經表姐巧舌如簧的慫恿動員，媽媽最終相信了她的話，1951年帶著一班兒女遷回大陸。——表姐早已加入共產黨了，唉！她既害了我們一家又害了自己，「文革」之後她卒之還是移民澳洲去了。

一家人選擇南海縣泌沖鄉為居住地，母親開了個以婦產科為主業的醫社，救治鄉人無數。沒幾年，厄運降臨，要「公私合營」，醫社被迫交出去，父親被定為「歷史反革命分子」，長期被管制。

到了「文化大革命」，一家人遭遇滅頂之災，公社搞了個「階級鬥爭展覽會」，裡面說我十二歲的弟弟書寫「反動標語」，並承認是父親教唆的。我跑去質問主事者幾句，好了，我弟弟的名字改成我的了，說「反動標語」是我寫的。

自香港回大陸後一家人的合照，後排左一是本人，後排女子即表姐，請注意她所穿的「列寧裝」，即當時共幹的標準服裝。

接著就是抄家，一班人進門就如狼似虎翻箱倒櫃，金飾、衣物、傢俱……統統抄走。這樣的「大抄家」歷經三次，我家已是「家徒四壁」了。母親親眼看見，一個「積極分子」在抄家時，把一塊「東方表」放入自己的口袋中。後來某日，一位「骨幹」的孩子有病，我母親應其所請前去施治，一眼就看見他們家的鴨絨被是從我家搜去的。他們的所謂「革命」，不過是借著光鮮的名義，來劫奪財產罷了。

承蒙恩典，所抄走的金飾，凡是有收條的，政府後來都按九元／每錢來補償。

（五）

為何「無產階級專政」會盯上我呢？

我們鹽步鎮裡有一個基督教「福音堂」，小小的門面，主持人（傳道

「文革」前夕我陪陳義姑去廣州探親訪友，後排左一是我，前排中間老者是陳義姑。

人）是一位人稱「陳義姑」的女性，我認識她的時候她已經八十多歲了。十六歲之時，我無意中走進福音堂，見裡面的人彼此都以兄弟姐妹相稱，提倡互相平等尊重，彷彿是另一個天地。我細心地聽陳義姑講道，我從來沒有聽到過這樣的道理，這樣一種平等、博愛的普世價值觀。我成了陳義姑家中的常客，在現實生活中，我飽受歧視受盡打壓，而在這裡，心靈得到慰藉，人格得到尊重。我幫陳義姑打理果園，種菜、劈柴、打水……陳義姑也格外關心我，我走近了耶穌。

「文革」一到，福音堂被迫關閉，門口貼滿侮辱性的大字報大標語。有一天，陳義姑被「革命群眾」抓出來遊街，只見她的頭髮被粗暴地剪成一個「十」字，胸前掛著一塊牌：「反動會道門為首分子」。八十六歲的老人蹣跚地走著，一邊走，一邊要敲銅鑼。那些人強逼她喊口號「打倒耶穌」。陳義姑在每喊一句「打倒耶穌」之後，又加上一句「背叛的人」，旁人聽不明她的話，我卻聽得真真切切，我可尊敬的老人啊！我心淌血！

當天晚上，我在母親的支持下，拿了十斤大米去探望陳義姑，為她打了水，這是我最後一次見到陳義姑了。

這就是在我判決書中「受反動宗教影響，思想立場均屬反動。」句的由來。派出所早就把我歸入另冊了。

在無邊的黑暗中，在身心最受摧殘的時候，我總是默念「為義受逼迫的人有福了。」靠著信仰的支撐，我挺過了最艱難的日子。

（六）

下面這張是我的「改正判決書」，十年牢獄，換來這麼一張東西，這張「判決書」，可作極權體制傲慢的一個見證。

作為施害一方，無一句之自責；作為一個政權，你害得無辜的國民坐了十年冤獄，卻無一分錢的賠償。

他們總說自己是中國人民的代表，可是幾十年來，為什麼總是殘民以逞呢？他們，早就把中國變成了一塊神棄之地了。

广东省南海县人民法院

刑 事 判 决 书

(79)南法刑字第190号

被告：周世湘，男，现年三十一岁，壮族，广西武宣县人，家庭出身自由职业，文化程度初中，职业工人，居住南海县盐步镇永平村二组二十二号。无前科。

被告因犯反革命偷渡集团一案，经南海县人民法院于一九六七年十月三日以(67)南刑字第15号判决，判处有期徒刑十年。

该案现经复查，查明被告尚未构成反革命偷渡集团罪，故原判不当，现依法改判如下：

撤销南海县人民法院一九六七年十月三日南刑字第15号之判决，改判被告周世湘无罪。

如不服本判决，可于接到本判决书后的第二天起十天内向本院提出上诉，上诉于佛山地区中级人民法院。

南海县人民法院

一九七九年三月二十四日

本件经核对证明与原本无异。

附：廣東省南海縣人民法院刑事判決書

（79）南法刑字第190號

被告：周世湘，男，現年三十一歲，廣西武宣縣人，家庭出身：自由職業，文化程度：初中，職業：工人，現居住：南海縣鹽步鎮永平村二組二十二號，無前科。

被告因犯反革命偷渡集團一案，經南海縣人民法院於一九六七年十月三日以（67）南刑字第15號判決，判處有期徒刑十年。

該案現經複查：查明被告尚未構成反革命偷渡集團罪，故原判不當，現依法改判如下：

撤銷南海縣人民法院一九六七年十月三日南刑字第15號之判決，改判被告周世湘無罪。

如不服本判決，可於接到本判決書後的第二天內向本院提出上訴，上訴於佛山地區中級人民法院。

南海縣人民法院

一九七九年三月二十四日

（附注：這份「判決書」是1979年三月發出的，但是沒有人送給我，我也不知道，其時我還在服刑，一直到1980年年初刑滿釋放後，才知有這麼一份東西。）

（2016年10月）

（記述者：周繼能）

我十七歲的衝關歷程

葉兆球

（一）失敗的第一次

上面這張照片，拍攝於1979年8月，其時我剛剛從東莞大朗的「大有園」收容站被放出來一個星期——我在收容站足足被關了三個月。我（圖左）身上穿著一件時髦的「獵裝」，這件「獵裝」是我「督卒」抵港後在香港所得的。在這一年4月，我泅水抵達香港水域被捉，上得岸來渾身只剩一條短褲，瑟瑟發抖，香港水警見狀拿出這件衣服給我穿上，隨即將我「返解」。我回來後對這件衣服珍愛不已，時不時拿出來穿上。（沒錯，8月份照的相，大熱天專門穿上秋冬衣，就為照這張相。當時腳上還穿著拖鞋。）

我是東莞縣人，自小生活在東莞縣城。我1961年出生，1977年7月，我高中畢業了，——其實「文革」中的學校，能學到多少東西？我們東莞縣屬於「二線邊防地區」，（「一線」自然是寶安縣了）。得地理之便，東莞人的偷渡潮可用「排山倒海」來形容，不少村莊走得只剩下老幼弱殘，青壯年全都到香港「搵食」去了。至於我住的莞城，我說得出的人都有三十多個去了，我還知道有幾個在外逃中丟了性命的，其中有一個是我班初中同學陳汝林的哥哥陳汝堅，陳汝林的姐姐成功外逃出去，哥哥卻音訊全無。我生活在這個環境中，自小耳濡目染，不但對偷渡的的細節知之甚詳，且早就有了躍躍欲試的想法。況且以當時的環境，我不偷渡，能有什麼好的出路呢？

1979年清明節過後，我和小我一歲多的好友李寶堯商量一起去外逃。此時，香港政府對偷渡者實施所謂「抵壘政策」，——是借用壘球比賽的規則的一個術語。即對成功抵達香港市區的偷渡者予以接納，而對於在邊境地區抓獲的偷渡者實行「即捕即解」。我身邊也有運氣不好者，抵達香港邊境地區後被捉住返解歸來。明知有風險，我為什麼還要試呢？——因為我還未滿十八歲，人生還沒有遭遇過什麼可怕之事。

首先要做好心理準備，因為你一旦外逃成功，你就是「叛國投敵」之人，有家歸不得，今生今世有無機會再見親人，只有天曉得了。其次在物資上作準備，根據那些大哥哥姐姐們傳授的經驗，經過一個星期左右的籌備工作就緒，包括：指南針一個，鬧鐘一個、塑膠小電筒一個，少不了要準備兩個吹氣的塑膠救生圈。其中一個備用以防萬一，有一個漏氣，另一個頂上，還有一雙解放鞋，一個軍用水壺，電工刀一把，作防身之用。還準備了五、六天的乾糧，乾糧是東莞著名小食豬油雞仔餅，因為是用豬油做的，耐飽，易保存，再蒸熟二十幾個鹽雞蛋，用來在路上補充身體流失的鹽分。我們還要死記硬背的方式記下香港親屬家裡的電話號碼，因為一到達香港，求助於人，讓他幫你打電話給你親友並接人。（按當時行情要酬謝通知人一千幾百元）。到了親友家裡，馬上讓他到銀行匯一百元港幣給你大陸的家裡，讓家裡知道你成功平安到了香港，日後找到工作，發工資時再還給親友。

1979年4月，約莫是11、12號，不滿十八歲的我和十六歲的李寶堯兩個初生牛犢，不知艱險，「開波上路」（意即外逃）。行前我連父母都不告知，怕他們擔心，也生怕他們阻撓。

事先，黃江公社星光大隊的朋友，騎行兩三個鐘來到我家，將一應物品運了回去，我們只是空身上路。中午在縣汽車站坐汽車到黃江龍見田下車，去星光大隊的朋友家裡落腳。食完晚飯，晚上八點左右我們出發，當晚經寶山，過雞啼山，一路上靠指南針辨別方向。午夜差不多四點半，實在太疲憊了，我跟寶堯說，休息一下吧，於是在山上找個樹木稀疏的小平臺席地而睡，由於太累，一下子就熟睡了。第二天，臨天亮我被一坨落在我臉上的不知什麼東西驚醒，不由自主用手去臉上一摸，竟然是鳥兒飛過拉的屎，就這麼巧合掉在我的臉上，這是什麼兆頭？不敢多想。天亮後我根據大哥哥姐姐們給我們指點的路徑，拿指南針順著東南方向，尋找龍華的羊台山，此時我們的位置應該在觀瀾。「前輩」們說，只有上到羊台山頂，順著指南針向東南方向看去，山脈延伸之處就是塘朗山。確定方向後，我們找了個有樹蔭的地方繼續休息，一直等到傍晚才向羊台山進發，到了午夜二點多鐘終於上到羊台山頂，此時也已疲憊不堪了，馬上席地而入夢鄉。第三天，天剛亮在山頂沿著塘朗山山脈，看到一條很清晰的小路，蜿蜒伸展，遠處看好像一條色彩繽紛的銀蛇在舞，這條路必定是那些偷渡者多年來前赴後繼走出來的。

俗語說望山跑死馬，雖然在羊台山看塘朗山好像咫尺之近，但也要一整天才能到達。我和李寶堯在沿途看到道旁有不少「買路錢」，那是前人為了祈求平安而拋灑的，一路上垃圾塞途，那是多年來偷渡者棄置的雜

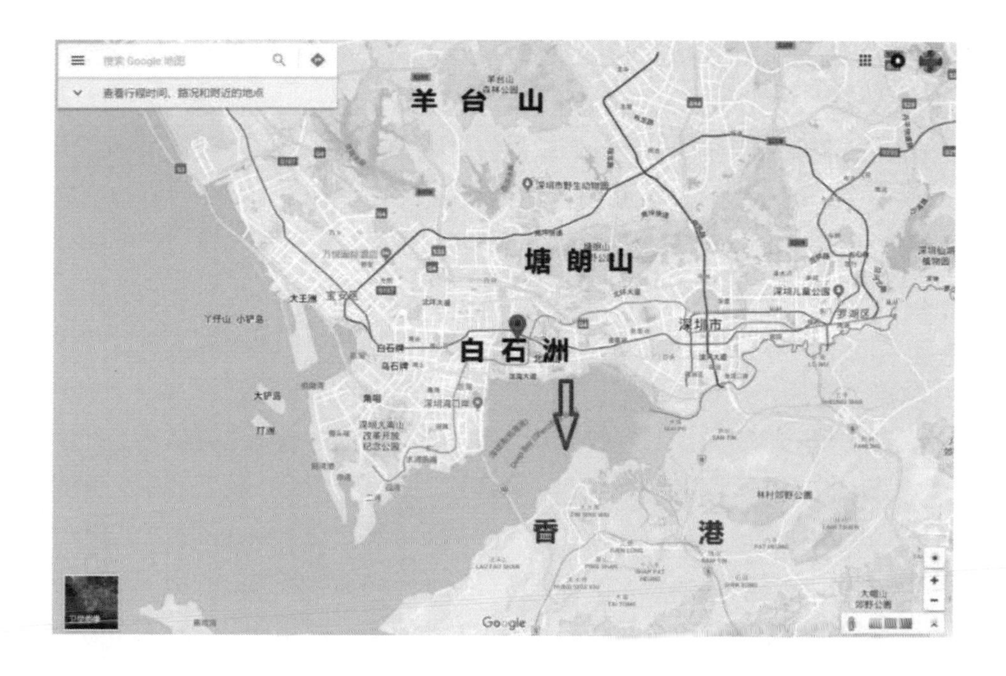

物。經過一個白天的跋涉終於在午夜時分帶著極度疲憊不堪的狀態到達了塘朗山頂，這就是靠近海邊的邊防地帶了。根據大哥哥姐姐們給的經驗，當晚是不能馬上下山衝過國防公路下水的，必須再隱蔽一個白天，休息充分，養精蓄銳，待到下半夜巡邏守衛人員人最疲倦時，再行衝刺。到了深夜兩點半，鬧鐘響起來了，我和寶堯馬上向白石洲方向前行，前方就是「後海灣」了。到了山下先小心找個草叢潛伏，在觀察了半個多小時後看到沒有什動靜，我倆馬上躍身而起，以最快的速度衝過國防公路，迅速鑽進紅樹林裡面。到達海邊，馬上拿出救生圈來吹氣，並將所有的東西拋掉，衣服也脫掉，只剩條短褲，我在拋掉鬧鐘前看到時間是午夜三點三十五分。下海後我和寶堯保持在一起，我在前他在後，抱著救生圈慢慢向著對岸香港游去，此刻可以說成功了一半，還一半是到了對岸能順利避開香港警察，找到人家拍門而入，讓人家幫手打電話告知親屬，並能順利入到市區才能說百分百成功找到自由。就這樣載沉載浮，一直游到天色微明，並已很清晰看到岸上景物了，心裡高興死了，我興奮地對寶堯說，打起精神，我們很快要上岸了。

突然間我看到海面遠處有個會動的東西向我們靠近，說時遲那時快，一艘摩托快艇衝到我們倆身邊，艇上有兩個香港警察，其中一個香港警察拿著話筒，向我們喊話：「你們已經非法進入香港水域，現在要拘捕你們」，說完把我們兩個撈上摩托艇，然後迅速開到一艘大大的水警艦艇旁，將我們倆個送上去，船倉裡面有六個人跟我們一樣是落難人。此時我看到艦上的鐘，時間是早上八點五十五分，也就是說我倆在海上漂了差不多五個小時。水警將我們幾個在海上撈上來的偷渡客送到水警基地。上岸後，香港警察看到我們幾個都是光著身子，只穿著短褲，給我們拿來他們的軍裝給我們穿，該軍裝就是平時我們在香港電影裡所見的那種，是警察穿的那種很威武的「獵裝」，這種平日只在電影裡面看過的衣服，現在卻真確地穿在自己身上。此時此刻，可謂心情複雜，既為身上的新裝而有些欣喜，又為失去自由而感到黯然。緊接著他們拿來了車仔牌紅茶、生命牌麵包、良友牌香煙，第一次食到這麼好口感的紅茶，第一次食到這麼好食的麵包，第一次食到外國香煙，雖為落難之人，內心卻有一絲溫暖。

下午四點多，來了七、八部囚車，差人叫我們排隊，點人頭上車，一輛車坐二十四人。一邊十二個，背對背坐著。當時整個遣送中心大概有二百多人，足足組成了一個車隊，車開到文錦渡橋邊的位置停下來。負責此次遣送的指揮官，拿著筆記本，走到文錦渡橋中間，向對面的中方軍人逐個點交。過得橋來，我們被送上了國產軍用大卡車，在電影鏡頭看過的交換戰俘場面，今天在我們自己身上現實版出現。從整個過程可以看出，為何我們這些人要外逃呢？就是資本主義香港那邊講文明和講人道主義，而這邊不把人當人。就以這次遣送為例，香港那邊的囚車，比我們的解放牌卡車空間大得多，但對方尊重人權，不管車廂如何大有空間，也只能坐二十四人。而當我們一跨過到這邊上大卡車，境況比豬狗都不如，人塞到爆，令到呼吸不過來，整車人好像沙丁魚罐頭一樣擠在一起，所以社會制度不同，對人的態度就不同。

我們被送到深圳梅林收容站，一下車，收容站的人拿著剃頭工具，將每人的頭剃光，名為便於管理，實則人格羞辱。當晚我們那個牢房簡直是人滿為患，連馬桶邊都是人，整個晚上暈頭轉向，混混沌沌，艱難地度過一個漫漫的長夜。第二天將我們中轉到東莞樟木頭收容站，樟木頭收容站是一個好大的中轉收容站，在這裡登記辨別人的身份，根據不同地區的人，將其分門別類遣送回原地區。收容站食的是「監躉「（即囚犯）飯」，這種飯就是幾條黃黃的菜葉和用陳舊大米煮的飯，沒油沒鹽，現在看來連豬都不食，但是當時餓壞了，饑不擇食吞咽起來。食完飯將我們按地域歸類到東莞區，當時東莞對凡是偷渡給抓回來的，一律勞教三個月。第二天早上，我們這些來自東莞的人，被拉回大朗「大有園」收容站，重新登記身份，分配進牢房，正式開始三個月的勞教。在此期間，各人分別托那些勞教到期準備出去的人，請他們幫忙通知家裡，一則報「平安」，二則叫家人來「拜山」（即探監）。勞教三個月裡，除了下雨天不用出去。每天都要出去勞動，而且伙食奇差，也吃不飽。盼星星，盼月亮，終於熬過了三個月的勞教，七月下旬被釋放回家。

（二）耀輝大哥

下面要從這封信講起了：

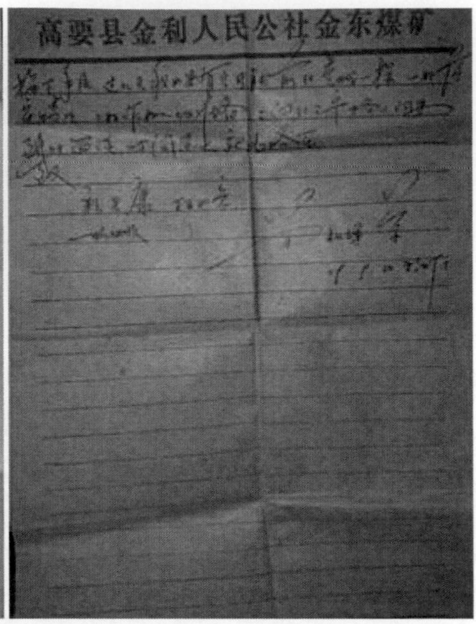
高要县金利人民公社金东煤矿

兆球仁兄雅鑒。見信如握手，首祝回家一路平安及家中各人安康。萬事勝意。來函於29號收閱，內情盡知，真煩仁兄為弟在向自由世界的道路上邁進，所擔之心及奔波之勞，如日後成功定感大恩，永生不忘。郵回之款同信一起收妥，請放心。兆球兄，本來我送你回莞城時已說，款的問題請你不要計較，為何回家即付回呢？想你生活並非很好，何須為這小事記懷，使弟心坎很感不安，我看作為結成朋友，應該互相幫助，共同前進，你看如何？關於到K城的問題，你為我所踏之路，弟很滿意，所須什麼，請來信告知，款項籌劃如何，弟一一應允。望兄放心籌劃。我們由於遠隔百里之遙，情況準備得如何，望出發前幾天就要來信通知。信要寫兩封，一封寄高要縣金利公社石林大隊第一生產隊陸耀輝，一封寄金東煤礦。以備我如果不在礦，就在家，否則會誤大事。我回礦後，公社黨委派出常委專門為我們辦了一個班，由於我工作較忙，沒有參加這期學習班，黨委亦派出同志去找我談心。但我志向K城，那有心思理會這些。這幾天我忙於打報告，要求辭職，想為該事要做好一切離職手續，以免拖下手尾，過幾天我如果有空可能前往莞城一探，一好落實情況，二好做好一切准備，三向仁兄家中各人問安康。到時面談，時間緊迫，就此擱筆。祝安康，萬事如意，一帆風順。

敬叩

弟耀輝字。
79.9.30.於燈下

打開這封三十九年前的來信，思緒一下子又穿越回到1979年。來信者叫陸耀輝，既是高要縣金利公社石林大隊的「社員」，又是公社小煤礦的「副礦長」。我因「第二板」失手被抓，在收容站與他結識，他助我逃過被押回屬地再被囚禁三個月的厄運。寫信之時，他策劃第二次偷渡，而我要助他一臂之力，這封信是為這件事作商量，下面講述事情的經過。

1979年8月下旬，剛剛從收容所放回不到一個月，我和李寶堯第二次「開波」，踏上去K城之路，很不幸這次在下半夜衝國防公路時給狼狗發現，我和李寶堯各被一隻狼狗撲上來咬住衣服，隨即被趕來的邊防軍逮住，並即時被押送到離國防公路大約六七百米的一座舊的炮樓裡。此時裡面已有四個人，一人是東莞厚街的，兩人是東莞篁村的，最後一個人是增城縣的，這四個人也是在午夜衝國防公路時被抓。臨天亮時分，在黑漆漆的炮樓裡，門口突然打開，投進來一個人，進來的人大約二十六、七歲，剛好坐在我的身旁，此人一坐下來就歎了一聲氣。我馬上問，大哥何事讓你感歎啊？他們說午夜時分衝國防公路時給邊防軍發現，幾個兄弟給衝散了，自己也被抓了。這位新來者問我是哪裡的人，我說是東莞的，叫葉兆球，還有我的朋友叫李寶堯，隨即我也問他是哪裡的，他說是肇慶高要縣的，叫陸耀輝，在公社金東煤礦做工。閒聊中我說起這次外逃不成給遣送回東莞「大有園」又有三個月勞教要捱了。聞言，他說肇慶那邊很少人去外逃的，去外逃的都是一些廣州下放的知青，所以一般那些知青給遣送回來，都是叫下放所在地公社，寫張證明領回原處「監督勞動改造」，不用經過勞教。聽他這麼一說，我馬上順口說了一句，那我跟朋友可不可以報是你那裡的人，你到時也寫個證明把我們領出來？（我為何能馬上靈機一動呢？因為我知道東莞有些人外逃給抓住，為了躲避在東莞「大有園」三個月的勞教，而「報流朵」即假人名、假地址，報是隔離的博羅縣，因那邊不用那麼長時間就可以出來，最多一個多月）。他回答沒有問題啊，這次跟我一起去外逃的其中一個兄弟，他叔叔就是肇慶收容所的所長。聽他如此一說，我轉過身後跟李寶堯說，到時我們倆一起「報流朵」吧。耀輝大哥隨即對我們倆說，不過你們一定要記熟我跟你說的地名，至於姓氏那就姓陸吧，陸姓在我們那裡是個大姓。能順利過關的話，到了肇慶收容所，我先出去，再回煤礦，我還是煤礦的副礦長，在煤礦裡寫個證明，蓋上公章，上肇慶來找兄弟的叔叔，把你們領出去。

聞言我不禁大喜，逐漸與耀輝大哥熟絡起來，他比我大十歲有多，經歷、學問都是我不能與之相比的，更感覺到他為人講感情重義氣，不是兄弟，勝似兄弟。我一點都不覺疲倦，一直在跟耀輝大哥在互動。我從耀輝大哥口中得知：他十九歲入黨，二十三歲被提為公社煤礦的副礦長兼煤礦團委書記。我問他，你那麼紅，為何會要去外逃呢？他說葉兄你有所不知了，我的思想轉變也不是三言兩語說得清楚的，讓我思想轉變的是一班廣州知青，總共有十二人左右，下放到我煤礦，我作為團委書記，負責管理、教育他們，在工作上、生活上，盡我所能照顧他們，我也從他們身上也學到很多東西，畢竟他們是大城市來的人，見多識廣，私底下我和他們都是好朋友。大約過了沒多久時間，這些知青陸續有人去外逃了，他們中有些人運氣不好，被抓住送回煤礦監督勞動，表面上我會執行上面的指令，但私底下我卻在保護他們，在力所能及的情況下我會給予他們最大的照顧。後來，這班廣州知青，除了四個病退或通過走後門回城外，其餘都是外逃到了K城香港，最後兩個是在去年（即1978年）終於到了香港。這些到了香港的知青，他們都感念我對他們的關照，一直跟我有書信來往，來信除了問候之外，就是向我介紹外面的自由世界是多麼精彩，說香港是一個可以發揮個人能力的社會，只要肯出力，絕對不會餓著。而且沒有我們內地的那壓抑人性的意識形態，沒有「三忠於、四偉大」「早請示、晚彙報」，沒有「天天讀」、「老三篇」的那種扭曲人性荒唐可笑的東西。耀輝大哥就是在與偷渡知青的交往中，燃起自己心中的那團熾熱的火，從被動接受，到渴望，渴求去接受新思維、新觀念，最後下定決心帶領幾個要好的兄弟，搭偷渡外逃的末班車，向自由世界K城進發。

我慶幸自己在關鍵時刻，遇到了耀輝大哥。

第三天早上十點多鐘，來了一輛解放牌卡車，將我們送到深圳梅林收容所，到了那裡還是那「三板斧」——排隊、登記、剃光頭。第二天早八點左右又把我們送去樟木頭收容站，再過一天又被中轉到各地，由於我們報了肇慶的「朵」，故此要轉解全省收容中心——廣州沙河收容站，然後再轉解肇慶。

到了廣州沙河收容站，逐個問話，鑒別身份。審問李寶堯的管教是個地道的廣州人，加上李本人可能有些破綻給他識穿，所以他過不了關，被關到另外一個等待遣送回東莞樟木頭的監倉。而審問我的人則是個北方人，他用普通話問我，我也用半咸不淡的普通話回答，外表雖然極力保持鎮靜，但內心卻心亂如麻，經過幾個回合訊問，總算得以過關。想想也後怕，好在碰著這個人，對廣東各地的方言不熟悉，所以給我僥倖蒙過去了，信命吧。

言歸正傳，李寶堯後來在沙河收容所等到11月初才有車把他遣送回東莞樟木頭收容所，白白在廣州沙河收容站坐了差不多兩個月的監。轉送回東莞「大有園」收容站又要勞教三個月，真是可憐啊。

第三天中午時分將我們送去肇慶收容站，耀輝大哥沒多久就出去了，臨走時他跟我說，放心！等過幾天把證明寫好後過來將你領出去。

第四天早上十點多，耀輝大哥到收容站幫我辦理有關手續，領我出收容站。隨後帶我到汽車站買車票到金利鎮，上車前跟他在車站旁食了一餐帶有肇慶風味的飯，下午兩點多到了耀輝大哥金東煤礦那裡，他安排我住宿，之後他帶我到金利鎮上走走。由於我們倆都被剃了光頭，所以耀輝大哥買了兩頂草帽兩人戴上，晚飯他讓我品嘗粵西一帶的月餅，當時離八月十五還有二十多天，這種月餅比起東莞的月餅要小得多，沒有東莞月餅油膩。食完晚飯，我們一起回煤礦的宿舍，耀輝大哥泡了一壺茶，商量準備再次到K城之事。

我決定第二天趕回東莞，為他和他的兄弟再次去K城做準備。早上六點耀輝大哥送我到碼頭坐船去廣州，再從廣州轉乘汽車回東莞。耀輝大哥給我買了一隻正宗肇慶裹蒸粽，還給我五元錢作路費，這筆錢當時回東莞足夠有餘了。

回到莞城，一下船馬上飛奔回家，騎上自行車，先到李寶堯家裡報平安，說李寶堯沒事，人在收容所。接著我寄回五元給耀輝大哥，他上面來信所說「收到郵回之款」即指此事。

1979年10月8日，耀輝大哥帶著他的兄弟陸敬驅，來到東莞落實「開波」準備之事，我跟耀輝大哥說，我已安排他們由黃江星光大隊我朋友那裡出發，我上次出發也是從那裡去的，從那裡出發路程短，路線相對來講比較安全，途中也沒有太多的巡邏民兵，比較有利。我還說現在要儘快出發了，一過十月，天氣轉涼那就麻煩多了，他們說也是，事不宜遲，第二天早上坐班車回肇慶。

我趕緊為耀輝大哥一行準備上路物品，例如乾糧、救生圈、指南針等等，並且先行送到黃江公社星光大隊朋友那裡。第三天中午時分，耀輝大哥、陸敬驅共四人從肇慶來到，我馬上到車站買下午三點半到黃江龍見田的車票。回到家裡，我煲了一煲雞蛋糖水給他們出發前食，食完糖水，我陪他們一起乘車到黃江。汽車到了龍見田下車，夕陽已西下，一行人馬不停蹄趕路去星光大隊我朋友家裡，到達時已是滿天星斗了。為感謝我朋友給予的幫助，我拿出在莞城買的“手信”（即禮物）——一條大前門香煙給他，朋友的老婆馬上生火做飯，食完飯，朋友老婆給耀輝大哥每人七、八個煮熟鹹雞蛋，整裝完畢，跟耀輝大哥們道別，我和朋友夫婦倆在門口一直目送到他們消失在夜幕中。

一直到當年11月底，都沒有耀輝大哥的消息，12月中我又寫了一封信寄去高要金利，過了八〇年元旦不見有回信。以後外逃的大門徹底關閉後，我陸續寫過幾封信給耀輝大哥，也不見回信，我掛念耀輝大哥，心中好不惆悵。好人一生平安，耀輝大哥也會一生平安的，幾十年過去了，我無時無刻都記掛耀輝大哥。只是，他究竟到沒到達香港呢？……

（葉兆球終於在2018年12月25日，事隔39年之後，見到了從香港沙頭角出關來到深圳的陸耀輝大哥，詳見文末。）

（三）謀劃買通船隻走水路

時間過得真快，轉眼已到1979年年底，期間我去「大有園」收容站「拜山」（探監），兩次探望李寶堯。另方面跟朋友們繼續互動，朋友們說到，從陸路去外逃，爬山涉水，要走十大八大，特別苦累，一路上還有層層關卡堵截。如果集資買通一條船去，俗稱「著屐」，應該沒有那麼辛苦吧。不過，從陸路去，一、二人都可以起程，而從水路去呢，必須要有幾個先決條件的滿足才能成事：一要買條能坐二、三十人的船，這需要幾千元，二要找熟悉水路並會駕駛的漁民肯將我們載過去，三要湊足人數。

既然有這個打算，大家就分頭去找有意向的人，來湊合人數。此期間我通過朋友介紹找到一個在沙田公社大流大隊學校的人，叫何老師。他教的學生裡面，家長有很多是漁民，通過他找人駕駛和買船可能比較容易。沙田大流大隊位置是位於珠江口的內伶仃洋（即今天虎門港所在海域），和幾個朋友商量過後，由我負責去沙田大流找何老師。

到沙田大流大隊，來回只能在「省渡頭」坐去廣州的紅星193號船，該船是早上去廣州，到了目的地客人下船後，再回程東莞，沙田大流是其途中接駁的一個站點——雖然兩地同在東莞縣，往來卻要如此大費周章。隨後連續幾個月時間裡，每逢星期天早上我就坐船去找何老師探問情況.。時間的步伐不知不覺到了八0年春節了，李寶堯也從「大有園」出來了，我跟他和另外一個朋友聚會並食飯，席間我問李寶堯近期有沒打算再次去K城，他說暫不考慮去了，你看我「蹲監」（坐牢）蹲成這樣，起碼要休息一段時間吧，飯後我們三人在外面拍了一張彩色照片。

葉兆球（右一），李寶堯（中）與朋友在1980年春節

不知不覺到了1980年4月底，何老師已幫我物色到一條能坐二十五人的船，價錢方面要五千五百元，開船的駕駛員也基本確定了。不過，應承同船去的人數總是湊不足，人數不足的話，每個人負責的分攤數就大，這在當時的經濟條件下是很難負擔得起的，繼續找吧。

趁這段時間，我抓緊時間做手工業（煙花炮竹）掙一些錢，前期為外逃積掙的錢已差不多用完了，要抓緊時間賺回來。幸好我們東莞人有一門做煙花爆竹的營生，說起做煙花炮竹手工業，出生於50、60、70年代的莞人相信絕大部分人都是做過，在「苦戰三年，幸福萬代」荒唐的大躍進年代和文革期間，除了有親屬在香港接濟的外，全靠有這手工業，讓東莞人少捱饑餓。那個年代國外要用的煙花，很多都是靠東莞出口供應的。之前我做煙花炮竹，一天可掙三、四塊錢。心中有了偷渡這個目標之後，我拼了命去做，每天都能掙四塊半到五塊錢。

過了一段時間，眼看著人多口雜，一時半會湊不齊一條船的錢，買通船隻從水路偷渡這個念頭便慢慢的冷了下來。

（四）第三次衝關

這時從不同的管道聽到消息，說縣政府現在對外逃的人員網開一面了，當權者也知道現實主要是兩地的經濟水平相差太遠，人們只是為了嚮往美好的生活鋌而走險去偷渡，並非是什麼中了「資本主義的香風臭氣」之毒的結果。其時的政治氣氛已慢慢鬆動，「階級鬥爭」的弦沒有繃得那麼緊了。對外逃給抓回「大有園」的人員不再勞教三個月，而是實行每人罰款150元，即時放人。1980年，過了五一節，這消息已得到了證實，見到這突如其來的「好事」，我和幾個朋友商量說，與其花費這麼多精力去搞船和湊人數，不如趁這個機會，馬上出發去搏卜運氣，大家都說好。這一年5月的13、14號，我和阿培、大眼明三人一起再次「開波」去K城。當其時外逃之風已到了有點法不制眾的地步，寶安一帶的主要關口白天都沒人把關，所以東莞這邊的人，已經不用晚上去行山路了，真的此一時，彼一時。我們三人從早上直接坐車到虎門，下車後找到那些熟門熟路的人，用自行車載我們走小路到寶安那邊，價錢是三十元。經過幾個小時騎行，他們將我們載到寶安的目的地，讓我們上山，向邊界進發。當時由於外逃的人數大增，政府方面不得不調大批的部隊來鎮守國防公路，白天衝線絕對不可能了，只有晚上碰運氣。我們三人到達塘朗山后，找個地方坐下休息，養精蓄銳。午夜兩點到，我們三人出發下山，下山途中驚訝地看到周邊不少黑影在湧動，有如潮水一般，人真多啊！下到國防公路邊緣時，已看到邊防軍的流動哨，不斷來回巡邏，可以說是三步一崗，五步一哨，我們三人隱蔽在山邊，等流動哨來回間隙，馬上衝過國防公路，並迅速衝向紅樹林。就在到達海邊之際，卻給隱蔽在紅樹林裡的邊防軍暗哨抓住，並隨即被押送去離這裡不遠的一塊空地裡，該空地由一排邊防軍持槍圍成一個大圈，裡面都是被抓住送來的人。我們三人進去時，裡面大概已有二十多人了，到天亮時這個圈子不斷擴大，足有一百多人，由於人數眾多，來了幾部解放牌卡車裝我們去梅林收容站。這次到了梅林收容站，已經不用剃光頭了，一進去下車清點人數，馬上用車將我們轉送去樟木頭收容站，再由樟木頭收容站將我們送去東莞大朗「大有園」收容站。中午時分我們到達「大有園」，從車窗往外望，收容站周圍人頭湧湧，那是來交錢領人的人群。入到收容站，又將我們分別登記姓名，隨即趕去人數較少的監倉，進去後，不斷聽到外面的管教叫某某倉的人的名字，倉裡的人一聽到自己的名字就知道家裡的人來交錢領人了，我們這批人進倉不久，一個下午就有七、八人出去了。每個出去的人都按不成文規則，幫新進來的人通知他們家裡人，去「大有園」交錢領人。第二天中午我們三人的家人就將我們領了出去。回到莞城，我們三人即刻在郵電局那裡的運河邊游泳，洗去身上的晦氣，各自回家。

「大有園」收容站採取罰款放人的「土政策」，為當時東莞縣政府帶來一筆可觀的收入，真是掠錢有道。當時東莞第一條鎮與鎮之間的水泥公路，即是莞城鎮至石龍鎮的公路，就是用這筆錢來修建的，這條水泥公路的建成，也有我150元被罰款的一份子「貢獻」。

到了1980年10月，廣東省政府與港英當局共同簽署協議，港英當局決定停止給所有外逃來港的大陸人員發放身份證，即是說終止了「抵壘政策」。大陸又開始了「改革開放」，老百姓的生存空間逐步有了改善，我也終止了外逃的努力。

（五）我不言悔

幾十年過去了，我也早就告別了青春，就「督卒」而言，我是一個失敗者，三番四次努力，換不回來一份自由，多少有些失落。我曾經用自行車送高中同學賴炯標去「埋堆」，結果他後來終於成功了，以「香港同

照片中後者為賴炯標，時為1983年

胞」的身份回來探望我們：

但是，我起碼還活在這個世界上，跟我初中同桌的同學劉桂池、另一個初中同學黃近東，1977年十五六歲的他們去外逃，至今音訊全無，不知死活。還有初中同學何煦，1979年去外逃，衝國防公路時給邊防軍發現，喝令他們不准動，但他卻繼續往前衝，結果給邊防軍一槍打中他的腿，好在沒傷著骨頭，傷好以後腿上只留下個疤痕。相比起他們，我難說自己不幸。

明知道外逃會有各種意想不到的風險，卻要去，為了什麼呢？，就是為了嚮往和追求那邊的自由，自由有時是要用生命去博取的。

我努力過了，我追求過了，我不言悔！

2018，11，08

【編後記】讀了葉兆球對當年偷渡經歷的回憶，我被他與陸耀輝友情那一段所感動，我也記掛著：陸耀輝到底到達香港沒有？

2018年12月9日，我乘車自廣州來到高要縣金利鎮，再打摩托車來到石林村，問了幾個老人，終於找到陸耀輝的堂兄，他說陸耀輝在香港。我要了陸耀輝的聯繫電話，告知了葉兆球。

葉兆球終於聯繫上了他的耀輝大哥，續上了幾十年前的友情。

（周繼能）

2018年12月25日，葉兆球與陸耀輝在深圳沙頭角見面

【附錄】陸耀輝的「督卒」故事

陸耀輝現居香港，他講述的偷渡過程也是艱難備至，而他的另一次人生奇遇卻甚有喜感。

葉兆球文章講到陸耀輝第一次偷渡在衙線時被抓（時間在1979年7月），第二次在葉兆球的幫助下於1979年10月8日進行，又失手被抓。

第三次在1979年12月27日，這一次是由一位多次偷渡的朋友提議，四個人上路，不走後海灣了，而是從塘朗山向左邊，走福田一帶。由於陸耀輝本身是煤礦的副礦長，煤礦的公章由他掌握。於是寫了張證明買車票到觀瀾，離上山的地點很近，在邊境衙線的時候被邊防軍發現，其中一位被嚇壞了往回跑以致被抓，而他們三位不管一切衝向前，終於衝過深圳河，到達香港。

由於知道香港有「抵壘政策」，非法入境者在邊境地區若被抓獲會即時遣返，陸耀輝三人不敢隨便求助於人及走大路，過了香港後繼續翻越大山，向市區進發。一直走到荃灣一帶，見到一個農舍，拍門求助。農戶給他們吃的，結果他們發現農戶豬欄裡的豬有豬病（大陸叫2號病）。他們本身就是農民，見識過這種豬病，於是教香港養豬戶治理，香港養豬戶很是感激，留他們住了三天，給他們買來衣服鞋襪，還開車送他們去親友家，臨分手又送他們錢，此後成為朋友。

陸耀輝在香港展開了新生活，機緣巧合，也是善有善報，終有一段奇遇。

陸耀輝有一次在香港上海街見到一個阿婆摔倒在地，於是趨前扶起她，又詢問阿婆要不要送去醫院。阿婆說不用去醫院了，你幫忙打個電話給我兒子吧，叫兒子來接我。於是陸耀輝到旁邊鋪頭借電話通知了阿婆的兒子。

哈哈！你道這位阿婆是誰呢？原來她是珠寶大王鄭裕彤的丈母娘啊！

阿婆的兒子知道陸耀輝是搞工程的，於是給他一個工程做，是給赤柱監獄拉鐵絲網。結果陸耀輝找了十多個人做好了，阿婆的兒子問你要多少錢？陸耀輝說你給多少是多少吧。結果，陸耀輝得到一大筆錢，扣除人工支出，一下子賺了8萬元。

後來阿婆的兒子又「仙人指路」，暗示他買了一隻馬的「馬標」。陸耀輝跟咗班買5000元，結果，這只馬60多倍賠率，陸耀輝一下子賺了30多萬……

（周繼能　又記）

青春不羈，破繭衝關

口述者：李煦

（一）

我叫李煦，1952年出生，文革前廣州第三中學初中一年級的學生。

我的父親在民國年間是執業律師，「走日本仔」時全家去了香港，香港淪陷後又去了澳門，抗戰勝利後才回廣州，沒有幾年，避內戰又去到香港。那時香港也是民生凋敝，一家人生活無著。1951年，在我大姐的力主和鼓動下，全家回到廣州。

49年鼎革之後，律師這個行當就沒有了，父親後來從事化工行業養家。處身這個時代，人凡沾上「知識」的都有「罪」，那時有過「高知」登記，我父親堅決不去，小心翼翼地躲開了「歷次政治運動」的傷害。

我的大哥在1954年就去了香港，二哥1962年也偷渡去了。父母及我和幾位大姐留在廣州。大哥在香港上警察學校，當上了警察，虧得有這個大哥，大饑荒年代經常寄些豬油、麵粉上來接濟，一家人得以度過難關，我年幼之時最開心的事就是見到大哥的郵包來了。

1966年，我僅僅接受了一年的中學教育，「文革」就來了。學校停課，社會混亂，我們上街看看大字報，圍觀一下遊行，武鬥爆發，就呆在家中做逍遙派，如此混混沌沌過了兩年。

1968年11月8日，我「上山下鄉」，去了肇慶市高要縣金利公社。我一輩子都不會忘記的是，下鄉僅僅十天，就被帶到公社的一個會場，公社「貧下中農法庭」開會宣判四個所謂「地主仔」，他們的「罪名」是什麼「惡毒攻擊」、「階級報復」、「聚眾賭博」等等。會後，這幾個年輕人被套入豬籠，被人扛著。大隊浩浩蕩蕩行進到了西江邊，把豬籠用船載到江中心，拋了下去。內中有一個豬籠浮上水面，眾人又用船槳把他打了下去。這就是所謂「浸豬籠」了，這個傳說中的「習俗」存在了千年，今天在「毛澤東時代」，披上了「無產階級專政」的外衣又「發揚光大」，就這樣殘忍地殺害了四個青年，世界上沒有比這「接受貧下中農再教育」更深刻的一課了！

那一年，我十六歲，在農村生活，艱苦且乏味，與報紙上公開宣揚的截然不同，你又見過多少個當紅權力人物把兒女送來農村的呢？我在農村呆了不多久，就經常回流廣州，去他媽的「知識青年到農村去接受貧下中農再教育很有必要」。

回流廣州幹什麼呢？上街看看、玩玩樂器，有段時間養熱帶魚，繁殖出來拿到北京路禺山市去賣。沒有口糧怎麼辦呢？兩造收割之時回插隊的生產隊去分穀，口糧要靠工分來抵扣，沒有工分怎麼辦？拿錢去買。拿到口糧之後，除了帶部分回廣州，剩餘的部分就賣給有需要的農民，這樣還能賺到差價。

最令人煩心的是，時不時有街道片警與「街八」上門「旺格」（查戶口），驅趕回流知青返回農村。這些人最喜半夜上門，一手執水火棍一手持大電筒，氣勢洶洶，翻床揭席，對照戶口簿逐個點名，一家人忍氣吞聲接受盤問和喝斥。

日子日復一日過去，何時是個盡頭呢？又長了幾歲，前途何在？

（二）

一個偷渡潮正在湧動，有些得風氣之先的知青，已經成功偷渡港澳，這些個消息像一塊石子投向湖面，激起越來越大的漣漪。

我亦為這一日早作準備，每天一早，與志同道合者到越秀山百步梯練體能，上下跑幾個來回，練完登山，又去越秀山游泳場游水，游完水又去鯉魚頭打羽毛球、乒乓球……我們都把這裡稱作「百步梯軍校」。還不定期去大金鐘水庫、去白沙河游泳，好幾次實操從西村游到石門，一個來回，據說有二十公里。那時候在這個河段游泳的人可真多啊，經常幾百號人同時下水，蔚為壯觀，大家都心知肚明，所為何來。

還有就是要熟習一些天文地理知識，例如計算潮汐漲退時間，以星象、植被形態來判斷方向，比如說，樹木生青苔的一面為南，光身一面為北等等。

我第一次偷渡是在1972年夏天，與成為我女朋友的同學同去，同行的還有小學同學阿蘇。

我們為此準備了大膠袋，落水時，把衣物塞入膠袋裡，封紮袋口，就形成一個浮水的氣囊，用以借力浮水。當然，糧食、指南針、藥品都不能少。

我們乘汽車到了東莞，那時乘車要靠單位證明，不過東莞並非真正的邊防地區，無須邊防證，乘車證明還是好弄的，假的也容易蒙混過關。到達東莞，幾經艱辛靠近「堆口」（大山），按事先做好的「功課」，在晚上「埋堆」（入山）。

入山以後，方知道山路的艱險，連綿起伏不見盡頭，晚上費勁爬上山頂，接著下山。白天則找個自認為隱蔽的地方隱藏起來，因為山上時不時有當地農民耕作、割草、打柴，需要避開。到了晚上，繼續爬前面那座山。決定行進方向的，就是手頭的一個指南針，究竟準確性如何？只有天知道。如果我們當時年長十歲，一定會左思右量，沒有半點把握的事，說不定就放棄了。當時我們二十出頭，正是不畏虎的愣頭青年，再加上改變命運這麼一點渴望，於是逢山翻山，逢水過水，一往無前。

如此走了四、五晚，白天來臨，我們正躲在樹叢中，被巡山民兵發現，被喝令爬出來。這個藏身的地方我們自認為僻靜，被押送時才知道就在防火隔離帶旁邊，靠近巡山通道。我先被送到深圳收容站，再轉送樟木頭收容站，接著「解局」，被送到廣州沙河收容站，轉解肇慶、高要收容站，最終解到公社所在金利鎮，被驅使勞役十多日，放人。我空無一文，如何回廣州？虧得有同學在附近插隊，我借得兩元錢，坐船返廣州。整個過程前後不足半個月，而女朋友則被送到她下鄉的南海縣九江，比我更早回到廣州。大家見面，分別十幾二十天，恍如隔世。

（三）

1974年夏天，經過兩年的蟄伏，我又踏上了「起錨」的路程。這一次同行的有六人，我與女朋友、同學阿蘇、阿平、阿楊，還有一位阿強。阿強是廣州去海南的知青，老家在惠州農村，老家有人，並答應協助我們「埋堆」，這是求之不得的好事，有了鄰近邊防地區的人協助，成功的把握就會提高。我們每人湊50元給阿強的親戚，用以購買必需品如藥品之類，還有就是作為酬勞。

這一次我們準備的乾糧是「雞仔餅磚」。何謂「雞仔餅磚」呢？就是到「成珠樓」酒家買來雞仔餅，用啞鈴將其舂碎，把餅碎倒入四方磚模中，再用啞鈴舂實，卸去模具，就是一塊磚頭模樣，叫作「雞仔餅磚」。因為雞仔餅裡面有肥豬肉、白糖、鹽、麵粉，提供的熱量足，成為偷渡人士的首選。雞仔餅磚用膠紙包好，以防入水，先行由阿強帶到惠州。

我們一行五人乘船去惠州，母親親自送我上船，當時母親的心境我不知不曉，直到我自己亦為人父，才明白一個母親，送兒子踏上不可測的路途，前面生死未卜，心裡會有多慌亂多酸痛。父親倒是反對我去的，他們認為太危險，可是，我既然已經下定決心，也就義無反顧了。

到了惠州，阿強突然說這次他就不去了，我們也不好問根由，隨他啦。其餘一切進展如常，不過同行人就變成了五人。阿強的親戚預先把我們的物品送入「堆口」中，我們空身分批進入山，阿強的親戚大概地指了方向，我們就正式「埋堆」了。

剛剛入山，同行的阿平嫌我帶著女朋友，認為帶著女人不吉利，礙手礙腳的。唉，我聽著也不好受，我心想好聚好散啦，同是赴難人，大家不要勉強，傷了和氣。於是我們就分開走。結果，阿平與阿楊兩個人自己走開了，我們三人另走一邊。走了兩晚，在一個滂沱大雨的晚上，山間野徑中我們竟又不期然碰在一起！信緣分吧，我們又糾合在一起行動了。

在行進路上，不時會與其他偷渡客碰在一起，大家同是淪落人，會交流一些資訊，會共同走上一段路，最多一次，竟然有二十多人同一隊伍。人一多，有時就放浪形骸，忘乎所以，深山大嶺，風高月黑，有人高呼打倒天安門城樓上挂頭像的那位，應者如潮，這也算一段難忘的記憶。內中有不少人參加過「文革」初期的紅衛兵徒步串連，當年也是結隊一路的走，可是前面一次是政治的狂熱，走的是大路，這一次是亡命之旅，是對那種政治的背棄，這一切都讓我們趕上了。

還要講述一下，這次我們每人都帶著硫酸銅，作什麼用呢？原因是我們預定下水的地方是大鵬灣，據說有鯊魚出沒。而偷渡人士中流傳這麼一種說法，說是硫酸銅可以防鯊魚。於是我們每個人的褲頭都縫上了一包硫酸銅，一下水就會滲透出來，當然，也不知實際效果如何。

這一次在惠州「埋堆」，惠州在香港的東北面，下水地點預定在大鵬灣西部靠大小梅沙一帶，從惠州去顯然比從東莞去路程要長，故此我們都作了充足的物資準備。冤枉路肯定走了不少，我們所帶的乾糧日見其少，只得偷農民的番薯、木瓜來補充。在「起錨」後第十五日到了一個山頭，終於眺望到了大海。

可是，颱風也不期然而至。我們潛行至半山腰，只見大風呼號，樹木搖曳，海面上翻起滔天巨浪。我們被困在山上，糧食將盡，饑寒交加，真正是「望洋興嘆」，一籌莫展，只能在心中默禱颱風快點過去。

在半山腰足足等了兩天兩夜，風浪漸漸平靜下來，似乎可以下海了。夜幕下垂，我們順著山勢走到海邊亂石叢，忍住岸邊碎石紮腳之痛，作下水前最後的準備。倉促脫下鞋襪衣衫，塞入膠袋中並捆紮，吃下最後一小塊巧克力……晚八點鐘，天黑齊，正要下水，放置在岩石上的鬧鐘，被一個浪頭打翻，沒入海中不見了蹤影，這預示著什麼？

就像冥冥中有個註定，沒游出幾步，白頭浪又起，且漸次加大。游了幾十米，突然一個大浪撲面蓋下，我捆紮浮水膠袋的背帶被浪頭打斷，整個膠袋瞬間被海浪捲走，除了穿著的那條牛頭褲，我變成無所依傍的空身人。

人生的生死關頭到了，千辛萬苦到了海邊，下到水中通常被認為是有七分成功了的，如果放棄就全白費啦。可是繼續前游，我可能會死掉，因為我只能夠靠手划水浮在海面上，又冷又餓……

黑暗中我大聲呼喊，問大家：還搏不搏啊？這三五百米頂風搏浪的歷程，已經讓各人領教了怒海的威力，不知是誰提議：還是上岸去先避一避吧。

一調頭，十分鐘內風浪就把我們推送上岸，大家趴在海灘上，冷得牙齒上下打戰，大家打開膠袋，換上了衣衫。可憐我衣物隨膠袋被風浪打去，無衫可穿，只剩下一褲頭。

一行人在海邊梭巡，只想能找到一間民居，弄一點吃的，暖一下身子，黑夜中隱約見到不遠處有一組房子。來不及細思量及觀察，推開房子那扇虛掩的門，完了，原來這是邊防軍的駐地，裡面一排排營房，軍人們正在歇息……

我們被喝令蹲在牆角，不捆不綁，哨兵說，放了你們你們也走不遠。饑寒交迫熬到天明，「扮蟹」——一個個被繩子綁起來再串起來，押送去溪涌營部。押送途中，唯我最為狼狽，只穿著褲頭，腳上無鞋，腳板被岩石割裂的傷口塞滿咸海沙，一步一鑽心，直到麻木。路過一田基，路邊一位農民大嫂給我扔過來一對舊塑膠鞋，我得以穿上，人性的溫暖，我銘感至今。

那一場颱風，有多少偷渡客葬身魚腹不得而知。在營部押解去深圳前，我們大約二、三十個當晚在沿線落網的偷渡客，被集中在海邊懸崖一個大大的水泥平臺上，等待起解，腳下十幾米處就是海灘，我們被勒令雙手抱頭背向海灘蹲下，不准東張西望。其實從囚室出來時已經瞅見當時沙灘上有幾個人正在埋死屍，我實在忍不住好奇，轉頭看了一眼，看見沙灘上散落大概有五、六條「鹹魚」（這是對死者的不敬了，此處不過還原當年的叫法）。轉頭動作太大，被持衝鋒槍看守的邊防軍戰士發覺，伴隨一句國罵：「他媽的不老實！」後腦勺挨了射點球力度的一腳。至今不能忘黨愛國，我認為是那狠狠一腳把我踢成的。

再一次依這樣的路徑「解局」：深圳收容站—樟木頭收容站—廣州沙河收容站—肇慶收容站。沒有上次幸運了，這次我從肇慶收容站被送到肇慶地區的石洞農場勞動，苦役一個半月才被釋放，回到家中。

（四）

1976年年初我被招工回城，到廣州市建築工程學校當校工，算是回了廣州，有了飯碗。工作平常就是賣賣飯票、出去採購、搬搬桌椅之類，倘若安心幹下去，忍得住清貧，工作輕鬆，兩餐安穩，寒暑兩假優哉悠哉，熬它幾十年，翩然一翁……

青春不羈，偷渡分子「人還在，心不死」，這時候，阿平找到了我。阿平，廣州長大的河北省人，其父是當年南下幹部，好像當個郵電學校的校長之類的官，他的父親在「文革」中被整得慘了，故此阿平產生了強烈的外逃願望。一個外省人，港澳無親無故，即使到了那邊得怎樣艱難求生，心中全然無數。但是他顧不得許多，一心就是逃離。（阿平在下面這次失敗後，幾年間一直沒有停止過，也被捉過。有志者事竟成，目前他生活在澳洲。）

我們謀劃再次偷渡，這一次得搞點有「技術含量」的，就是行話裡說的「老橡局」。

所謂「老橡局」就是用橡皮艇偷渡，我們只要有心，就不難從左右旁人口口相傳中得到一些技術細節。分次分批到醫藥公司買到醫用膠布，這種膠布，一面是橡膠一面是布，防水，有一定韌度，粘合膠布使用單車補胎的膠水，好買。我們靠想像的形狀剪裁，打磨毛邊，膠水粘合，安上自行車氣嘴……居然成型了。拿到珠江獵德河段去試驗，能載起我們兩個人，測試成功。

1978年12月，我與阿平再次踏上了偷渡的征程。由於這一次是「老橡局」，不用游水，故此選擇冬天。計劃是這樣的：騎單車穿過東莞，寶安，到達蛇口一帶，「棄車」，然後乘橡皮艇過去。至於船槳，帶著上路未免太招人眼目，到達邊防地區見機而作，找幾塊木板之類代替吧。

我們買來兩張邊防地區居民的通行證，每張五十元。通行證是真的，只是換上我們的照片，造得還算逼真，鋼印效果都出來了。

阿平的朋友，替我們在東莞厚街備好單車，我們到達後過了一夜，騎上單車就向南進發。此行準備的東西也較為簡便，因為設想用橡皮艇幾個小時就能過去，故此連乾糧都沒有帶。橡皮艇綁在我身上，由於我一米八的個子，冬天衣服厚，橡皮艇捆在身上真不太顯眼。

由於有了邊防通行證壯膽，可以冒充寶安知青，我們放心騎行大路，一直往寶安奔去。到了東莞與寶安交界的下柵檢查站，我一下子就衝了過去，沒有任何留難。過去後我在路邊等候阿平，左等右等，就是不見他的蹤影。

我等得不耐煩了，心想阿平應對是否有點問題，於是回頭想幫他幾句，結果一走近檢查站，我也被控制起來，被帶到禮堂剝去外衣，那艘橡皮艇就敗露了。

想來是阿平的樣貌惹出麻煩，典型的北方人，鼻樑高高眉清目秀。再就是經不起查問，問他幾個地名，哪裡答得出來？我再回頭搭救，也就成了自投羅網。

我被轉送回到廣州的沙河收容站，學校的校長隔了十多天才來接我，回到學校，專門召開教職員工大會，批判我的「資產階級思想」，隨後，我被「調動」工作，到建築公司當工人。

（五）

青少年時的動盪生活，經常饑一餐飽一餐，我得了嚴重的胃潰瘍病。建築木工沒幹幾個月就胃穿孔，動手術割除胃部四分之三。之後，香港實行全面返解，我徹底打消了偷渡念頭。

寒凝的大地，沒有絲毫生氣，昏暗中，統治者也出現了一些明白人，

阿平（左）自澳洲歸國探親，與我見面，時為八十年代初

他們為了自救，首先擺脫了先皇的桎梏，開始了「改革開放」，社會上出現了「個體戶」，報紙上開始宣傳「萬元戶」，經濟上多元化的時代開始了。

1979年12月，我毫不猶豫地離開建築公司，跳出來自己「搵食」。這也是人性使然，首先是對好生活的追求或曰對金錢的追求，其二是對「體制內」生活的極端厭惡。我這輩子領「阿爺」發的工資，總總共共就是招工回城後的三年多時間。（注釋：毛時代消滅私有制，一切歸「國家」統制，粵人稱之為「阿爺」）

我先到一個「集體所有制」美術社打工，人家是真正的多勞多得，當第一次拿到伍佰元的月工資時，內心是何等的滿足，那足足是為「阿爺」打工時的十倍啊。此後，我從事過裝修、服裝、餐飲、傢俱等等行業，1988年，廣州第一批商品房穗花新村推出，我就成了業主。當時一套房子60平方米十萬元左右，今天可說是區區小錢，但那時對許多人來說是天文數字了。自然，商海浮沉，能載人也能淹沒人，我曾經擁有過百多萬元存款，不止一套房子，卻也試過每月虧損幾萬，把存款、房子虧得七七八八。

不過對我而言，最重要的是，自由經濟自己搵食能帶來人格尊嚴。承父教，我一生厭惡衙門，連街道辦事處的氣焰也受不了（聽說現在好點了），為了這個，我連乘車半價的「老人優惠卡」也懶得去辦。

我把自己的經歷說出來，是想給大眾留一份記憶，希望後人能少受一些磨難，希望今後社會好一些，在我們的身邊，再也不要出現亡命偷渡這樣慘烈的事了。

（2016年10月）

（記述者：周繼能）

左：記述者，右：口述者

只為出牆看世界

口述者：張鎮宇

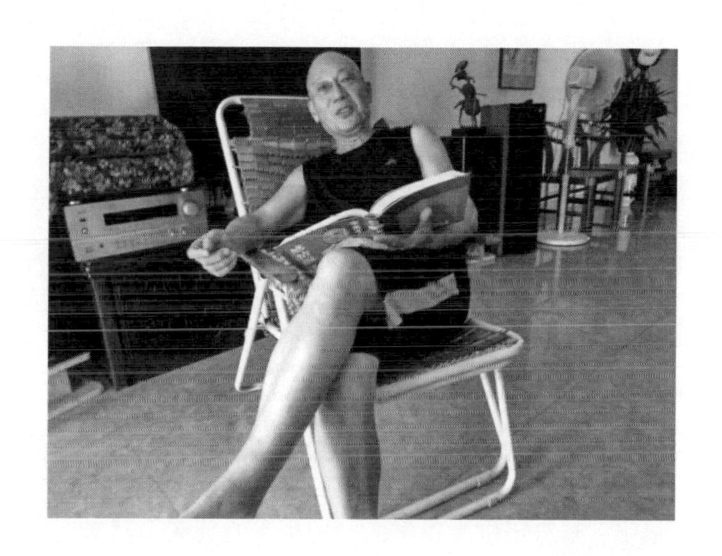

【採訪者言】下面我將要訪談的這一位當年「偷渡客」，是諸多「卒友」中的另類。與他交往日久，益覺他眉宇之間不時透露出一種玩世不恭的神態，好像行走於世間，不過是一種「遊戲」，粵語稱作「玩」——是的，你將從下面我對他的訪談中看到，他配得上稱作「人生玩家」。

我認識他好幾年了，期間我採訪並撰寫了好幾位偷渡知青的訪談，但是我一直沒有提起筆寫這一位——我怕人家聽了都不信。

他是第一天「起錨」，第二天晚上已經踏足香港的土地了。

他走上「督卒」之路，不是因為被「階級鬥爭」所壓迫，不是生活無著，不是走投無路，竟然是……僅僅是想出牆去看看，看看這個世界。

他沒有像其他「卒友」那樣，「火龍」、「撲網」、「著屐」、「著草」、「老橡局」、「攬泡」……他沒有經歷十多二十多個日夜的翻山越嶺，在大海中浮沉十個八個鐘頭，沒有被狼狗追咬，沒有被鯊魚襲擊，沒有被鐵絲網、蠔田掛出一條條血痕……他沒有「踎」過「格仔」（收容站），沒有餓得兩眼昏花，沒有以「投敵叛國」之名被批鬥……更沒有被大海吞噬、被「反偷渡」的子彈射中……（見後面注解）

所以，他的敘說，少了一點「危機四伏」、少了一點「驚恐萬狀」，少了一點「血淚情仇」……

但只要是真實的，我就要記錄下來。

（注釋：「火龍」即扒火車、「撲網」即翻越鐵絲網、「著屐」即乘用小木艇、「著草」即翻山過嶺、「老橡局」即用橡皮艇、「攬泡」即用充氣球膽救生圈之類。）

下面就是我對他的訪談：

（一）

我叫張鎮宇，1951年生，我家清一色男丁六兄弟，我排行第五。慚愧得很，我自小愚頑不靈，無心向學，小學五年級就留級，1965年好不容易小學畢業，考中學又不中，只能讀夜校。這叫當著高級工程師的父親搖頭歎息，虧得我的幾個兄長學業有成，出我一個不成器的兒子也不太顯眼。

1966年三、四月間，我見街道動員「有志青年」去「建設海南島」，宣揚如何如何光榮，還免費派票組織觀看如《寶島遊記》《黃沙綠浪》等等有關電影，我見海南島簡直風光如畫，農業生產輕鬆寫意，不禁動了念頭，偷偷拿了戶口簿去派出所遷了戶口，報了名。父親知道後徒呼奈何，只得對我說：你去兩年之後返來讀書。

1966年4月30日，我戴著大紅花到了廣州太古倉碼頭，在鼓樂聲中登上了開往海南島的輪船。我們這一行人，我最小。後來我才知，1966年4

月這一波下鄉，以街道青年為主，其實就是清除城市「富餘人口」，亦稱「無業遊民」。

這一天，我十四歲半。

（二）

到了海南島萬寧縣的南林農場，我當了一名農場工人，種膠樹、割膠，什麼都幹過。時值文化大革命，到處都是一派癲狂景象，林場有個「毛澤東宣傳隊」，我因是城市仔，活潑好動，也被吸收其中。又唱又跳，到處演出，有得玩又不用開工，伙食都好過在生產隊。到了1968年底，大批老三屆「知識青年」上山下鄉，農場改為「中國人民解放軍生產建設兵團」，我就當上了「軍墾戰士」，每月18元工資。

在海南，我突然才發現自己童蒙初開，由於偶然的機會，得以摸到「海南熱帶作物所」和「海南瘧疾研究所」的圖書館去，撬開它用木條封閉的窗戶，偷到大量書籍來看，什麼《基督山恩仇記》《少年維特的煩惱》《海涅詩選》《官場現形記》等等中外名著，囫圇吞棗看了一大堆，算是惡補了一下文化知識。另外，海南島居然可以通行無阻地收聽各種「反動電臺」，令我驚喜有加，我如饑似渴地吸納，猶如開了天啟。連林彪事件，我都是從外台廣播中得知，大大早於中央文件傳達。我還發現，國內的政治宣傳，大多是欺騙，後面的話就將自己前面說的戳穿了；特別是香港的粵語節目好聽過癮，「講鬼故」（鬼故事）節目使我欲罷不能，青山、姚蘇蓉的粵語、國語時代曲使我聽得如癡如醉。

外面世界如此精彩，我有了出去看看這個世界的欲望。

1975年，萬寧縣籌建糖廠，我父親作為省（當時海南屬於廣東省）輕工業廳的工程師，來到了萬寧縣。在縣裡的頭頭腦腦接待的時候，父親提出要順便見一見我這個兒子。縣裡的頭頭忙問：「張工的兒子在我們縣裡？」馬上將我接到縣城見父親。隨後，縣裡向生產建設兵團要人，將我調到縣糖廠籌建辦。糖廠又於1976年將優差派與我，將我安排為採購員，常駐廣州。這樣，我除了每月42元工資，外加每日一元差旅補貼，使得我每月收入達到70多元，比我的大學畢業的大哥還多。哈哈！採購員抽煙還時常不用花自己的錢。

父親是陳濟棠治粵時期首屆「糖業訓練班」的學員，一生從事糖業工廠的建設，廣東的制糖廠大多留有他的足跡。

（三）

社會上的偷渡潮，影響到每一個街區每一個人。

我雖然沒有因所謂「家庭出身」之類原因受到政治壓迫，因緣際會，工作上憑著父親的關係，獲得一份優差，經濟上優勝過許多人了，本來沒有偷渡的因由。但是，我居住同福中路的興隆街，是典型的廣州老街區，中間是一條大麻石街，兩邊是舊式趟櫳門大屋：

典型的廣州老街區趟櫳門住宅

由於多是世居，所以從街頭走到街尾，每一戶相互之間無不知根知底。一到傍晚，各家各戶在門口「擺檔」，開檯食飯有之，小孩沖涼有之。那個年代不要說空調機未聽說過，連電風扇都沒幾家人有，夏天晚上各家在門前鋪床鋪席，在街邊過夜。一條街，登時成了訊息交流場所。大家自小玩到大，無話不談，很多時候談的就是偷渡之事，我由此得到不少資訊。更兼有人偷渡成功，到達彼岸，觸動了我對外面世界瞭解的渴望，心中也動了出去的念頭。

1974年重陽節，我剛好在廣州，參加了有名的「重陽登高」活動。成千上萬個青年人登上白雲山，祈求好運，「順風順水，直到尖沙咀」，這是當年一次重大的「治安事件」。

父親也覺察到了蛛絲馬跡，他對我們兄弟說：你們幹什麼我不管，但只要我一天在生，你們誰也不准去偷渡。

（四）

1978年4月，我的父親去世了，我難過之餘，又覺得我的障礙沒有了，開始實施我的計劃。

我好快就搞到一張地圖，據說原型是根據軍事地圖描繪下來的，裡面有深圳邊防地區的概況，已經經過很多人的手了，我將地圖細節看了一次又一次，熟記於心。

邊防證，很好搞，這早就形成了一個市場，邊防證當然是舊的、過期的，十元一個。我搞到的邊防證俗稱「硬邊」，即有個塑膠封套，四邊熱壓成型。一般人買到證後，會根據到手的舊證記載的事項，作必要的加工。用刮鬍子刀片從中剖開，取出照片，換上自己的，還要用模仿鋼印的硬物壓出凹凸感來，必要時還要用雙氧水褪去文字，改上合理的，做好後用燒熱的鋸條將塑膠邊壓好。幸好，我買到手的邊防證，照片上的人與我的樣子差不大離，而且年齡相仿，不用做手腳。

我是怎樣「起錨」的呢？我家住興隆里14號，而興隆里1號人家姓陳，有幾兄弟。陳家二哥早就偷渡去了香港，他的弟弟19歲，有意與我同行，他哥哥寫信回來，詳細講授偷渡的「秘笈」，交待有關事項，要如此如此……

這一年，我28歲了。

（五）

1979年4月中，我與陳家的老弟出發了。

我們此行可謂輕裝上路，僅僅帶了件替換衣服，而沒有像其他偷渡者那樣滿身裝備，什麼電工刀、指南針、浮水球膽、乾糧……一樣都無。

我們先坐船到東莞石龍，在朋友家中過了一夜，再用這個「邊防證」在石龍買汽車票到深圳，當時的深圳汽車站在東門。到了深圳第一件事，就是將邊防證寄回廣州，留待他人使用。我們按照地圖的指引，找到了那條國防公路，這條國防公路的位置，大概就是今天的深南大道吧。

今日的深南大道，是何等的繁華，當年，卻是荒草萋萋的一條砂石路。

今日「深南大道」

下面兩幅是網上搜到的深南大道在80年代初的景象，正在開發建設中，與1979年相隔不遠，這條路是否就是當年的那條「國防公路」呢？

當年的國防公路，今天的深南大道

我們沿著國防公路向西行，終於找到了關鍵的標誌物：139公里路碑。看看天色將暗，我們鑽到公路北邊的草叢隱蔽了下來。

這一步很關鍵，公路南面方向就是邊界，一般偷渡者會跑到公路南邊隱藏，待深夜到來後衝線。但是，我這次是得「仙人指路」，陳家二哥已經成功抵港，他在信中說：千萬不能躲到南面去，因為那邊靠近邊境線，是巡查搜索重點中的重點，應該在北邊草叢藏身，我們依計而行。

待到半夜十二點鐘左右，我倆躡手躡腳穿過國防公路，向著南邊行進，一路上小心避開村莊，像幽靈一樣行進。咦，傳說中的「燈光大堤」呢？我是未見到什麼「燈光大堤」，又無「大貓」（狼狗），又無邊防軍，周圍是昏慘慘的一片，我們佝僂著身子，走幾步停幾步，觀察周圍情形，到了一條窄窄的河的邊上，我們小心翼翼地游了過去。

過了河，就是池塘和基圍，一眼看出幾處是養鴨子的鴨寮，基圍上有幾間鐵皮屋，我們跑進去躲了起來，裡面是一袋一袋的飼料，那些蟑螂受了驚嚇，直往我們身上鑽。究竟到了香港沒有？不敢肯定，一切待天明再做打算。

不遠的半山崗處，有明晃晃的大燈照著周圍，隱約見到旁邊的崗亭，後來才知，這裡是落馬洲一帶。之前過的那條河，就是深圳河——中英的邊界。我見衣服實在太髒了，便摸黑走到池塘邊清洗，事後想起這動作大膽得有理，崗亭上的人即使看見，也不會懷疑是偷渡客，以為是養殖戶而已。

天亮了，我們見一部人貨兩用車開了進來，紅色的車頭，內地從未見過。我透過窗縫，看清車牌明顯與內地不同。咦！這麼說來，我們已經到了香港了？

一個男子走進鐵皮屋取飼料，一眼望見我們，打手勢叫我們不要動，叫我們待到今天晚上，他會開車來接我們。

當天晚上，該男子開來汽車，叫我們貼緊汽車底板躲藏，然後開車，過崗亭時還與警員打招呼，寒暄幾句，後來才知，這是落馬洲差館。車子一直將我們送到不遠處（後來知道這裡是米埔），還叫我們躲到一間鐵皮屋內，囑咐我們不要出去。他帶來了食物飲料，我有生以來第一次飲到「可口可樂」，男子跟我們要了親友的電話就走了。

第二天下午，我的姨媽來接我，我見她交給那位男子一個紅包，後來我才知道，紅包裡有一千三百元。

（六）

就是這樣，我成了一個「港人」。

我曾經將我的經歷講給人聽，聽者都覺得不可思議。

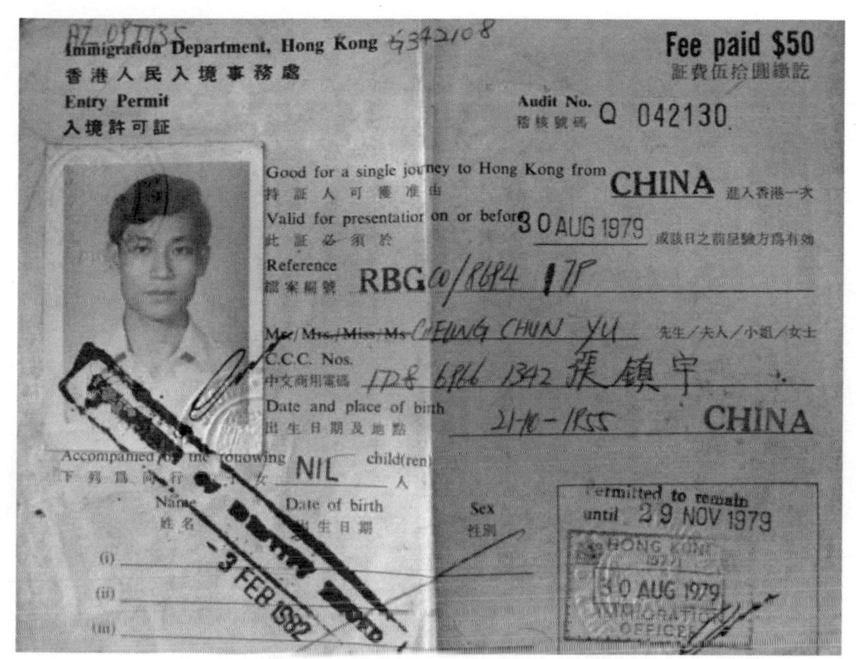

Immigration Department, Hong Kong
香港人民入境事務處
Entry Permit
入境許可証

Fee paid $50
証費伍拾圓繳訖

Audit No.
稽核號碼 Q 042130

Good for a single journey to Hong Kong from CHINA
持証人可獲准由 進入香港一次
Valid for presentation on or before 30 AUG 1979
此証必須於 或該日之前呈驗方爲有效
Reference
檔案編號 RBG

Mr./Mrs./Miss/Ms 先生／夫人／小姐／女士
C.C.C. Nos.
中文商用電碼
Date and place of birth
出生日期及地點 CHINA

Accompanied by the following NIL child(ren)
下列爲同行子女 人
Name 姓名 Date of birth 出生日期 Sex 性別
(i)
(ii)
(iii)

Permitted to remain until 29 NOV 1979

3 FEB 1982

1979年4月30日，我在香港領取的身份證明

這個「國防公路139路碑」所在之處，應該是深圳福田地區，向南一過界就是香港新界的落馬洲地區了。這一帶是否就是所謂傳聞中的「耕作區」呢？聞說兩邊各有土地在邊界的對方地區，邊民互相出入耕作，當然是憑相關證件往來。

這樣的地區，應該是守衛森嚴的啊，但就我在1979年4月所見，傳說中的燈光大堤未見，一路上烏燈黑火。哨所被我躲過了？狼狗更是沒有撞見，真是奇哉怪也。

又或者因為越南戰事影響，此處邊防空虛？當然這都是臆測，但據我所知同期不止我一人從這裡越過了邊界。

下面一張照片，就是當年香港落馬洲一帶的景象，魚塘周邊基圍上的簡易建築物，大概就是養殖戶的倉庫。至於那道鐵絲網，有人說只是香港境內區分邊界區和非邊界區用的，非中英邊界，中英邊界在深圳河。

我的人生之路，由此開啟新的一頁。

（正文完）

我到達香港初期所拍的照片，時為八十年代初

【採訪後記】

2018年8月20日，筆者見到另一位姓張的美國「卒友」，姑且稱他為張仔。張仔一個人「起錨」，在1979年4月27日亦在這一帶過了邊界，與張鎮宇可謂腳前腳後，過邊界後亦是躲在香港邊民的鐵皮屋內，獲取幫助進入市區的方法與張鎮宇差不多。他也沒有見到所謂燈光大堤，越境時見到了哨所，本著「越危險越安全」的想法，他就迎著哨所從旁邊過去。由於當時是雨中，哨所的人可能龜縮在裡面。張仔就此過了深圳河，不過，他的線路要越過紅樹林，又被蠔田劃出一道道血印，如此說來，他過邊界的地點比張鎮宇的更靠西邊。

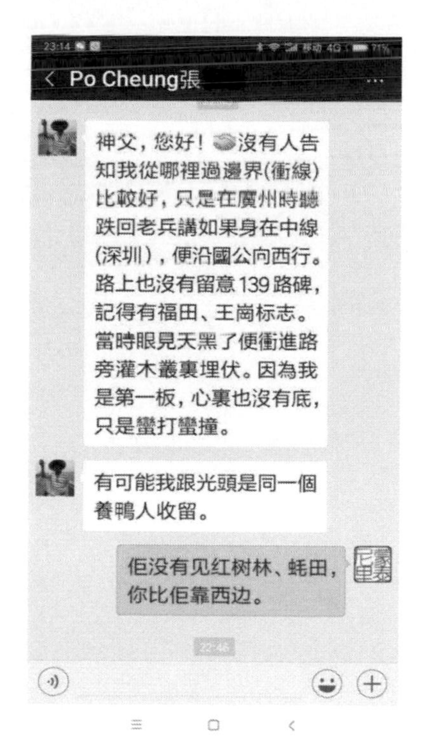

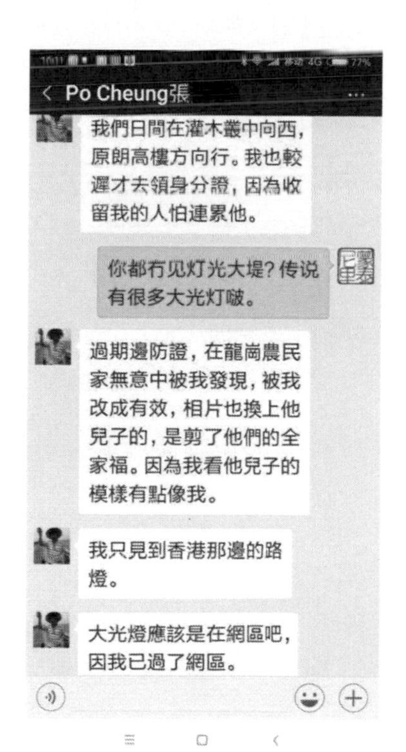

這位張仔神奇的經歷比起張鎮宇來更是有過之而無不及。他於1975年下鄉插隊，被「一輩子紮根在農村」的宣傳嚇壞了，想到了偷渡。經人介紹，說寶安縣龍崗公社有位農民可以幫他「埋堆」（偷渡），對方提的條件只是幫他買一條28吋單車內胎。張仔在市面買不到，只好落手偷。到了龍崗，該農民又說情況有變，不便「送堆」（協助偷渡客越境）。張仔在該農民家中留宿一夜，無奈之中，打開抽屜，發現該農民兒子的一張過期的邊防證，他將邊防證的標注改成有效期內。沒有照片怎麼辦？抬頭一看，農民家中掛著「全家福」照片，他將照片中的男青年頭像剪下來貼上去，再設法蘸點紅藥水塗抹成印章模樣。

張仔就是憑著這張「邊防證」買到車票去了深圳，然後於當天晚上過了境。

張仔的兒子就讀美國西點軍校，「就是為了保衛自由」——說到兒子，張仔這樣對我說。

（2018年10月）

（記述者：周繼能）

香港牛仔的奇幻漂流
游水到香港過程全錄

作者：香港牛仔

從前我風聞有你……《聖經》約伯記

上山下鄉

1968年底，與所有的「老三屆」一樣，牛仔也得「上山下鄉」。牛仔原被「自願」分配到化州的「新時代」農場。牛仔不願一生就此被毀，誓死不從！當時在廣州初中畢業的表妹被發配到東莞的清溪公社。據聞晚上能看到大山後面香港燈光照亮的天際——牛仔頓時看到了一線生機……於是「投親靠友」，申請下鄉到東莞清溪。

清溪公社山青水綠，民風純樸（100%有「海外關係」，親友大部分在香港或中美洲小國「蘇利南」）。村民呵護牛仔如同家人（至今未能忘懷）。當時在「知青」間最熱門的話題莫過於「督卒」（偷渡）。各路督卒精英根據成功失敗千萬「案例」，得出「東線」是成功率最高的路線——往東南方向，步行四到五晚的山路，到達「大鵬灣」附近的海灘，泅水七八小時，就是香港啦！說易行難——葬身魚腹的有之，暴屍山野的有之，更多的是被抓回，看守所裡被「無產階級專政」折磨幾十天——帥哥美女進去，黑白無常出來。放出來後還得押回公社，遭受無休止的羞辱和「教育」……

有神有鬼的世界多精彩

儘管自小受「無神論」的洗腦教育，牛仔卻不買賬，從來就以為有神有鬼有仙女有豬八戒的世界才夠精彩。

督卒路「前路渺茫，多麼險阻」。要衝破固若金湯的邊防，逃離無產階級專政的「強大祖國」，談何容易？勇氣，能力，運氣……一樣都不可少；如果有「神助」，那才算「萬無一失」。所以知青們行前多會求神拜佛，求籤問卦。牛仔「崇洋媚外」，自小厭惡醜陋的佛像和烏煙瘴氣的廟宇，看到莊嚴肅穆的教堂，靈魂卻自然提升。牛仔在「督卒」前，也臨時抱抱佛腳，學著外國電影的人物畫十字，口中念念有詞「上帝保祐」。這應了聖經裡耶穌的一句話：不是你揀選了我，而是我揀選了你（大意）。

上路

陸路（中線）？沒有可能！有鐵絲網邊防軍民兵狼狗全天侍候，稍短的水路也不能考慮。西線？稍不留神，偏離了「既定方針」，就會「魂遊」南海啦（參照地圖）；就算有卒友準確無誤的走到流浮山海灣（深圳灣），幸運地游到了對岸，也非得享用剮刑般的「生蠔大餐」，才能上岸得解放。

蠔田，就是一望無際齊腰深的泥濘，泥裡的蠔殼鋒利無比。卒友們「白刀子進去，紅刀子出來」（刀子就是卒友們白嫩的雙腿啦），一番煉獄，才能上岸

夏天（適合游水的季節），邊防特嚴，此時上路的卒友們基本上都是有去無回——去十個，有幸成功上岸的只有半個。

所以在低溫條件下長途游泳（8小時以上），翻山越嶺七、八晚（白天不敢動），是「卒友」們必須預備的功課。地圖（手繪，一代傳一代），指南針，籃球內膽（聊充救生衣），十天以上的乾糧（廣州「蓮香

樓」的「雞仔餅」倍受卒友們推崇，因其夠油夠甜夠耐餓），是上路前必須預備的彈藥。一時間，廣州這些貨品都賣到脫銷，非得憑「單位證明」才能購買。朋友們為牛仔使出渾身解數，包括「走後門」，終於準備了兩大書包沉甸甸的督卒彈藥。

卒友

是個不足15歲的大男孩，同隊知青好友（後來成了牛仔表妹夫，也是親戚）的弟弟。1971年3月22日（牛仔23歲生日後一禮拜），卒友的哥哥，和牛仔的弟弟（據聞兄弟一同督卒不吉利），冒充趁墟（趕集）的知青，從清溪出發，用單車把我們載到鳳崗某處（清溪知青可憑「路條」趁墟，接近「敵營」的極限點），撇下咱們一老一小兩卒友和一輛單車，就打道回府。我和小卒友兩人並坐一車，繼續在「國防公路」上狂奔，直到一處被督卒前輩認可的「埋堆」（隱藏）理想處（龍崗？）。下車「棄居」（「居」，粵音，車也，督卒專用詞，「棄車」之謂也），隱藏灌木叢中，等待夜幕降臨。當地農民財星高照，因為此地被棄的「居」，無日無之。當時的大陸，一「居」的價格等同幾個工人的月薪！

起行

可能太緊張，太激動，我和小卒友整天都沒有食欲，一直貓在樹叢裡等待天黑（與「盼天明」的白毛女正好相反），兩挎包的食物原封沒動。太陽剛下山，我和小卒友就背起兩個沉甸甸的大挎包，開始翻山越嶺，香港方向照來的亮光，牛仔認為比指南針管用。前車後鑒，督卒人士只要朝光環偏左的方向前進（偏左是為了避開邊防嚴密的「中線」）就可以。指南針在挎包裡，沒必要拿出來，至此，兩挎包仍是原封沒動。走著走著，小卒友挎包的背帶斷了——哎，MADE IN CHINA中國製造！儘管小卒友身材高大，畢竟只有14歲，是個孩子，牛仔剛滿23，男子漢啦。於是義無反顧，把兩挎包合二為一，全攬身上，繼續翻山越嶺……在一道鴻溝前，小卒友跳過去後，牛仔把合二為一的兩挎包扔給他，無奈天黑，難度又大，小卒友沒接上。凡到過深圳或香港的人，都會被當地的崇山峻嶺，和其中密不透風的樹叢所震懾。

兩個裝載生命和希望的挎包（雞仔餅，球膽，指南針，地圖，藥物……）就這樣掉進了無底深淵。尋找挎包是當務之急。找啊找啊找啊找，也不知費了多少時辰，一無所獲。中國成語「大海撈針」，西諺「草堆裡尋針」，都是說「沒可能」，更何況是黑夜，我們該仿效白毛女等待天亮嗎？牛仔看那深不見底、林木叢生的鴻溝，斷定就是光天化日，要找回草綠色的挎包，機會為零！於是當機立斷，放棄了兩個仍未開苞的「處女」，勇往直前。小卒友唯望牛仔大哥馬首是瞻，沒有異議。

整天下來，滴水未沾，此時卻餓腸轆轆，可幸還沒到要吃樹葉的地步

（時值春天，山間連野果都沒有），不然吃了大麻葉，就爽歪了。於是兩人按「既定方針」，繼續翻山越嶺（除此沒退路）……沒有指南針，只能照著天際的亮光定奪方向。走啊走啊走啊走，大山翻過一座又一座，直到破曉。牛仔和小卒友實在沒有多餘的力氣繼續前行了，於是在一個「摩天寶頂」上歇腳（就是有地圖，牛仔也絕對無能斷定此地是何峰何嶺，因為牛仔自小「矇查查」，「大頭蝦」，「污鳩SIRSIR」……——注：全部是粵語中的俚語，糊里糊塗的意思），美美的睡它一覺。

終於親身感受你……《聖經》約伯記

1971年3月23日早上醒來。由於山巔實在太高，牛仔確認邊防軍民兵狼狗無法來犯，放膽四周溜達。忽見草叢中有個破爛布袋——牛仔為之一震：史前文物？好奇心驅使，掀開布袋，驚然看到布袋下有風乾發霉的番薯，還有蒜頭，儘管不是美味珍饈，於我們兩個餓了一整天，又翻山越嶺一個晚上的人來說，無異天賜「嗎哪」（古時以色列人逃離埃及，經過荒野所得的天賜食物）。吃了番薯乾和蒜頭，兩人養精蓄銳，等待紅太陽下山。

天　黑，咱們就整裝出發，朝「光明方向」前進。出乎意料，山勢越來小，地勢越來越平，與督卒前輩描述的地理環境甚不一樣。牛仔依舊「污鳩SIRSIR」，管它呢！帶領小卒友繼續往前行。走著走著，崇山峻嶺變小山坡，探照燈卻隨著增多。

爬上一道小坡（實為堤壩）後，牛仔突然聽到有人聲從左方傳來。心裡大呼不妙，於是馬上撒手擰頭，打手勢叫小卒友止步埋伏。此時牛仔唯一可做的，就是匍匐不動，心中叨念：「上帝保祐！」

人聲越來越近，竟然在牛仔頭上飄過湖南腔國語：「今天晚上這麼多青蛙叫……」（邊防軍無疑），然後有女聲咯咯笑（當地民兵無疑）。如此近距離，牛仔以為馬上就要被「專政」，（通常他們都會帶著令知青們談之色變的狼狗）。此時牛仔唯一可作的，就是繼續匍匐不動，心中念叨「上帝保祐！」牛仔並未指望奇跡會發生。

一分鐘，兩分鐘……也不知過了多少個時辰，牛仔始終沒有聽到預料中的吆喝：「起來，繳槍不殺！」於是壯起膽抬頭看，邊防軍和民兵已經人間蒸發，蹤影全無，馬上招呼小卒友繼續上路。才走了幾步，上坡路就變成下坡路，不遠處還有一艘破船。繼續前進，竟然到了水邊，要「過河」？牛仔從未聽督卒前輩們說過有「河」要過。管它！共產黨宣傳的長征路不就是「有山爬山，遇水過水」嗎？

「河」水平靜得出奇，還有螢光點點。濕身後水裡站起來，「滿身星斗」，有如「阿凡達」，美麗極了！牛仔無心欣賞，過了河，前面不遠處就是大海，馬上投入大海的懷抱，泅水向著「光明」前進！游啊游啊游啊游，儘管當時無風無浪，但幾塊發霉番薯乾和蒜頭提供的能量，也就要到盡頭。不知游了多少時候（我和小卒友都不是「表叔」「表哥」，不知今宵是何時），竟然雙腳著地了！別無選擇，繼續涉水前行。當天寒流襲擊華南。香港天文臺的氣象記錄，1971年3月23日，香港市區氣溫只有攝氏13度，新界還要低一兩度。人在水裡，加上運動，就不會覺得太冷。但此時光著身子涉水前行，任憑寒風吹襲，兩隻餓鬼就有種生不如死的感覺。牛仔和小卒友就如此這般，在齊腰的水裡和帶刺的灌木叢裡行走，目標仍是天際的亮光。走啊走啊走啊走，也不知多少時候（沒有表，只是覺得「長征路」沒完沒了），終於上旱地啦！餓了兩天（除了幾塊發霉的陳年番薯乾和蒜頭），渾身帶著穿越水中荊棘灌木叢時留下的傷痕，加上寒風颼颼……各位看官，能感受當時我們的痛苦嗎？其時牛仔唯一欲望就是找個能夠避風的地方，白公館渣滓洞也無妨，吃上兩口，就是豬食也無妨。饑寒交迫中走啊走啊走……

赫然見到前方有一茅寮，牛仔頓見生機，唯一的願望就是被「專政」——好歹共軍的看守所也「包吃包住」啊！於是快步跑到茅寮。不管三七二十七（牛仔幼稚園時聽老師講故事，回家把聽來的故事翻述給父母聽。講到高潮——「小八路不管三七二十七……」老媽糾正：「三七二十一！」小牛：「別多嘴，你不懂！」），推門就進。突然裡面有人射出手電：「邊個（何人）？」牛仔：「大佬！我哋（我們）又凍又餓，比

（讓）我哋入來啦！」「去差館吧。衣度（這裡）是英界！」朝他手指方向看去，果然遠處就是燈火輝煌的「差館」……

牛仔與小卒友直奔差館（後來才知道大概是香港新界的「鹿頸」）。一進門，我們就說：「游水過來噶！」一個年輕警察：「你都唔似大陸仔。」牛仔：「咁我似乜（那我像啥）？」警察：「你好似書院仔。」牛仔不知「書院仔」為何物。

接著被畫押收監。「罪名」——非法入境！

牢房明淨光亮，還有抽水馬桶，早餐是兩片麵包和一碗煉奶——大陸高幹也無此待遇。午飯與晚餐似乎是無完無了的「通菜魚蛋」。牛仔從未吃過「魚蛋」，以為是高科技文明的「塑膠食品」，食到反胃。

三天例行關押刑滿後，一個「幫辦」（警官）用他們的私家車把牢裡的三男一女「卒友」，分別送往市區親友家。記得女卒友十分漂亮，十五、六歲的樣子。幫辦一路色迷迷的，希望她不會流落風塵。最後才把牛仔送到叔父家，幾番討價還價，牛仔終於與叔父團聚——價碼，茶資一百港元（其時還沒有「廉政公署」，幫辦索要「茶資」，似乎名正言順）

說牛仔身價值一百港元，實不為過。

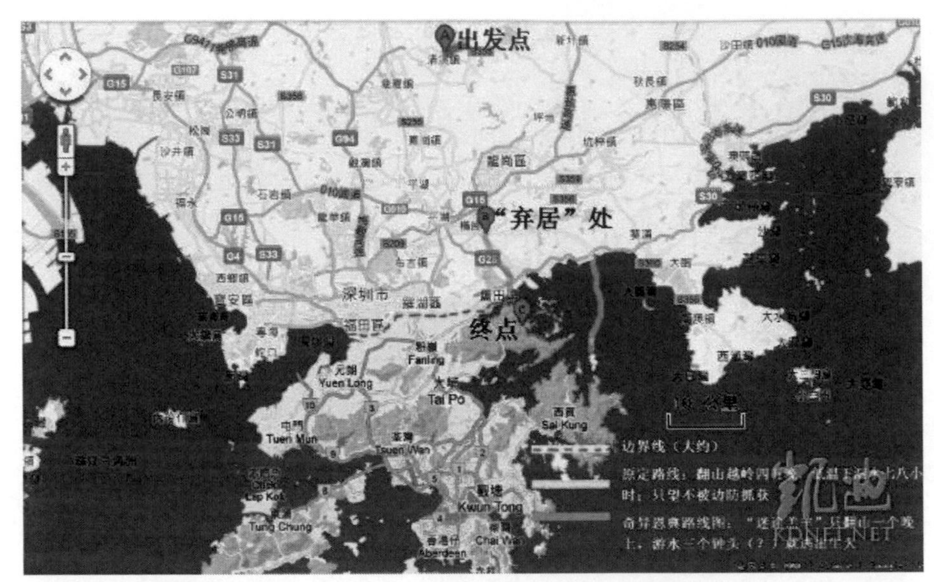

出发点
“弃居”处
终点
深圳市
Fanling
Yuen Long
Tai Po
Sai Kung
Tuen Mun
Tsuen Wan
Kwun Tong
Tung Chung
Aberdeen
边界线（大约）
时，只望不被边防抓获
KDNET.NET

督卒地圖

香港牛仔本尊

「香港牛仔」檔案：

「香港牛仔」出生後的全家福照，滿滿的「民國風」

母親和「香港牛仔」

1959年，一家人的「人民」味

廣州仔時期

香港仔時期

1974年，牛仔在港英政府工務局當「量地官」時的工作照（比曾任「量地官」的香港特首梁振英資格還要老）。

1976年6月8日，牛仔飛向美利堅

左邊為牛仔買的第一所房子，隔幾年，把右邊的也買下來了

「香港牛仔」七十大壽，與96歲母親的母親歡聚

耶和華是我的牧者
我必不至缺乏
他使我躺臥在青草地上
領我在可安歇的水邊
他使我的靈魂甦醒
為自己的名引導我走義路
我雖然行過死蔭的幽谷
也不怕遭害……
（《聖經》詩篇23——大衛王的詩）

（原文發表於凱迪網絡）

誤打誤撞過邊界
——阿芳的偷渡故事

黃東漢

阿芳和她三個女兒拍於美國家中

阿芳1948年生於廣州一個市民家庭，她有兩兄一姐，父親「解放前」只不過是郵政局的職員，「四清」時成份竟被評為「偽職員」。家庭成份一旦被冠以「偽」字，即被打入社會另冊，永難翻身。1965年阿芳在廣州四十中初中畢業了，升不了高中。

1965年正是大搞上山下鄉運動的年份，那時如果升不了學，學校和街道都會天天上門來動員。那個時期農村是個什麼模樣，阿芳跟大多數廣州人都很清楚。她想盡各種方法躲過動員，最後加入了街道服務站，賺取一點微薄的收入幫補家庭。經歷了「文化大革命」風浪之後，千千萬萬個「紅衛兵」被「偉大領袖」驅趕到農村去，阿芳在廣州再也抗不住了，街道服務站也無法逗留了，1969年11月到山區龍門縣的一條小山村插隊務農。

阿芳去的地方是個山區縣，窮鄉僻壤收入微薄，生活艱苦，一個勞動日才值二、三角錢，很多社員都要超支。下放到那裡的知青生活比當地人更困難，所以很多知青寧願倒流跑回廣州去。阿芳這時也經常回廣州，但她回去不是白吃飯，她利用曾在街道服務站幹過的關係，在服務站接一些零活回家裡做，掙一些小錢幫補農村的生活。

這樣的日子轉眼過了幾年，到了1972年，這時正值廣東各地知青興起偷渡潮，阿芳也想到這一條路。但她完全沒有這方面的門路，而這時她的年齡已到二十四、五歲要嫁人的年紀，阿芳最後想到一個辦法，就是嫁一個願意帶她一起逃港的男仔，不久她遇到了阿沈。

1972年底通過母親的介紹，阿芳在廣州認識了三十三歲的知青阿沈，阿沈所下鄉的地方是東莞縣長安，離香港較近，加上他逃港已失敗了三次，是個非走不可的人，雖然年紀比她大八歲，但外表還算忠厚老實。由於大家有相同的理念，所以相識不久，就談婚論嫁了。1973年1月，二十五歲的阿芳在廣州嫁給了三十三歲阿沈，結婚的那天阿芳在兩個女同學陪伴下走到男家，雙方親友在阿沈家裡擺了三圍酒，婚禮就這麼簡簡單單辦下來了。

婚後阿芳很快跟丈夫一起到了東莞長安，丈夫是個獸醫，她則要和婦女們一起下田勞動。由於丈夫的工作相對清閒，所以家務大都由丈夫來做，夫妻恩愛，過了一段甜蜜的日子。因他們心中另有鴻圖大志，暗地裡為逃港作準備。三個月後，阿芳跟隨丈夫第一次「起錨」，一同啟程的還有兩位東莞農民，這是1973年4月的一天。

因東莞縣是水鄉，境內河道縱橫交錯，有經驗的阿沈知道前邊不遠的河邊有一個民兵哨卡，便在黑暗中吩咐大家要先繞過哨卡，然後在前面分頭下河，以免一齊游泳時被民兵發覺。阿沈這樣做犯了一個錯誤，他沒有考慮到老婆是一個全沒逃亡經驗而又特別膽小的人，當阿芳一個人游過了那條河後，發現只剩下自己孤身一人。這時的阿芳開始驚慌了，在伸手不見五指的黑暗中只能到處摸索，不能呼叫，更不能開手電筒，心急又驚慌的阿芳像一頭盲貓一樣在黑暗中亂走了五個小時，天明時來到一個只有二、三十米高的小山上。這個小山光禿禿的沒有躲藏的地方，該小山又離一條村莊不遠，天亮後阿芳在山頂上能清清楚楚的看到村裡人出出入入和勞作。此時的阿芳驚慌萬分，她想放棄，但因為已走了一個晚上，人生地疏，連回家的路怎樣走也不知道。萬般無奈之下只好走到山頂的小樹下坐著，隨便找幾根樹枝蓋在身上。但說也奇怪，山上沒有遮掩，距離村莊又不遠，山下人又多，卻偏偏沒有人發現她，冥冥中好像有神靈護祐一樣。

在山上坐了很久，阿芳沒那麼驚慌了，她檢查了自己的裝備，四個人的乾糧和自製的指南針也在她身上，思考了一個白天後，覺得此時回頭也不知後果如何，不如向前賭一賭。

第二天傍晚，勇敢的阿芳就開始利用夕陽餘暉趕路，她盡量順著山腳走，她想自己有那麼多乾糧，寧願走慢點也要安全。每當一發覺有危險她就立即躲起來，孤單的阿芳這時多麼的希望能在路上遇到「起錨」者，好結伴同行，但又因她如此小心，一見到人就先躲起來，故此一路上都遇不上同道中人，一直都是孤軍前行。

半夜時分，突然下起傾盆大雨，黑暗中阿芳見路旁有一塊蔗田，便一頭鑽進去躲雨，雨停後繼續上路，走著走著她突然發覺指南針不見了，這一驚非同小可，她自知是個東西南北都分不清楚的人，如果沒有了指南針只會亂走一通。阿芳此時決定，如果找不回指南針，則無謂亂闖，天明後決定去自首。驚恐中的阿芳在黑暗中順著來路往回走，她覺得真有神明保祐著她，走不多遠她就發現指南針就在剛才躲雨的蔗田邊。重新找回指南針後，阿芳抹了一把冷汗，她不敢再大意了，直接把指南針掛在脖子上。

第三天白天，由於已走了幾天，阿芳的膽子越來越大，此時突然在山路上遇到一個跛腳的放牛老漢，這時躲已躲不過，阿芳心想，對方不過是個老跛子吧了，能奈我何？便大著膽子走過去，果然對方沒有叫也沒有任何動作。阿芳也是很機警的，下午她躲在草叢時，突然被一個七、八歲的小孩發現，她馬上動身趕路，並不拘泥於要等到晚上。由於轉移得及時，令她避過了危險。逃亡是艱苦的，多年後阿芳回憶說，那幾天經常下雨，加上經常要躲到水裡去，身上的衣服幾乎沒乾過，如果在平時，她早就發病了，但人在逃亡中，整個人都處於極度緊張中，她這時不知不覺充分發揮了人類對抗逆境的能力。由於晚上走路白天人非常疲倦，遇上白天下雨時人站在雨中也能睡著。為了節約糧食，那些浸了水發了霉的都捨不得扔掉，總是把變壞了的先吃。

第三天晚上阿芳下了山，跟著指南針指示的方向南行，途中突然間迎面遇到一群人，她連忙閃身躲在一棵小樹後，那群人就在她身旁與她擦身而過，她連他們說的話都聽得清清楚楚，但偏偏沒有人看到她，真是奇跡。

第四天傍晚時阿芳特早從躲藏地動身出發，她橫越了一條公路，然後上了一個小山，這時天還未黑，她突然發覺自己是走到一個懸崖邊上，差一點就掉下去。如果不是早點出發，那走到這裡時天已全黑，肯定看不到這個懸崖而在此摔死，真險！

第五天傍晚時她到了一個水庫邊，按照指南針的指示她必須要到對面去，如果繞過去的話那就要走很遠的路，經短暫考慮後她決定游過去。當她爬上岸時，發現草叢中有一個大鳥蛋，當時高興極了，實在是上天送給她最好的禮物。吃完蛋後突然發現對岸有一群人，連忙躲起來，幸虧天漸黑，那群人沒看到她也沒過來。

第六天黃昏，阿芳終於跌跌撞撞的來到後海灣的海邊，這時她看到了海岸是一大片非常白的岩石，後來才知道那兒就叫白石洲。在這兒初看到大海，阿芳被後海灣的遼闊嚇呆了，如果與丈夫同來，大家互相支持，互相鼓勵她還可以下水，如今一個人勉強在此下海必死無疑。此時面對大海她膽怯了，她想既然還有那麼多乾糧，何不再找找，到海面窄些的地方才下海。阿芳乘著夜色重新退回山上，再向東行。半夜裡不知不覺她闖入了一條小村，她想就此穿村而過，突然在黑暗中她發覺自己被一群狗圍著，如果在平時膽小的她也怕狗，但此時孤身一人容不得她有半點害怕。她鎮定地慢慢向後退，直至退出了狗群的包圍圈，才放開大步急急離去。說來也怪，平日半夜裡狗見到生人一定會狂吠，但那晚圍著她的七，八條狗竟然一聲也沒叫，令她又避過一次被捕的危機，再一次令到她相信，冥冥之中有神明在關照著她。

第七天晚上一直在山上向東行的阿芳，上半夜快將進入一條小村時，在村邊突然見到一個人騎著自行車過來，情急之下連忙跳進路邊的池塘裡，用手拉來一些水浮蓮來遮蓋著頭，等那自行車走了才爬上來，混身濕透。在黑暗中進了村，突然又遇到了人，此時已避無可避，忽見牆邊有一個泥耙，連忙閃過去蹲在泥耙後，居然又讓她過了關。第八天淩晨，阿芳再次看到了後海灣，她覺得不能再走了，決定晚上就在這裡下海。阿芳覺得在此不安全，便迅速退回大山上去。當天大亮時，阿芳回頭一看驚呆了，原來剛才她所處的小山頭此時正站滿了民兵，幸虧阿芳有神靈保祐，福至心靈退了回來。

逃亡的第八天天剛黑，阿芳迅速從山上走下來，乘著夜色爬過國防公路與海堤，踏進了後海灣的泥漿中。她下海的地方，大約相當於今天深圳的皇崗與福田一帶。這時後海灣開始了大退潮，近岸的海底最先露了出來。阿芳在下海灘之前，已在山上看到很多養蠔人在後海灣作業，她見到他們踏著滑板（當地人叫連板，是一種底部約一尺寬，五尺長，上有約一米高扶手的泥灘專用交通工具。）來去如飛。阿芳選擇了一處遠離蠔民的地方走下泥灘，後海灣的泥漿一般會陷到小腿，有些地方會深陷到大腿，阿芳下到泥灘馬上就深一腳，淺一腳的走。剛走了幾步，她就意識到這是逃亡的最後一程了，成敗在此一舉。為了減輕負擔，她把身上的行李，除了留下球膽外，包括衣服，乾糧，指南針等都拋棄，她知道只要今晚過了後海灣，她就成功了，那些東西已經沒用了。

在泥灘上走了一會，阿芳突然覺得右腿一陣劇痛，拔出腿來一看，原來小腿被鋒利的蠔殼割傷了，鮮血正從破損了的褲管裡流出來，此時受傷什麼辦法也沒有，唯有忍著劇痛繼續前行，不久輪到左腿受傷。雙腿都受傷了的阿芳唯有放慢速度，小心翼翼放輕腳步前行。然而因為當年養蠔技術落後，蠔民們把一梭梭的蠔塊直接擺在後海灣的泥灘上，不像今日用鐵籠裝著掛在深水區，這樣就造成了後海灣到處都有鋒利的蠔殼和石塊。不管阿芳如何小心，雙腿總是不時被藏在淤泥中的蠔殼割傷，阿芳所穿的鞋子早已陷沒於泥中，光著的雙腿更易受傷。走了一會雙腿已創傷累累，這時她想不如爬行可能對雙腿好些，然而在泥灘上爬一來速度慢了，二來輪到雙手和身軀開始受傷。就這樣阿芳在後海灣的泥灘上走走爬爬，很快就遍體鱗傷。

阿芳艱難的在後海灣爬走了差不多兩個小時，這時潮水已退盡，後海灣這時只剩下中間一條窄窄的水道，她這時還在深及膝蓋的泥漿裡行走，每走一步都會發出很大的響聲。走著走著，阿芳突然見到一道強烈的手電光向她射來，她知道是自己行動的聲音引起了附近作業的蠔民注意，她連忙伏下，身體盡量貼近泥面，當手電光在她頭上掃過時，身陷泥濘的她頭紮進泥漿裡去了。當手電光過去後，阿芳又恢復向前行，再過了一會兒好不容易有水了，但只有幾寸深，這時又一道手電光射過來，並有人說著話向她這邊踏著滑板滑過來。阿芳連忙把身體伏下來，頭紮進只有幾寸深的水裡，此時她在心裡默默祈求，求神明再保祐她一次，不要被人發現。那晚阿芳真的覺得她的保護神就在她身旁，來人就在離阿芳還有二，三十米的地方拐彎走了。接觸到了水，阿芳知道已到了中間水道，雖然水還很淺，但已離成功不遠了。阿芳忍著疼痛一步步向水深處走去，漸漸地水越來越深，到了大約有一尺多深時，阿芳已不驚了，因為這時就算有光射過來，也可整個人躲進水中。

爬走了三個多小時，阿芳終於走進了中間深水區，有水就有浮力，泥濘也沒陷那麼深了。走了一會，阿芳覺得水越來越淺，這時她已明白到她已走過了中間水道，也就是說已離開了中國大陸，進入港管區了。她已不再害怕追兵，不再害怕被捕，擺在她面前的不過是如何平安的走到香港那邊的岸上去。

當年後海灣香港這邊也是佈滿蠔田的，人在蠔田裡走跟在大陸那邊一樣，有裝備的蠔民也會經常受傷，何況沒有任何裝備又赤著雙腳的阿芳。也不知又爬又走了多久，阿芳身上，手上，腿上的傷口越來越多，她咬緊牙關，忍著劇痛一步一步向岸上走去，因為她知道，現在每走一步就離勝利近一步。阿芳在泥灘中向岸上走時，她突然見到左前方的岸上有一盞大光燈，她恐怕那處還是大陸的地方，因而不敢向光亮處走去，而轉向偏右一點較遠較黑暗的岸邊走去。

凌晨三點半遍體鱗傷的阿芳終於踏上了香港這邊堅實的土地上，從天黑就下海灘算起，她在泥濘中走了六、七個小時。上岸後的阿芳蹣跚地向岸邊一間小屋走去，她敲了一會門，開門的是一位慈祥的老者。老人家看到阿芳全身上下鮮血淋淋，連忙把她請進屋，先為她洗淨傷口，然後拿來乾淨衣服給她換上，那老者對她說，你平安了，你是我所搭救的第三十九人。

如有神助的阿芳神奇地第一次「起錨」就走過了後海灣，多年後她回憶起逃亡的這段經歷時，她說永遠忘不了給蠔殼割傷那刻骨銘心的痛，如果可以重新選擇，她說寧可選擇游泳也不選擇在泥灘裡走。唉！話雖這樣說，游水有游水的艱難，可當年逃亡的人又有幾人可自由選擇呢？在山裡轉來轉去，到了海邊已不知耗費了多少時日，有幸到了海邊就不管潮漲潮退也要過去，更有鯊魚、颱風等等不可預見的艱難險阻等候。這幾十年來，阿芳像所有逃亡人士一樣，不時都會發惡夢，她會夢見四周一片漆黑，只剩下自己一個人，更會夢見自己一個人孤單單的陷在後海灣的蠔田裡，動彈不得，做惡夢驚醒後，經常發覺冷汗濕透衣衫。

抵港後的阿芳先在製衣廠裡當車衣女工，這時她跟我們認識了，她對我們說只要她的阿沈活著，她就等他，除非他死了。在得知阿沈確鑿消息後，她很高興，更努力賺錢，賺到了錢就經常給阿沈寄一點，鼓勵丈夫。

終於在11個月後，在阿芳的支持和鼓勵下，丈夫阿沈克服了千難萬險，九死一生來到香港與阿芳團聚，成家立室，不久兩人先後移民去了美國，在那兒開始了新的生活。

（2011年8月14寫於香港）

1974年秋夫婦兩人於香港重逢所拍之照片

破釜沉舟去國行

夏威

（一）世道澆漓　命途多舛

1947年，時值民國卅六年，國共內戰硝煙正起，中華民族再面臨戰亂之劫。家父原是國軍軍官，中央軍校十二期，八年抗戰勝利後，1946年解甲退役，翌年7月4日我在廣州出世，無意間沾了美帝國慶之光。

我本一家四口，下有一弟，父親1950年初避走香港，逃過一劫，卻禍及妻孥，留下我母子三人在廣州，其時我方兩歲，弟尚在襁褓中。全凭母親忍辱負重、母兼父職，撫養成人。家母任職教師多年，一向敬業樂業，謹言慎行，曾評選為優秀教師，卻屢受政治運動打壓，文革浩劫中受盡折磨，被關押、批鬥、抄家，1969年清理階級隊伍，更遭清洗回鄉。其實母親此前從未返過祖籍鄉下，可以想像，年邁母親孤單一人，以待罪之身被押解往陌生的窮鄉僻壤，是何等凄酸！

我弟於1962年乘管控稍解之機，申請往港尋父獲批，母親原意指望我留下能考上大學，其實我的政治前途早已被封死。小學畢業前，一次偶然機會，我看到班主任寫我的檔案評語中有「該生父親是反動軍官……」之句，頓覺慄然，「階級成份」之枷鎖早已將我打入「另冊」。幼少時常羨慕別人有完整家庭，有父愛，而自己卻受上一輩所累，及長乃知一切非父之過。中學階段，1960年我入讀廣州市實驗學校（原南武中學），成為改革新學制第一屆中學生，當時全市僅兩間學校（市實、省實）行新學制（中學五年），精英教育，經幾度篩選淘汰，150人剩下90人，按學習成績編為甲、乙兩班，我雖然編在甲班，但不感樂觀，因為我自知「前途似水」。五年後，趕及文革前一年畢業，參加65屆高考。本來，我們算是幸運的一群，比起同齡人，早一年時間畢業，有機會參與高考升大學，不致淪為文革「老三屆」。但幸運非絕對，階級成份的魔咒令我早已預知結果。果然，是年高考結束，同學中，近七成考入大學，其餘多安排當教師或其他職業留城，衹有約佔一成的「黑五類」被驅去務農，我是其中之一。我本欲抗拒，但恐累及母親在單位受壓，無奈妥協。1965年9月，我被踢出廣州，發配到花縣（現花都）菓肥農場，新成立的農場近千人，九成是「黑五類」，大部份為初中學生。三年後農場解散，職工轉為當地插隊落戶農民。1970年家母被清掃回鄉（廣東肇慶高要縣天鴉村），孤苦零仃，忍辱蝸居，我憐慈母，乃遷返原籍与母親相依為命，苟且偷生，坎坷歲月不啻人生黑洞。七十年代初，廣東知青爆發逃港大潮，我初萌偷渡之念，但又不忍母親孤苦無依，節孝不兩全，艱難抉擇之際，家母卻全力支持鼓勵我，傾盡積蓄以助，雖然三次失敗，無悔無怨，十年苦渴，四渡陳倉，1975年我終於破釜沉舟成功抵港。回首往事未如煙，不負當年競自由之功！

（二）百折不回　終抵彼岸

從1972年至1975年，我有四次偷渡經歷。第一、二次乏善足陳，因自己沒有資源和經驗，跟隨友人取道中山、珠海，目標澳門，但在半途已失手，第一次入「格仔」（收容所）被剃光頭，經個多月轉解廣州、肇慶收容所後，遣返家鄉高要縣迴龍公社遊街示眾，當地窮鄉僻壤，民風保守，訊息封閉，知青也不多，我是偷渡外逃第一人，加上剃光頭，頓時名揚四鄉，經此一難，我更堅定了投奔怒海的決心。

要偷渡就要多往廣州聯絡朋友，取經、探行情及籌備有關用品，我多次踏單車往返廣州，單程百多公里需時大半天，當作是體能操練吧；另外，廣州至石門珠江長游和越秀山百步梯步操，必不可少。當時在廣州最大困擾是「曬飛格」，即晚上住宿難解決，沒有自己的家，投靠親友未必個個肯接受，就算有，因街道居委戶口管制嚴厲，自己也不敢每地逗留超過三天。衹好打游擊，狡兔三窟，疲於奔命，此為當年痛苦經歷，相信很多被清洗家庭的人會有同感。

19 74年秋，我第三板起錨，這次改由東莞走西線，目標是深圳灣（後海灣）渡海。時值九月重陽，經朋友搭路，於莞城附近代制乾糧，並接應「埋堆」上大嶺山，五男一女共六人，除我之外全是新卒，晝伏夜行兩天後，在羊台山遇到兩個卒友，自稱係恩平縣農民，似乎迷路，希望加入我們同行，當時我心中一凜，情覺不妙。本來六人已經夠多了，再加兩人更易暴露，行動不便，但既是同道中人，又不好遽然拒絕。其後兩日天氣反常，暴風雨連續一日一夜未停，眾人困在山上渾身濕透，飢寒交逼，捱至傍晚，發現山腳有一小屋，離大村較遠，決定前往碰運氣。屋內衹有一老伯，不用開口，已知來意，叫我們放心，隨即生火煮食並烤火取暖，這餐蕃薯稀飯堪比人間美食。經過一夜，衣服已烤至半乾，天亮前我們要上山埋堆，留下約20元，謝別老伯。繼續行程第八天，清晨時分，我們正觀察周圍山勢環境，估計前面就是塘朗山，即將近到邊境了，眾人正感興奮，忽聽聞狗吠，我急忙叫各人散開躲藏，隨即撲向左邊一處叢林，四人跟著我，另三人奔向右前方草叢，兩組人分隔約50米。吠聲越來越近，果真是民兵突擊搜山，五人荷槍携兩犬，前頭引路狗直向我這邊走來……無奈，失敗了！我先前的憂慮不幸言中。民兵捕獲五人，即刻鳴金收兵下山，另外三人則逃出生天，並成功抵港。相形之下，我可算是功敗垂成。

當年逃港潮中，有人說：收容所是大學校，可以學到很多「教腳」（偷渡）知識。此話不假，我在「樟木橇」收容所結識大圈仔阿文（化名），一齊轉解返廣州沙河格，我們交流談及橡皮艇，他向我介紹了自制老橡的概況，並表示曾自制有半成品，因原材料（醫療膠布）缺乏，有意出讓，我即刻應允受讓，並約定出冊後盡快成交。

由廣州轉解肇慶收容所後，我經受平生最痛的皮肉之災，有獄吏仇視知青卒友，認得我是三次「重犯」，誣陷我在囚倉打架，施以體罰示眾，五花大綁跪在地上，由廚房佬（非正式獄吏）充當打手，一枝爛掃把柄狂抽，竹棍打至散裂更具殺傷力，衣服已破爛，身上血跡斑斑，手臂被綑扎得早已麻木，事後鬆綁，兩臂留下幾道瘀血痕。面對遍體鱗傷，我痛定思痛，心裡發誓：再接再厲，誓不回頭！半月後放人，返到公社有幹部「關切」詢問：你已經三次失敗，當作何打算？我坦然回答：不會放棄！

元旦前夕，帶著滿身傷痕回到家中，母親雖然悲切，但無怨無悔，囑我安心養息，再圖後計。而我已詳細總結此程經驗教訓，另外三人的成功證明這條路線可行可取，我有信心有把握重蹈舊路。當下之急，應盡快去廣州找阿文繼成橡局，若一切順利，可趕及年初天氣回暖前不失時機越山渡海。十天後，騎著我的紅棉單車再赴廣州，接收了阿文的半成品老橡，跟著馬不停蹄走遍廣州各區以及附近花縣、番禺和佛山等地尋覓材料（醫療膠布），好彩！幾天努力後，踏破鐵騎有著落，滿載而歸返家鄉。臨近春節，鄉民忙著准備過年，我則密鑼緊鼓，閉門造舟，終於趕在春節前完工。既成之舟，吹足氣後5尺長3尺闊，適宜二至三人乘坐，為確保安全，我乘著夜色去山塘試水，效果滿意。各樣准備就緒，決定清明節正式起錨。

1975年4月5日，踏上第四板征途。清明節一早，我與拍檔陳炎培（66屆高三，插隊新會知青，新卒），從廣州大沙頭搭船去東莞縣城，兩人身上帶著乾糧和一應物品，而最重要的橡皮艇則有貴人相助另帶入莞城。天氣陰濕帶寒意，我們身上穿著毛衣，春寒料峭正中下懷。起錨上路盼壞天氣？是的，我們的心情有如「心憂炭賤願天寒」的賣炭翁，寒冷和節日，會令關卡邊防有所鬆懈，有利起錨。果然開局順利，下午接得橡皮艇，稍事歇息，飽餐晚飯後，天黑起程，按計劃自助式「埋堆」入局。我背著橡皮艇，老陳帶乾糧，兩人需緊密配合，不容失散。由莞城出發，行程兩小時後，憑夜色可辨，已到達大嶺山範圍，遂順利上山埋堆，完成第一步。翌日清晨即起身，仔細探視周圍環境，我們位置處在半山腰，山下不遠處有一村莊，未見動靜。中午過後，忽聞鑼鼓喧天，鞭炮齊鳴，隨後隱約有喇叭聲廣播。時值文革，應該是有「旨示」下達。

後來得知：蔣公4月5日晚在台灣仙逝，兩地悲歡各表。莫非是得神明庇祐，又或天冷之助？競日行程如入無人之境，順利平安，無驚無險。

跨越大嶺山、羊台山後，終於到達塘朗山。放眼前方，山下一大片荒地，隔著深圳灣，遠處是HK流浮山，目標在望！頓覺心雄。歷程第十天，晚上就是衝刺時刻，日間做好最後准備，背囊中帶備有細鐵線和兩塊薄木板，每塊比書本稍大，早已鑽好兩排小孔，挑選堅硬挺直的樹枝，削除枝葉，用鐵線綁牢在木板上，成為船槳。乾糧還剩下很多，連同大水壺和雨衣膠布都棄置了，留下指南針、電工刀等。傍晚時分，約六點半鐘開始下山，雖視野不清，心中有志，一往無前。山下至海邊，這片荒地其實很大，遍佈窪地河溝，沒有房屋人跡，誰料若干年後，此地竟是「世界之窗」、「深圳灣大酒店」之所在。到達海邊應近午夜，天寒水凍，不見有任何防範阻攔，立即打開老橡，兩人接力輪流吹氣，約兩分鐘後，橡艇啟航。剛開始艱難前進，搖擺不定，經幾番努力適應，協調改善。猶幸風浪不大，怒海求生奮力博鬥，終抵彼岸，時維1975年4月16日凌晨。回頭望對岸，一片黑暗，再望著老橡難捨不捨，卻已留之無用了，忍痛拔出電工刀刺爛，由它漂浮而去。.

我終可踏上自由之地，完成了破釜沉舟、四渡陳倉之舉！

（三）抵壘驚魂　上天眷顧

1975年4月16日凌晨，我們乘橡皮艇成功抵達HK尖鼻嘴，斯時港府已實施「抵壘政策」。我與拍檔老陳進入沙橋村拍門求助，頭兩家無人應，已驚動犬吠，第三家開門接應的是鄧先生，招呼我倆飲食並代致電我們親友。天亮後我弟一行五人前來，包括一家三口，侄兒僅歲半，弟弟的外父趙先生亦同來，一位急公好義的長者；及另一朋友阿英，他是我弟媳之表弟，亦是半年前一齊起錨、後來成功抵港的三人之一。我和老陳飽食、梳洗、換衣裝後，謝別鄧先生，一行共七人離開沙橋村，前往流浮山巴士站搭車入市區。甫上巴士即被警車兜頭攔截，顯然警方已接獲線報，並已部署，其時港府正嚴厲實施「抵壘政策」，警察上巴士捉人，猶如「瓮中捉鱉」。我心裡驚呼：「又再功敗垂成？」，眼見將束手待斃，唯有強作鎮定。當時我抱著小侄兒，與老陳同坐一卡位，我弟夫婦倆坐后排並手持兩膠袋，內有我倆人的指南針、電工刀及衣物，趙先生坐在隔壁，阿英則不動聲色坐在最後排。其實車上其他乘客祇有幾個，情況一目了然。也許是神靈庇祐，陰差陽錯，「英明神武」的警察竟然「鬼遮眼」，明明站在我身旁，卻認定我弟夫妻倆是「人蛇」（手上膠袋有物證），趙先生就是接應的蛇頭。當時香港人未有隨身攜帶身份證，三人不容分說，即時被帶返警署，最難得的是我手抱的小侄子竟「安然無嚷」，眼見父母被帶走，不哭不鬧，全程未有哼聲（其實我與小侄子是初次見面）。巴士繼續向前行，我與老陳對視，長吁一口氣：謝天謝地！本來是瓮中捉鱉，變成了金蟾脫殼。此時，阿英從後趨前對我耳語：為防差佬殺回馬槍，下一站即刻落車。幾次轉車後，到達市區新蒲崗，已是下午。

我弟等三人被帶返元朗警署，原來，警察早已將沙橋村的鄧先生拘捕，三曹對案之下，始知「大鑊」：捉錯人了！更獲悉真正的「人蛇」就在巴士之上，居然在警察眼皮下溜走。惱羞成怒之餘，警察立即拘控四人「協助他人非法入境」罪，排期兩個月後上庭，各以1000元保釋。並繼續全力追捕「人蛇」，以證罪名成立。我弟獲釋後，發覺家居附近有陌生人徘徊，疑是便衣監視。當此風頭火勢，我選擇隔離躲避，成功不易小心為上，更不願連累四人罪成。而老陳則不然，因所有有關人氏皆我方親友，與他無直接聯係，不用避忌，早已正式往入境處登記領證。我則等至兩月後，法庭開審，因無人證（人蛇），法官判罪名不成立，四人發還保釋金，並當庭釋放。至此，我可以放心去登記了。初來乍到，從被警察追捕，到合法領取身份證，我領略了香港法制與上面不一致的地方。

回顧這段經歷，驚險曲折，是驚魂，也是奇遇，是奇跡，也是天意！謝謝老天爺，安排我們特別的身份角色，演繹出一齣同警察捉迷藏的遊戲，而其中，一個歲半小童的驚艷表現，起了決定作用。感恩！

初抵香港的夏威

國家圖書館出版品預行編目

用生命博取自由/周繼能編著. -- 臺北市 獵海人, 2022.03
冊； 公分
ISBN 978-626-95657-0-2(上冊 : 平裝). --
ISBN 978-626-95657-1-9(下冊 : 平裝)

1.CST: 人物志 2.CST: 偷渡 3.CST: 中國

782.187 111001713

用生命博取自由（上）

編　　著／周繼能
出版策劃／獵海人
製作銷售／秀威資訊科技股份有限公司
114 台北市內湖區瑞光路76巷69號2樓
電話：+886-2-2796-3638
傳真：+886-2-2796-1377
網路訂購／秀威書店：https://store.showwe.tw
博客來網路書店：https://www.books.com.tw
三民網路書店：https://www.m.sanmin.com.tw
讀冊生活：https://www.taaze.tw

出版日期／2022年3月
修訂三版／2023年6月
定　　價／500元